事例に学ぶ
債務整理入門

事件対応の思考と実務

債務整理実務研究会［編］

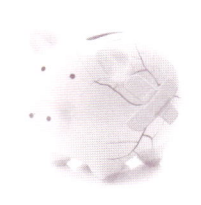

野村　創／大澤美穂子／清水　夏子／片野田志朗
丸尾はるな／村手亜未子／白井　由里／谷口　真理
井桁　大介／野田　学／畑井　研吾／石井　達也

発行　民事法研究会

はしがき

　債務整理なんて1回やれば簡単だよ――駆け出しの弁護士の頃、そんなことを先輩・同期の弁護士から言われたことはありませんか。あるいは今まさに、言われていませんか。しかし、そうは言われても、1回目の事件は、当然経験がない状態で進めざるを得ません。もちろん、自分にとって1回目の事件だから事件処理を失敗していいというわけではありませんし、むしろ債務整理という事件の性質上、事件処理のミスは、過払金の回収失敗・債権者への返済額の増大など、ダイレクトに依頼者の不利益に働きます。さらにいえば、債務整理事件は、1回やれば十分な事件では決してありません。依頼者の意向は事件によってそれぞれですし、事件自体の性質もまるで異なるので、経験の数は、多ければ多いほど良いといえます。とはいえ、現実には、1回目の事件において手取り足取り何でも教えてくれる存在など周囲にはおらず、十分な債務整理事件の経験を積みたくても事件自体が自分の下にはこない、ということがほとんどだと思います。

　実際に事件に取り組まなくても OJT（On the Job Training）ができる書籍が欲しい――上記のような現実に鑑みれば、このような悩み（希望）が出てくるのは当然のことです。

　事例に学ぶシリーズは、まさにそのような悩みをもった法律実務家に応えるコンセプトで、これまで「行政訴訟入門」、「刑事弁護入門」、「離婚事件入門」、「保全・執行入門」、「建物明渡事件入門」と好評をもって刊行されてきました。そして、このたびは「債務整理入門」として、任意整理事件、破産申立事件、民事再生事件、個人再生事件、破産管財事件、過払金回収事件など、いわゆる債務整理事件と総称される事件を、11個のテーマに分類し、各テーマについて、本シリーズのコンセプトに則って物語形式で、弁護士による実際の事件処理のフローを詳細に紹介することとしました。債務整理事件を受任したとき（あるいは受任しそうなとき）、該当するテーマの章を読めば、疑似的に事件を追体験することができ、これまで当該事件を処理したことの

ない法律実務家には「1回目」の経験を、すでに経験がある実務家には「＋1回」の経験を積んでもらうことができるような構成になっています。

　本書では、文字だけでもリアルに債務整理事件の処理過程を追体験してもらえるように——上記のOJTが可能な書籍を実現するために——執筆者全員が工夫して執筆しています。したがって、第1編においては、単なるイントロダクションを超えて、紛争解決のための思考の重要性という視点から債務整理事件の横断的な部分が説明されていますし、第2編においては、各類型の債務整理事件について、執筆者がそれぞれ実際に経験した事件を基にモデルケースを設け、どのような問題にぶつかり、その問題についていかなる悩みを抱え、そしてどのように解決していったのかという思考過程・実際の事件処理が、登場人物の個性豊かに、ドキュメンタリータッチで描かれています。その結果、現実の事件に勝るとも劣らないような臨場感で、各類型の債務整理事件への対応が解説されています。このような執筆者の思い・工夫は、ぜひ本書をご覧になっていただきお確かめいただければと思います。

　末筆ではございますが、本書が皆様の実務の一助となることを願っています。

平成26年3月

執筆者を代表して　石　井　達　也

【第4刷増刷にあたって】

　刊行から約5年が経過したことに伴い、裁判所の運用等に変更がみられることから、第1編【書式1-3】、第2編第3章、第7章、第9章の解説の一部を変更している。

目　次

第1編　債務整理手続のポイント

I　債務整理の相談と受任 …………………………………………2
1　相談の留意点 ………………………………………………2
【書式1-1】　クレジット・サラ金問題相談カード ……………4
【書式1-2】　債権者一覧表 ……………………………………7
【書式1-3】　家計全体の状況 …………………………………8
2　受任の留意点 ………………………………………………10

II　債務整理の方針の選択 ………………………………………12
1　選択基準 ……………………………………………………12
2　各手続のメリット・デメリット …………………………14
〈表1-1〉　各手続のメリット・デメリット …………………15

III　受任通知 ………………………………………………………16
1　受任通知の発送 ……………………………………………16
2　受任通知の留意点 …………………………………………16
【書式1-4】　受任通知書 ………………………………………17
【書式1-5】　債権調査票 ………………………………………18

IV　債権の調査 ……………………………………………………19
1　取引履歴の開示 ……………………………………………19
2　利息制限法による引直し計算 ……………………………20

V　弁護士報酬 ……………………………………………………21
1　依頼者に対する説明 ………………………………………21
2　弁護士報酬の確保 …………………………………………21

第2編　債務整理の現場
——モデルケースを素材として

第1章　任意整理——依頼者の利益の最大化のための対応……28

- I　事案の概要……28
- II　受任の経緯・問題点の把握……28
- III　依頼者との面談〜その1（聴取り）……29
- IV　その後の作業〜その1（甲のひとりごと）……34
  - 1　介入通知の発送（打合せ当日）……34
  - 【書式2-1-1】　介入通知（《Case ①》）……35
  - 2　引直し計算（10日後）……36
- V　依頼者との面談〜その2……36
  - 〈表2-1-1〉　引直し計算結果例（《Case ①》）……40
- VI　その後の作業〜その2（甲のひとりごと）……40
  - 1　請求書の送付……40
  - 【書式2-1-2】　不当利得返還請求通知書（《Case ①》）……41
  - 2　Z社に対するさらなる取引履歴の開示請求……42
  - 【書式2-1-3】　開示請求書（内容証明）（《Case ①》）……42
- VII　その後の作業〜その3（各社との交渉と依頼者との連絡）……43
  - 1　A社との交渉……43
  - 【書式2-1-4】　訴状案（《Case ①》）……45
  - 2　C社との交渉……47
  - 3　乙野氏との電話……48

|　【書式2-1-5】　訴訟委任状（《Case ①》）……………………50
|　4　K社との交渉……………………………………………………51
|　5　C社との交渉その2……………………………………………52
|　【書式2-1-6】　和解案（《Case ①》）……………………………53
|　6　乙野氏との電話その2…………………………………………55
|　7　K社との交渉その2……………………………………………55
|　8　A社との交渉その2……………………………………………56
|　9　A社との期日……………………………………………………57
|　10　K社との交渉その3……………………………………………57
|　11　乙野氏との電話その3…………………………………………58
|　12　K社との交渉その4……………………………………………59
|　13　A社との交渉その3……………………………………………59
Ⅷ　依頼者との面談〜その3………………………………………………61

第2章　任意整理──給与収入・住宅ローン・支払継続希望ありの事例……63

Ⅰ　事案の概要……………………………………………………………63
Ⅱ　法律相談初日…………………………………………………………64
|　1　資料がなくてもいいじゃないか………………………………64
|　2　破産に対する強い抵抗感………………………………………67
|　3　任意整理の一般的手法…………………………………………69
|　4　おまとめローンとは何か………………………………………70
|　5　ブラックリストって何だ………………………………………71
|　6　次回までの課題…………………………………………………74
Ⅲ　事務局との会話………………………………………………………76
Ⅳ　法律相談（2回目）…………………………………………………76
|　1　気にしない、気にしない………………………………………76

2　持ってきた資料から債務状況を読み解く……………………………77
Ⅴ　債権者との交渉開始……………………………………………………86
　　【書式2-2-1】　受任通知（〈Case ②〉）……………………………87
　　【書式2-2-2】　債務弁済和解書（債権者株式会社〇〇ファイナンス
　　　　　　　　　が作成したもの）………………………………………88
　　【書式2-2-3】　債務弁済和解書（債務者側作成）……………………89
Ⅵ　支払開始…………………………………………………………………90
Ⅶ　エピローグ………………………………………………………………91

第3章　個人の破産——同時破産廃止と免責許可申立ての留意点……93

Ⅰ　事案の概要………………………………………………………………93
Ⅱ　初回の相談〜受任………………………………………………………93
　　1　債務の状況、家計の状況の聴取り等………………………………93
　　2　破産手続について依頼者に説明する………………………………94
　　3　同時廃止事件における事情聴取のポイント………………………97
　　4　方針の選択…………………………………………………………100
　　5　依頼者への指示・注意事項等……………………………………100
　　【書式2-3-1】　遵守事項・持参書類（個人・同時廃止）…………102
Ⅲ　申立ての準備…………………………………………………………106
　　1　破産手続開始・免責許可申立書等の作成………………………106
　　【書式2-3-2】　破産手続開始・免責許可申立書（〈Case ③〉）……107
　　【書式2-3-3】　資産目録（〈Case ③〉）……………………………109
　　【書式2-3-4】　陳述書・報告書（〈Case ③〉）……………………116
　　2　預金通帳の確認……………………………………………………123
　　3　申立書類の準備・整理……………………………………………125
Ⅳ　申立て〜即日面接（東京地裁の場合）……………………………126

Ⅴ	免責手続	128
1	免責手続とは何か	128
2	免責審尋期日当日	130

第4章　個人の破産——若年者の自己破産による少額管財事件 ……132

Ⅰ	事案の概要	132
Ⅱ	相談～方針の検討、受任	132
1	相談の概要	132
2	Ｘとの面談	133
3	方針の検討と受任	137
Ⅲ	債権調査結果と方針の確定	143
Ⅳ	破産手続申立てと即日面接	144
	【書式2-4-1】破産手続開始・免責許可申立書（《Case ④》）	145
	【書式2-4-2】陳述書・報告書（《Case ④》）	147
	【書式2-4-3】資産目録（《Case ④》）	153
	【書式2-4-4】家計状況（《Case ④》）	156
	【書式2-4-5】債権者一覧表（一般用・最終頁用）（《Case ④》）	159
	【書式2-4-6】債権者一覧表（公租公課用）（《Case ④》）	160
Ⅴ	管財人初回打合せ	161
Ⅵ	その後の依頼者とのやりとり	163
Ⅶ	債権者集会	166
Ⅷ	手続終了後	167
	【書式2-4-7】免責許可決定（《Case ④》）	167

第5章　法人および代表者の破産──少額管財事件……169

- I　事案の概要……169
- II　依頼者からの事情聴取……169
- III　問題点の把握……170
- IV　方針の決定……171
  - 1　破産手続の選択……171
  - 2　実際の手続……172
- V　受任通知の発送……176
  - 【書式2-5-1】　受任通知（〈Case ⑤〉）……177
  - 【書式2-5-2】　債権調査票（〈Case ⑤〉）……178
  - 【書式2-5-3】　お詫びとお知らせ（〈Case ⑤〉）……179
- VI　債権者対応、売掛金の回収……179
- VII　自宅マンションの売却……180
  - 1　査定書の取得……180
  - 2　根抵当権者への連絡……180
  - 3　根抵当権者との合意書締結と決済準備……181
  - 【書式2-5-4】　根抵当権者との合意書（〈Case ⑤〉）……182
  - 【書式2-5-5】　根抵当権者への連絡書（〈Case ⑤〉）……183
  - 4　決　済……184
- VIII　申立て準備……185
- IX　申立当日……186
- X　破産管財人への引継ぎ……187
- XI　管財業務の開始……187
- XII　第1回債権者集会と異時廃止……188
- XIII　おわりに……189

第6章　民事再生──中小企業の再生事例 ………190

- Ⅰ　事案の概要 …………………………………………190
- Ⅱ　法律相談 ……………………………………………190
  - 1　会社再建の相談申込みが入ったら ………………192
  - 2　再建できるかの見極め基準 ………………………193
  - 3　民事再生手続を選択すべきか ……………………194
  - 4　申立てのタイミング ………………………………194
  - 5　資金の保全 …………………………………………195
- Ⅲ　申立ての準備 ………………………………………195
  - 1　申立てに必要な疎明資料等 ………………………195
  - 2　申立書作成 …………………………………………196
  - 【書式2-6-1】　再生手続開始申立書（《Case ⑥》）………196
  - 3　債権者一覧表の作成 ………………………………203
  - 4　資金繰表の作成 ……………………………………204
  - 5　債権者説明会会場の予約 …………………………205
- Ⅳ　申立て ………………………………………………205
- Ⅴ　民事再生手続のスケジュール ……………………206
  - 〈表2-6-1〉　民事再生手続のスケジュール（《Case ⑥》）……206
- Ⅵ　申立てから開始決定までにすべきこと …………207
  - 1　従業員への説明 ……………………………………207
  - 2　債権者対応 …………………………………………209
  - 【書式2-6-2】　債権者宛て民事再生手続申立てのご連絡
    　　　　　　（《Case ⑥》）…………………………209
  - 3　申立てから開始決定までの支払い ………………213
  - 4　共益債権化の承認申請 ……………………………213
  - 5　債権者説明会 ………………………………………214

Ⅶ	開始決定	215
Ⅷ	債権の種類	215
	1　再生債権	215
	2　共益債権	215
	3　一般優先債権	216
	4　別除権付再生債権	216
Ⅸ	月次報告書の提出	216
Ⅹ	債権認否	217
Ⅺ	財産評定	217
Ⅻ	125条報告書の提出	218
ⅩⅢ	再生計画案草案の提出	219
ⅩⅣ	再生計画案	219
	1　再生計画案とは	219
	2　再生計画案の経済合理性	221
	3　再生計画案の実現可能性	221
	4　経営責任	221
	5　再生計画案提出前からの金融機関まわり	222
ⅩⅤ	債権者集会	222
ⅩⅥ	認可決定〜確定後まで	224
	1　認可決定	224
	2　認可決定確定	224
	3　認可決定確定後	224
ⅩⅦ	民事再生手続において弁護士に求められるもの	224

第7章　個人再生──再生委員なし・住宅資金特別条項付きの事例 …226

Ⅰ　事案の概要 …226

Ⅱ	問題点の把握	227
	【書式2-7-1】 相談票（《Case ⑦》）	229
Ⅲ	方針の検討（大筋の方向性と問題点の検討）	230
1	方針決定のメルクマール	230
2	問題点①：自宅を残す──住宅資金特別条項の要件充足性	231
3	問題点②：仮差押登記──住宅資金特別条項の阻害要因となるか	232
4	問題点③：再生計画の履行可能性	233
	〔図2-7-1〕 再生事件の構造	233
	〈表2-7-1〉 最低弁済額基準──民事再生法231条2項4号	234
5	問題点④：自動車の確保	235
Ⅳ	依頼者からの聴取り	236
Ⅴ	方針の決定（依頼者との面談中の構想）	238
1	個人再生申立自体	238
2	給与所得者等再生の可否	238
	〔図2-7-2〕 負債額500万円を想定したケース（《Case ⑦》）	239
3	管轄と再生委員の選任	240
4	再生計画素案と問題点②および③の解決策	241
	【書式2-7-2】 個人再生手続進行予定表（《Case ⑦》）	242
5	スケジュール感	243
6	住宅資金特別条項のタイプ（問題点①の解決策）	243
	【書式2-7-3】 住宅ローン債権者宛て受任通知（《Case ⑦》）	244
	【書式2-7-4】 弁済許可決定の申立書（《Case ⑦》）	245
7	所有権留保自動車の別除権協定（問題点④の解決策）	246
	【書式2-7-5】 別除権協定締結業者向け受任通知（《Case ⑦》）	247
	【書式2-7-6】 別除権協定を締結する旨の上申書（《Case ⑦》）	248
8	清算価値の把握	249

Ⅵ 依頼者への指示・説明事項……………………………………………250
Ⅶ 実行（オペレーション）………………………………………………251
　1 受任から申立てまで…………………………………………………251
　　【書式2-7-7】 別除権協定書案（〈Case ⑦〉）……………………253
　　【書式2-7-8】 再生手続開始申立書の添付書類一覧表
　　　　　　　　　（〈Case ⑦〉）……………………………………255
　2 申立てから再生計画案提出まで……………………………………259
　　【書式2-7-9】 再生手続開始申立書（〈Case ⑦〉）………………260
　　【書式2-7-10】 債権者一覧表（〈Case ⑦〉）……………………262
　　【書式2-7-11】 再生手続開始決定（〈Case ⑦〉）………………265
　　【書式2-7-12】 異議書（〈Case ⑦〉）……………………………269
　　【書式2-7-13】 再生計画案（〈Case ⑦〉）………………………271
　　【書式2-7-14】 再生計画による返済計画表(案)（〈Case ⑦〉）……275
　3 認可決定から弁済スタートまで……………………………………276
　　【書式2-7-15】 認可決定（〈Case ⑦〉）…………………………276
　　【書式2-7-16】 返済予定表（〈Case ⑦〉）………………………278

第8章　個人再生──個人事業主の小規模個人再生の事例……………………………………………279

Ⅰ 事案の概要………………………………………………………………279
Ⅱ 依頼者との面談…………………………………………………………280
　1 再生の希望……………………………………………………………280
　2 引き続きの事情聴取…………………………………………………281
Ⅲ 手続の選択〜個人事業主の再生………………………………………285
　1 個人再生における債務者要件………………………………………285
　2 〈*Case*⑧〉におけるふさわしい手続と問題点……………………285
　3 聴取り調査……………………………………………………………286

Ⅳ　個人再生手続の手続費用 ································· 287
Ⅴ　最低弁済額 ·· 287
　　〈表2-8-1〉　最低弁済額要件 ·························· 288
Ⅵ　申立ての準備〜申立書等の作成 ······················ 288
　1　提出書面 ··· 288
　2　申立書作成時の注意点 ································· 289
　　【書式2-8-1】　再生計画案（《Case ⑧》） ········· 290
　3　債権者一覧表の作成時の注意点 ··················· 291
　　【書式2-8-2】　債権者一覧表（《Case ⑧》） ····· 292
　4　確定申告書または源泉徴収票その他、再生債務者の収入の額を
　　　明らかにする書面 ·· 294
Ⅶ　個人再生委員との面談 ····································· 295
Ⅷ　再生手続開始決定（申立てから1カ月） ········· 296
Ⅸ　債権認否一覧表、報告書、財産目録の提出（申立てから
　　10週間後） ·· 296
Ⅹ　再生計画案の提出（申立てから4カ月半後） ·· 296
　　〈表2-8-2〉　再生計画案作成の基礎となる基準債権額 ············ 297
　　【書式2-8-3】　再生手続開始申立書（《Case ⑧》） ················· 298
Ⅺ　再生計画について書面による決議に付する等の決定
　　（申立てから5カ月） ······································ 299
Ⅻ　再生計画の認可・不認可決定（申立てから6カ月） ············ 300

第9章　個人再生──住宅資金特別条項付き、ペアローンの事例 ··········· 301

Ⅰ　事案の概要 ·· 301
Ⅱ　初回打合せ ·· 302
Ⅲ　初回打合せ後の検討 ··· 304

14　目　次

　　1　方針の検討……………………………………………………………304
　　2　問題点①：「住宅」（民再196条１項１号）該当性……………………305
　　3　問題点②：Ｙの住宅ローン債権を担保するための抵当権の存在……305
　　4　問題点③：再生計画の履行可能性……………………………………307
Ⅳ　Ｘへの確認……………………………………………………………………307
Ⅴ　Ｙとの面談……………………………………………………………………308
Ⅵ　方針の決定……………………………………………………………………309
Ⅶ　受任通知の発送………………………………………………………………310
　　【書式2-9-1】　受任通知（《Case ⑨》）……………………………………310
Ⅷ　負債および清算価値の確定…………………………………………………312
　　1　負　債…………………………………………………………………312
　　2　清算価値………………………………………………………………312
Ⅸ　申立て準備……………………………………………………………………313
　　【書式2-9-2】　再生手続開始申立書（《Case ⑨》）………………………315
　　【書式2-9-3】　収入一覧及び主要財産一覧（《Case ⑨》）………………316
　　【書式2-9-4】　債権者一覧表（《Case ⑨》）………………………………317
　　【書式2-9-5】　財産目録（《Case ⑨》）……………………………………318
　　【書式2-9-6】　報告書（《Case ⑨》）………………………………………321
　　【書式2-9-7】　聴取報告書①：Ｘ氏（《Case ⑨》）………………………324
　　【書式2-9-8】　聴取報告書②：Ｙ氏（《Case ⑨》）………………………324
Ⅹ　申立て…………………………………………………………………………326
Ⅺ　個人再生委員との面談………………………………………………………326
Ⅻ　手続開始決定…………………………………………………………………327
ⅩⅢ　銀行および保証会社との協議………………………………………………328
ⅩⅣ　個人再生委員との協議………………………………………………………330
ⅩⅤ　その後の流れ…………………………………………………………………331
ⅩⅥ　再生計画案の提出……………………………………………………………331

|　【書式2-9-9】　再生計画案（《Case ⑨》）………………………331
XVII　再生計画の認可まで………………………………………335
XVIII　手続終了……………………………………………………336

第10章　破産管財事件──管財人の立場から……337

I　事案の概要………………………………………………………337
II　東京地方裁判所民事第20部からの連絡（配点連絡〜選任まで）………………………………………………………………337
III　破産者との打合せ………………………………………………339
IV　破産管財人就任…………………………………………………342
V　債権調査・換価手続……………………………………………342
　1　総　論…………………………………………………………342
　2　不動産…………………………………………………………343
　3　民事再生債権…………………………………………………350
　4　ゴルフ会員権・リゾート会員権……………………………353
VI　債権者集会………………………………………………………353
　1　第1回債権者集会〜第2回債権者集会……………………353
　【書式2-10-1】　債権者集会打合せメモ（《Case ⑩》）……354
　2　債権の一部を回収した者が最初の債権届出額を維持することの可否………………………………………………………355
　3　第2回債権者集会……………………………………………356
VII　配当手続…………………………………………………………357
　【書式2-10-2】　第2回財産目録及び収支計算書：法人（《Case ⑩》）……………………………………………358
　【書式2-10-3】　第2回財産目録及び収支計算書：個人（《Case ⑩》）……………………………………………359
　【書式2-10-4】　債権認否及び配当表（《Case ⑩》）………360

【書式2-10-5】　免責に関する意見書（《Case ⑩》）················361
　　　【書式2-10-6】　簡易配当許可申立書：А・財団少額型
　　　　　　　　　　　（《Case ⑩》）··································361
Ⅷ　終了報告···362

第11章　交渉・訴訟による過払金の戦略的回収 ················363

Ⅰ　事案の概要···363
Ⅱ　相談から受任まで···363
　1　過払金請求の概要···364
　2　過払金が発生するケース··365
　3　方針の決定等··366
Ⅲ　受任通知と取引履歴開示請求──受任後の迅速な着手の
　　必要性──···368
　1　過払金発生が見込まれる場合の受任通知························368
　2　受任後の迅速な着手の必要性······································369
Ⅳ　過払金返還請求通知書の送付···370
　　【書式2-11-1】　過払金返還請求通知書（《Case⑪》）··········370
Ⅴ　取引履歴の開示から発見される問題点──一連計算の
　　可否──···371
　1　取引の分断の問題···371
　2　一連計算の可否をめぐる最高裁判決······························372
　　〈表2-11-1〉　一連計算の可否をめぐる最高裁判決··············372
　3　ケース別の結論···377
　　〈表2-11-2〉　過払金発生当時、別口の借入金債務が存在する場合
　　　　　　　　　（例として一部抜粋）································377
　　〈表2-11-3〉　過払金発生当時、別口の借入金債務は存在しないが、

　　　　空白期間を経て、新たな借入金債務が発生した場合
　　　　（例として一部抜粋）……………………………………378
　　4　基本契約の存否と数の判断 ……………………………379
　　5　パープルローンに対する対応方法の検討……………………379
Ⅵ　訴訟前の示談交渉……………………………………………380
　　1　プラチナ金融との交渉──訴訟外の合意か訴訟提起か──…………380
　　2　ダイヤモンド信販との交渉──悪質な業者── ………………………382
　　3　パープルローンとの交渉──取引の分断── ……………………382
　　【書式2-11-2】　合意書（《Case⑪》）………………………………384
　　4　交渉の際の注意点 ………………………………………385
Ⅶ　訴訟提起とその後の交渉 …………………………………386
　　1　訴状の作成と訴訟提起………………………………………386
　　【書式2-11-3】　過払金返還請求訴訟・訴状（《Case⑪》）……………387
　　2　その後の交渉…………………………………………390
Ⅷ　事件の終了 ……………………………………………………390

・事項索引………………………………………………………………392
・執筆者一覧……………………………………………………………394

凡　例

〈法令等略語表〉

民	民法
民訴	民事訴訟法
破	破産法
民再	民事再生法
特調	特定債務等の調整の促進のための特定調停に関する法律
貸金業	貸金業法

〈判例集略称表記〉

民集	最高裁判所民事判例集
裁判集民	最高裁判所裁判集民事
判時	判例時報
判タ	判例タイムズ

第1編 債務整理手続のポイント

本編では、第2編以下の具体的な事例に共通する事務処理手続をみていくこととする。もとより、本書は、債務整理手続の経験がない弁護士が、初めて債務整理手続の事務処理をするにあたり、第2編以下の具体的な事例を通じ、実務における事務処理の流れを疑似体験していただくことに目的がある。したがって、本編も、上記目的に適う範囲で以下のポイントに絞って必要最小限の記述にとどめた。

① 債務整理の相談と受任（Ⅰ）
② 債務整理の方針と選択（Ⅱ）
③ 受任通知（Ⅲ）
④ 債権の調査（Ⅳ）
⑤ 弁護士報酬（Ⅴ）

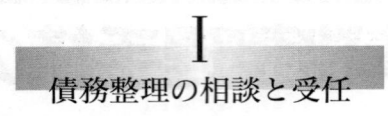

Ⅰ 債務整理の相談と受任

1 相談の留意点

(1) 相談と受任の心がまえ

債務整理の相談は、従来の弁護士会運営のクレサラ法律相談および所属事務所経由の相談に加え、平成12年10月1日に施行された日本弁護士連合会（以下、「日弁連」という）会則の改正に伴う弁護士広告の自由化以降は、インターネット広告や電車の中吊広告などで一般市場からの集客による相談が増加し、さまざまなルートからくるようになった。しかし、どのルートからきた相談であっても、多重債務に陥った相談者は、自身の窮状に対しこれ以上対応できなくなって訪れるのが通常である。したがって、債務整理の相談を受ける弁護士としては、受任することを原則としてのぞむべきである。

以下では、債務整理相談、特に初回の相談について必要な事情聴取のポイントについて述べる。

(2) 相談者からの事情聴取

　債務整理の相談にあたっては、①相談者の人的属性、②相談者の収入・資産、③相談者の負債状況の3点を意識して事情聴取するとわかりやすい。これらの点を正確に聴取するには多くの書類を必要とするが、初回の相談時では、最低限、次のような書類を用意しておくと事情聴取がスムーズにでき、かつ、その後の方針選択の予測もしやすくなる。なお、これらの書類はできれば事前に相談者に記載しておいてもらうとよい。

①　相談カード（【書式1-1】）
②　債権者一覧表（【書式1-2】）
③　1カ月の家計簿（【書式1-3】）

　以下、事情聴取の3点のポイントについてそれぞれみていく。

(ｱ) 相談者の人的属性

　まずは、相談カード（【書式1-1】）をみながら相談者の人的属性を確認していく。その中でも、相談者の職業、家族構成、負債の原因などを詳細に聴取する。これらの事情が後述する方針選択の重要な判断材料となるからである。

　職業については、職種（破産開始決定による資格制限がある職種か）、雇用形態（正規非正規の別、アルバイト等）、勤続年数、給与額、退職金の有無、今後の勤務状況（転職予定など）などを聴取する。

　家族構成については、同居人数、同居する家族の収入の有無（給与、年金、手当て等）、子供の年齢（教育費等の計算）、別居する家族や親族からの援助の有無などを聴取する。

(ｲ) 相談者の資産・収入

　相談者の資産・収入調査は、相談者の支払能力を知るうえで重要である。支払能力の程度も方針選択の重要な判断要素である。

　具体的には、相談者の現在の手取収入（給与・賞与、退職金、年金、公的手当て等）、預貯金、有価証券、ゴルフ会員権、貸付金、保険、不動産・自動車（担保の有無）、その他高価な動産類などである。詳細は、給与明細書や預

【書式1-1】 クレジット・サラ金問題相談カード

<h2 style="text-align:center">クレジット・サラ金問題法律相談カード</h2>

相談日	平成　年　月　日	生年月日	大・昭・平　年　月　日
ふりがな			
相談者		ＴＥＬ	
現住所	〒	携帯	
勤務先		勤務先TEL	
勤務先住所	〒	勤続時間	AM ： ～PM ： PM ： ～AM ：
給料日	日　勤続年数　年　月　備考		
本　籍			
実家連絡先	氏　名	住　所 続　柄	ＴＥＬ

<table>
<tr><th colspan="7">家　　族</th></tr>
<tr><th rowspan="2">氏　　名</th><th rowspan="2">続　柄</th><th rowspan="2">年齢</th><th rowspan="2">同居の有無</th><th rowspan="2">職　業</th><th colspan="3">収入（手取り額）</th></tr>
<tr><th>月　収</th><th>賞　与</th><th>年収合計</th></tr>
<tr><td></td><td>本　人</td><td></td><td>同・別</td><td></td><td>万円</td><td>万円</td><td>万円</td></tr>
<tr><td></td><td></td><td></td><td>同・別</td><td></td><td></td><td></td><td></td></tr>
<tr><td></td><td></td><td></td><td>同・別</td><td></td><td></td><td></td><td></td></tr>
<tr><td></td><td></td><td></td><td>同・別</td><td></td><td></td><td></td><td></td></tr>
<tr><td></td><td></td><td></td><td>同・別</td><td></td><td></td><td></td><td></td></tr>
<tr><td></td><td></td><td></td><td>同・別</td><td></td><td></td><td></td><td></td></tr>
</table>

債務の概要（合計金額　約　　　　万円）　（下記に内訳をご記入下さい。）
サラ金からの借金　　　　　　　　　　　　件　　約　　　　万円
クレジット会社に対する債務　　　　　　　件　　約　　　　万円
銀行に対する債務　　　　　　　　　　　　件　　約　　　　万円
勤務先・親戚・知人等に対する債務　　　　件　　約　　　　万円
ヤミ金業者に対する債務　　　　　　　　　件　　約　　　　万円
現在困っていること、特に希望すること
過去の債務整理手続の有無　　　　有　・　無

資　産	土地の無・有（　　万円）　建物の無・有（　　万円）　毎月の生活費　　万円	
	預金　　　万円　　家賃　　　万円　　毎月の返済額　　　万円	
	クレジットで購入した物品を所持しているか	有　・　無
	自動車を所有しているか	有　・　無
	生命保険に加入しているか	有　・　無
生活保護	・受けている（具体的に　　　　　　　　　　　）　・受けていない	
児童手当等	・受けている（具体的に　　　　　　　　　　　）　・受けていない	

1．債務負担の原因

①生活苦・低所得　②病気・医療費　③失業・転職　④事業資金　⑤ローン支払等
⑥クレジット購入　⑦保証債務・債務の肩代わり　⑧浪費（　　　　　　　　　）
⑨その他（具体的に　　　　　　　　　　　　　）

2．返済資金調達の見込み

親族からの援助　無　有（　　万円）	月返済可能額　（　　　万円）
その他	

3．債務整理の方向性

①任意整理　　②破産　　③その他（具体的に　　　　　　　　）

4．相談者に対する指示・回答

5．事　案　の　概　要

相談結果	1．受任
	2．受任予定
	3．受認せず
	理由を具体的に（　　　　　　　　　　　　　　　　　　　　　）
	担当者（　　　　　　　　　）

金残高証明等で確認することになるが、資産散逸を防ぐためにも、相談者に早い段階で財産調査の協力を仰ぐべきである。

(ウ) **相談者の負債状況**

相談者の負債状況については、債権者一覧表（【書式1-2】）に沿って聴取するとよい。ここでの聴取するポイントとして、以下の点に留意されたい。

(A) 申告漏れの債権者

親族、知人からの借入れがある場合、相談者がそもそも債権者として認識していなかったり、逆に、認識したうえで迷惑をかけられないとして隠す場合がある。特に、破産手続を選択する場合（またはその可能性がある場合）には、虚偽の債権者名簿の提出は免責不許可事由として問題となりうるので、十分な聴取が必要である（破252条1項7号）。

また、ヤミ金業者についても、申告しづらい相談者がいるようである。債権者の確認の際には、親族・知人、ヤミ金業者の確認を忘れずにされたい。

(B) 過払金発生の見極め

過払金の発生の有無は、事件処理の方針を決めるにあたり、非常に重要な判断要素である。詳細な金額は、各債権者から取引履歴を取り寄せ、利息制限法による引直し計算をしなければわからないが、最初の相談段階でも、最低限、借入開始時期、最初の借入金額、取引の連続の有無を聴取し、過払金発生の有無のあたりをつけたいところである[1]。ただし、相談者に対しては、不用意に過払いになる旨の説明をすることは避けたい。正確には、後日開示された取引履歴から引直し計算をしなければわからないので、可能性を指摘するにとどめたい。

なお、完済事案にも過払金が発生する可能性がある。もちろん、過払金は

---

[1] 平成18年の貸金業法の改正により、利息制限法所定の利息制限額を超えた契約が禁止された（いわゆる旧貸金業法上の「みなし弁済」制度（グレーゾーン金利）が廃止された。貸金業法12条の8第1項）。したがって、最初の相談時における過払金発生のあたり付けは、同改正法が完全施行された平成22年6月18日以前に継続的な取引があったかをチェックすることになる。概算で完全施行日の6〜7年以前から継続的な取引があれば、債務額が減額されるか、または、過払金が発生している可能性がある。

【書式1-2】 債権者一覧表

債権者一覧表

氏　名　　　　　　　　　　　
（平成　年　月　日現在）

	債権者名	電話番号 FAX番号	債権者の住所	最初の 利用月	約定返済額	現在残高	原因・使途	保証人	備考 （担保、訴訟、差押えの有無等）
1		〒		年　月	円	円		有 無	
2		〒		年　月	円	円		有 無	
3		〒		年　月	円	円		有 無	
4		〒		年　月	円	円		有 無	
5		〒		年　月	円	円		有 無	
6		〒		年　月	円	円		有 無	
7		〒		年　月	円	円		有 無	
8		〒		年　月	円	円		有 無	
9		〒		年　月	円	円		有 無	
10		〒		年　月	円	円		有 無	
11		〒		年　月	円	円		有 無	
12		〒		年　月	円	円		有 無	
13		〒		年　月	円	円		有 無	
14		〒		年　月	円	円		有 無	
15		〒		年　月	円	円		有 無	
合計	社					合計　　　　円			

【書式1-3】 家計全体の状況

家計全体の状況①（平成　　年　　月分）

（平成　年　月　日～平成　年　月　日）

＊**申立直前の2か月分**（起算日は任意）の状況を提出します。
＊世帯全体の収支を記載します。
＊「他の援助」のある人は、（　）に援助者の名前も記入します。
＊「交際費」「娯楽費」その他多額の支出は、（　）に具体的内容も記入します。
＊「保険料」のある人は、（　）に保険契約者の名前も記入します。
＊「駐車場代」「ガソリン代」のある人は、（　）に車両の名義人も記入します。

収　入		支　出	
費　目	金額（円）	費　目	金額（円）
前月繰越金（現金）			
（預貯金）			
前月繰越金計（A）	0		
給料・賞与（申立人）		家賃（管理費含む）、地代	
給料・賞与（配偶者）		住宅ローン	
^	^	食費	
給料・賞与（　　）		日用品	
自営収入（申立人）		水道光熱費	
自営収入（配偶者）		通信費（電話代等）	
自営収入（　　）		新聞代	
年金（申立人）		保険料（　　　　）	
年金（配偶者）		駐車場代（　　　）	
年金（　　　）		ガソリン代（　　）	
生活保護		医療費	

児童手当		教育費	
他の援助（　　　）		交通費	
その他（　　　）		被服費	
		交際費（　　　）	
		娯楽費（　　　）	
		返済（対業者）	
		返済（対親戚・知人）	
		返済（　　　　）	
		その他（　　　）	
当月収支計（B）	0	当月支出計（C）	0
		次月繰越金（現金）	
		（預貯金）	
		次月繰越金計（D）	0
合計（A + B）	0	合計（C + D）	0

＊東京地裁推奨書式

完済している業者にも請求できるが、相談者の中には、完済した業者を債権者として認識していない、もしくは、忘れている相談者もいるので、必ず確認するようにしたい。

　(C)　債権および債権者に関すること

　現在、債務不履行になっている債権はあるか、また、あるとして債権者から督促があるか、支払期日が近い債権はないかなどを確認する。督促がある債権者に対しては、弁護士に依頼する予定であることを伝えさせる。

　また、業者の合併や、保証会社等による代位、債権譲渡などにより借入れ時と現在の債権者が違う場合が少なくない。受任通知を発送するうえでも現

在の債権者を正確に調査することが必要である。

(D) 負債の原因および経緯

負債の原因および経緯の聴取も重要である。特に破産の免責不許可事由が問題となる事案では、その後の方針選択に大きな影響を与える。

2 受任の留意点

受任をするにあたり、相談者に対する説明および相談者から取得する資料・書類について留意すべき点を述べる。

(1) 相談者に対する説明事項

(ア) 相談者の窮状についてのアドバイス

多重債務を抱える相談者の多くは、ある業者に返済するために他の業者から借入れをするという自転車操業に陥っているか、もしくは、すでに借入れの限度額を超え自転車操業も尽きた状態にある。業者から執拗な督促に畏怖している者も少なくない。弁護士としてはまず、後述するように弁護士が介入することで督促が止まることを伝え、督促してきた業者に対しては、弁護士に依頼する予定である旨を伝えさせるようにして安心させることが第一である。

不安な気持を落ち着かせたところで、ヤミ金等から新たな債務負担をしないこと、他方で、一部もしくは全部に限らず債権者に対して弁済をしないよう説明する（後者については、後に破産手続を選択する場合に偏頗弁済として問題となりうる）。もっとも、光熱費や家賃など日常生活を営むうえで必要最低限の費用については支払わせてもよい。

(イ) 債務整理手続の種類と概要

債務整理手続の種類と概要については、最初の相談段階において最低限以下の事項は説明されたい。

① 債務整理手続には、主に以下の3つの手続があること

　ⓐ 任意整理手続

　　裁判所を利用しない手続で、各債権者と個別に利息制限法の引直し計算後の残高（後述Ⅳ2参照）について、分割払い等の支払交渉をす

ること。
　ⓑ　自己破産手続
　　　裁判所を利用する手続で、清算型の手続であること。個人であれば免責決定を得ることを最終目的とする。
　ⓒ　個人再生手続
　　　裁判所を利用する手続で、債務の一部カットを受けたうえで、残額について分割支払いをしていく手続である。住宅ローンの支払いを継続する住宅資金特別条項（民再196条以下）を利用する場合が多い。
　各手続の詳細および事例については第2編以下の各事例を参照いただきたい。なお、上記3つの手続のほかに特定調停手続もあげられるが、同手続についてはⅡ1(3)で述べる。
② 　各手続のメリット、デメリット（後述Ⅱ2参照）
③ 　過払金の発生
　　　いずれの手続でも利息制限法の引直し計算で過払金の発生を確認する必要があり、過払金額によって手続の方針が決まること
　㈦　**弁護士が介入することの意味**
　弁護士が受任通知を出して介入すると、後に詳述するが、貸金業者が債務者に対し取立行為ができなくなる（貸金業21条1項9号）。債権者の執拗な督促にパニックを起こしていた相談者もひとまず心を落ち着かせることができる。

　他方で、弁護士が介入すると、貸金業者が加入を義務づけられている信用情報機関に信用事故情報が掲載され（いわゆるブラックリスト）、以後、おおむね5年から10年間は新たな借入れやクレジットカードの利用が事実上できなくなる。

　㈣　**預貯金口座に関すること**
　銀行のカードローンなどを利用している場合に弁護士が介入すると、当該銀行が債務者の当該銀行の預金口座を凍結させ、預金残高と相殺してしまう。したがって、受任通知を出す前にあらかじめ当該預金口座の現金を引き出し

ておき、また、当該預金口座が光熱費等の自動引落口座や給与等の収入口座となっていれば、直ちに口座変更手続を促すべきである。

(オ) **弁護士報酬・裁判費用**

　債務整理の相談者は、その性質上支払能力がないのが通常である。そのような状況であっても、債務者には弁護士費用および裁判費用がかかることをしっかり説明しなければならない。収入が少ない相談者に対しては、法テラスを利用した受任も検討すべきである。なお、法テラスを利用するには、弁護士が事前に契約しておかなければならない（後述Ⅴ2(4)参照）。

　弁護士費用については、その回収方法も含め後記Ⅴ以下で詳述する。

(2) **相談者から取得する資料・書類**

　上述した最初の相談に必要な3つの書類（相談カード、債権者一覧表、1カ月の家計簿）に加え、相談者に用意してもらいたい書類として以下のものがあげられる。

① 預貯金通帳
② 信販会社や貸金業者が発行したカード
③ 資産・収入に関するもの
　　給与明細、年金通知書、源泉徴収票、確定申告書控え、保険関係書類、自動車車検証、不動産登記事項証明書等
④ 負債に関するもの
　　契約書、振込書、領収書、債権譲渡通知書、裁判所からの送達書類等

受任に至った場合の相談者と取り交わす書類等として、委任状、委任契約書、預り書などがある。

Ⅱ 債務整理の方針の選択

1 選択基準

(1) **選択の視点**

　上述のとおり、債務整理手続は、主に任意整理手続、自己破産手続、個人

再生手続の3つの手続がある。そのほかにも特定調停があるが、後述するようにメリットが少ないためあまり利用されていないようである。

では、上記3つの手続について、どのような基準で選択すればよいか。これを判断するには、債務者の正確な債務額と資産・収入状況を把握することが必須なので、初回の相談段階では判断できない場合が多い。もっとも、借入時期の聴取により、債務の減額もしくは過払金発生の可能性についてある程度の予測をし、おおよその方針を説明することはできる。

以下では、受任通知発送後に必要な書類が揃ったことを前提として、選択方法の概略を説明する。

(2) **手続選択の考え方**

まず最初にすべきことは、債権者から取り寄せた取引履歴から、利息制限法による引直し計算をして正確な債務額を把握することである。この時点で、当該債務の減額が認められ、もしくは、過払金が出るなどして総債務額を大幅に圧縮できるようであれば、任意整理手続を検討する。もっとも、債務者が生活保護受給者など収入を見込めない場合には、残債務額が数十万円であったとしても自己破産手続を検討せざるを得ない。

債務額の減額が認められない場合には、債務者の収入との関係で支払不能と判断されれば自己破産手続となる。問題はかかる支払不能の判断基準である。債務者の毎月の支払可能額（手取額から必要な生活費を控除した金額）を算出し、任意整理手続および個人再生手続であれば支払期間を原則3年間（36回払い）で計算し、債務総額が3年間分を超えれば支払不能、下回れば支払可能といえよう。たとえば、支払可能額が月5万円であれば、3年間で180万円がその分水嶺となる。[2]

もっとも、上記基準により支払不能となる場合でも、住宅を絶対手放した

---

[2] 債権者によっては5年以上の分割払いに応じてくれるところもあるが、頭金を用意できるなど特段の事情がない限り3年以内とする債権者が多い。したがって、最初の段階で支払計画を見積もる場合は、3年以内という厳しめの基準でするとよい。なお、個人再生手続は3年間の弁済期間が原則である（民再229条2項2号）。

くない、破産手続開始決定により資格制限を受けてしまう（警備員、保険募集人など）、明らかに免責不許可事由がある、どうしても連帯保証人に迷惑をかけられないなどの事情がある場合は、親族等からの援助の有無などを勘案し、自己破産手続以外の手続を模索しなければならない場合もあろう。

さらには、支払不能の債務者の中には、破産して免責を受けることを潔しとしないとして破産を選択しない者、または、破産に対する誤ったイメージから破産手続を拒否する者がいる。前者の場合は、債務カットが前提の個人再生手続を検討し、後者の場合は、負債状況によっては受任の可否自体を検討しなければならない場合も出てこよう。

なお、債務者が支払不能の状態であるにもかかわらず、自己破産手続を躊躇したい理由がある場合には、まずは、任意整理手続もしくは個人再生手続でスタートして、これらの手続が途中で挫折した場合に、速やかに自己破産手続に移行する方法もある。この場合、移行前の手続中であっても、将来の自己破産手続の可能性を見据えて、免責不許可事由が問題となりうるような行為（たとえば偏頗弁済等）をさせないよう注意が必要である。

(3) 特定調停

最後に特定調停について触れておく。特定調停は費用が安く、調停委員が多数の債権者とそれぞれとの間の支払方法について調整してくれるので、本人調停であれば便利である。しかし、特定調停は多数の債権者との調整のため、任意整理の個別交渉と比べて時間と労力がかかり、弁護士が利用するには使い勝手がよくない。個人の多重債務問題で弁護士が利用する場合は、抜け駆け的な債権者の給与差押え等の強制執行を停止させる目的で利用する場合に限られてこよう（特調7条）。

2 各手続のメリット・デメリット

各手続を選択する判断材料として、各手続のメリット・デメリットをまとめておく。

〈表1-1〉 各手続のメリット・デメリット

	メリット	デメリット
任意整理手続	・法的手続ではないので簡易かつ弾力的な和解契約が可能である。 ・裁判費用がかからない。 ・任意整理手続と並行して過払金を裁判上または裁判外を問わず請求できる。 ・資格制限が問題とならない。 ・免責不許可事由があっても利用できる。	・債務が残ってしまう。 ・利息制限法引直しによる金額まで減額できるが、それ以上の減額は困難である。 ・貸金業者によっては分割払いを一切認めない、または、短期間（1年以内や3回程度など）しか応じないところがある。 ・通常支払期間が長期に及ぶので、途中で挫折する事例も少なくない。その場合の破産手続移行は2度手間となる。
自己破産手続	・免責により債務を免れる ・相談者の支払能力の有無を心配する必要がない。 ・免責許可申立て後の破産手続廃止決定により、給与差押え等の強制執行手続が中止される。	・名前が官報に掲載される。 ・破産手続開始決定により資格が制限される職業がある。 ・住宅、自動車、保険などの資産を処分しなければならない。 ・免責不許可事由が法定されている。
個人再生手続	・債務総額によるが、返済総額を約8割程度カットできる。 ・住宅資金特別条項の利用により住宅を残すことができる。 ・免責不許可事由は問わない。 ・資格制限がない。 ・再生手続開始申立てにより、給与差押え等の強制執行手続が中止される。	・債務者に安定した収入が必要となる。 ・東京地裁では全件個人再生委員が選任され、同委員の報酬金15万円が発生する。 ・申立てから再生計画の認可まで約6カ月間要し、その間も決められた時期に所定の書面を提出しなければならないなど、時間と労力がかかる。 ・債権者間の形式的平等が要求され、一部債権について一括返済にしたり支払期限を延長するなどの融通がきかない。

III 受任通知

1 受任通知の発送

債務整理手続を受任した後、最初に行う手続が受任通知（【書式1-4】）の発送である。受任通知が弁護士から発送されると、貸金業者は債務者に対し直接請求することができなくなる（貸金業21条1項9号）。これに違反すると登録取消し、業務停止、刑事罰の対象となるので、受任通知のもつ意味は大きい（同法24条の6の4第1項4号ロ、47条の2）。

2 受任通知の留意点

受任通知においては、取引履歴の開示を求めると同時に、債権調査票（【書式1-5】）を同封し、当該債権に関する情報（保証、差押えの有無など）も求める。

債権者（特に信販会社）からカードの返却を求められることが多いので、カードも受任通知に同封して送付するとよい。その際、カードの表裏のコピーをとったうえで、カード本体は磁気部分にハサミを入れて使用できないようにしておく。

銀行などの金融機関が債権者の場合、当該金融機関（支店レベル）に預金があると債務と相殺されてしまうことは前述した。受任通知を出す前にあらかじめ当該預金口座の現金を引き出させ、当該預金口座が光熱費等の自動引落口座や給与等の収入口座となっていれば、直ちに口座変更手続をさせるべきである。

依頼者が保証人で、主たる債務が約定どおり支払われている場合には、事実上問題ないので、任意整理手続ではあえて受任通知を送る必要はないだろう。しかし、自己破産手続の場合は債権者一覧表に掲載する必要があるので、受任通知を出す必要がある。受任通知の記載事項については【書式1-4】を参考にされたい。

若干補足すると、住所については、最初の借入れ時と現在の住所が違う場

【書式1-4】 受任通知書

平成○年○月○日

債権者　各位

受任通知書

〒○○○-○○○○
東京都○区○○丁目○番○号○ビル5階
○○法律事務所
TEL　03-○○○○-○○○○
FAX　03-○○○○-○○○○
後記依頼者代理人
弁護士　○　○　○　○

冠省
　当職は、この度、後記依頼者から依頼を受け、同人の債務整理の任に当たることになりました。つきましては、次のことをお願いいたします。
1　債権者の皆様に対する債務の弁済は、誠に恐縮ですが、停止させていただくことになりますのでご了承下さい。
2　正確な負債の状況を把握するため、同封の債権調査票に依頼者の貴社との取引経過の全てをご記入の上、上記弁護士宛に郵便またはFAXにてご返送下さい。なお、貴社（貴殿）の計算書ないし取引経過表がある場合はこれをお送り下さい。過去に取引がある場合は、完済分も含め、取引の当初からの経過を全て開示して下さい。
3　本件についてのご連絡・お問い合わせは、上記弁護士宛にお願いいたします。

〈依頼者の表示〉
　　住　　所　　東京都○区○○丁目○番○号
　　氏　　名　　○○○○（フリガナ）
　　生年月日　　昭和○年○月○日

　以上ご通知申し上げるとともに、本件手続に宜しくご理解ご協力下さいますよう併せてお願い申し上げます。なお、本通知により、時効中断事由としての債務承認をするものではありませんことも念のため申し添えいたします。

草々

【書式 1-5】 債権調査票

債 権 調 査 票

No.　　　　　　　　　　　　　　　　　　　平成　　年　　月　　日現在

債権者名		担当者	
住所	〒	TEL FAX	
債務者名		(連帯)保証人名	

債権の種類	債権額	取得年月日	取得原因	最後の弁済を受けた日	備考

合計金額　　　　　円

＊「債権の種類」……貸付金、売掛金等の種別をご記入下さい。
＊「債権額」……現在の残高をご記入下さい。利息がある場合には利息を区別してご記入下さい。
＊「取得原因」……債権を取得する原因となった契約名（売買契約、請負契約等）をご記入下さい。
＊「取得年月日」……原則として契約日をご記入下さい。
＊別除権、差押等がある場合には、備考欄にご記入下さい。

合には、借入れ時のものを併記したほうがよい。

　債務整理手続の具体的な方針の記載については、利息制限法の引直し計算をしなければ正確な債務総額が把握できないので、明確に方針が定まっていない限り（たとえば支払能力をはるかに超える負債総額の場合、住宅資金特別条項を利用したい場合など）、あえて記載する必要はないであろう。同様に、債権者数や負債総額も、あえて不正確な情報を記載する必要はないと考える。もっとも、業者によっては、方針の見通しや負債総額の概算等についてしつこく電話で聞いてくることがあり、その場合の煩わしさはある。

　最後に、債務承認をするものではない旨の記載についてであるが、受任通知後に消滅時効を援用する場合があることに備えてぜひ記載しておいてほしい。[3] なお、時効援用の方法については、資力がない債務者に配慮して最低限通信履歴が残るFAXで足りるとする考えもあるが、確実を期すために内容証明郵便で通知したほうがよいであろう。

Ⅳ 債権の調査

1　取引履歴の開示

　正確な債務額を把握するためには、取引履歴を入手し、これを基に利息制限法による引直し計算をする必要がある。

　取引履歴については、貸金業者に対し受任通知発送時に開示を求めるのが通常である。貸金業者は、債務者に対し、貸付け時に契約証書を、弁済時に受取証書を交付する義務を負うところ（貸金業17条、18条）、債務者がこれらの書面をすべて保管している場合は少ない。そこで、貸金業者に取引履歴の開示を求めるのである。

　この点、従前の貸金業法では貸金業者に取引履歴の開示義務までは認めら

---

[3] 貸金の消滅時効期間は、債権者が会社である場合は5年である（商法522条、会社法5条）。受任通知後の時効援用が権利濫用にあたらないとした裁判例として東京高判平成20・10・22判例集未登載（原審は東京地判平成20・2・6判例集未登載）がある。

れていなかったが、最高裁判決（最判平成17・8・19判時1906号3頁）で原則開示の義務が認められ、これを受けて、平成18年の貸金業法改正により開示義務が法定された（貸金業19条の2）。

現在、多くの貸金業者が取引履歴の開示に応じているが、契約の借換えがあった事案や、合併等により債務が承継された事案など、取引の一部しか開示してこない場合がある。取引履歴はすべての取引について開示を求めるべきである。

また、貸金業者は、取引履歴について最終の返済期日から10年間の保存義務を負うところ（貸金業19条、同法施行規則17条1項）、貸金業者の中には、かかる保存期間を根拠に10年以前の取引履歴について開示を拒む業者もいる（10年間で破棄している場合もあれば、保存しているにもかかわらず開示をしない場合もある）。交渉をしても開示しない場合には、訴訟を提起して文書提出命令の申立て（民訴221条）を検討する。

交渉、訴訟、文書提出命令申立てを経ても一部の取引履歴しか開示されない場合は、引直し計算をするに際し、非開示部分の数字を記憶等により再現して計算するか（推定計算）、冒頭の残高をゼロもしくは無視して計算することになる（後述2③）。

2　利息制限法による引直し計算

利息制限法による引直し計算とは、繰り返し行われた借入れと返済の取引（取引履歴）について、利息制限法の法定利率により再計算をすることをいう。現在では、債務整理に関する多くの書籍等に計算ソフトが添付されているので、これを利用するとよい。引直し計算をしてくれる業者もあるようである。

引直し計算をするうえでの主な問題点として以下の点がある。
① 元本の金額が増減した場合に適用される法定利率
② 借換え、借増し、再借入れ、業者の合併等、取引の継続性・連続性が問題となる事案の計算方法

③　取引履歴が一部開示されない場合の計算方法

　これらには判例が多数あり、いずれも重要な問題であるが、ここで詳細な解説をすることは本稿の目的からはずれることになるので割愛する。引直し計算をするにあたっては、上記問題が生じうることを常に頭の片隅においてもらい、その際にはぜひ他の文献にあたっていただきたい。[4]

V　弁護士報酬

1　依頼者に対する説明

　債務整理の依頼者は、支払能力がない状況で相談に訪れるのが通常であるが、かかる状況であっても、弁護士報酬および裁判費用が必要であることを十分に説明する必要がある。依頼者の中には、支払いに苦しんでいるのにさらに費用がかかるのかと思っている者も少なからずいると思うが、その場合にも、弁護士の介入により債権者への支払いをストップしてその分を弁護士費用等にあてられること、総債務額の全部もしくは一部カット、または、月々の返済額の減額により弁護士費用等が賄えることなどを説明して説得すべきである。

　結果として、弁護士報酬および裁判費用以上の金額の債務カットができることを説明するのもよいかもしれない。逆にいえば、費用倒れになる可能性が高い事案、たとえば、当初より利息制限法規定の利息で貸し付けている業者（銀行系のカードローンなど）や分割払いには一切応じないことがわかっている業者を相手方とする任意整理事案などは、アドバイスをするにとどめ、あえて弁護士が介入しない選択肢も考えられる。

2　弁護士報酬の確保

　多重債務者は支払能力がないのが通常なので、他の事件に比べ弁護士報酬

---

[4] たとえば、名古屋消費者信用問題研究会編『Q＆A過払金返還請求の手引』、同監修『過払金返還請求・全論点網羅2013』などがあげられる。

の確保が難しい。支払方法についても、月々の支払原資が限られているので分割払いが原則となろう。以下、各手続ごとに説明する。

(1) 任意整理手続の場合

たとえば、東京三弁護士会運営のクレジット・サラ金事件報酬基準[5]（以下、「東京三弁護士会報酬基準」という）では、原則として、着手金が業者1社あたり2万1000円（税込）、報酬金が着手金と同額、さらに減額報酬として利息制限法の引直し後の金額から交渉等により減額できた場合には減額幅の10％、加えて実費が請求できるとなっている。[6]

着手金について、着手時に一括で全額受領できる事例は少ない。したがって分割払いが原則となるが、支払方法として、月々の支払可能額まで減額した額を定額で受領していくか、和解金の支払い時期を数カ月遅らせて、その間に着手金を回収する方法がある。後者の場合は、和解金額に経過利息を認めさせないなど、債権者の対応が必要である。

報酬金は、和解契約成立時に請求するのが原則であるが、全社まとめて請求するよりは、和解契約が成立するごとに請求したほうが、依頼者の負担の面からも、弁護士報酬の回収の面からもベターであろう。

(2) 自己破産手続の場合

東京三弁護士会の報酬基準によると、原則として着手金21万円（税込）以内、免責決定を得られたときに報酬金が着手金と同額、その他実費等を請求できる。さらに、東京地方裁判所の管財事件の場合には、予納金として最低20万円が必要となる。[7・8]

自己破産手続の場合の着手金の回収も、基本的には任意整理手続の場合と同じだが、依頼者が給与の差押えを受けている場合などは、強制執行を停止

---

[5] 東京三弁護士会が運営するクレサラ法律相談で適用される報酬基準である。本編では、平成25年1月1日施行のものを前提としており、消費税率も5％で計算されている。

[6] 弁護士報酬については、平成16年3月31日に弁護士報酬会規が廃止され、同年4月1日から自由化されたので、基本的には自由である。東京三弁護士会の報酬基準に則っておけば問題が生じにくいと思われるので、参考としてあげている。なお、平成23年に制定された日弁連の「債務整理事件処理の規律を定める規程」には一部報酬金の上限規制があるので注意が必要である。

させるために早期の申立てが必要なので、着手金を積み立てる期間を確保するのは難しい。他方で、破産手続の場合は、保険の解約返戻金など資産の処分により弁護士報酬、裁判費用を捻出できる場合がある。

報酬金については、免責決定後の請求になるので、なかには免責を得られたことをいいことに、支払わない（もしくは支払えない）依頼者も散見される。特に生活保護受給者など収入が少ない依頼者の場合は回収できない場合が少なくない。報酬金についても分割払いで回収できるところまで回収できればよいとの姿勢でのぞむとよいかもしれない。

(3) 個人再生手続の場合

上記東京三弁護士会の報酬基準によると、原則として着手金30万円（税込）以内、再生計画認可決定後に報酬金が着手金と同額か事案簡明の場合は21万円（税込）、その他実費等を請求することができる。さらに、東京地方裁判所の場合は、個人再生手続を利用すると全件に個人再生委員が選任され、その報酬金として15万円を用意する必要がある。

個人再生手続の申立てをすると、再生計画案の履行可能性テストとして、再生委員に対し、申立て後6カ月間、再生計画案予定弁済額を支払わなければならない。上記テストをパスし、再生計画認可決定が出されると、6カ月の期間中に支払われた予定弁済額から再生委員の報酬を控除された金額がいったん還付されることになる。再生計画は認可決定の1カ月後に確定し、その翌月か翌々月から当該再生計画に沿った弁済が開始される。申立てをしてから弁済が始まるまでは7〜9カ月間を要し、その間は、住宅資金特別条項を利用する場合の住宅ローンの支払いを除いては、各債権者の支払いがストップしている状態である。

---

7 予納金の支払いは、5万円×4回の分納まで認められる。
8 東京地方裁判所では、個人の自己破産手続について、破産管財人の調査を経る管財事件と調査を経ない同時廃止事件の2つに振り分けて運用している。前者は予納金20万円を別途用意しなければならないので、2つの振分け基準は、他の債務整理手続の方針選択に匹敵するほど重要である。東京地方裁判所の振分け基準については、東京地裁破産実務研究会『破産管財の手引〔増補版〕』31頁以下を参考にされたい。

そこで、個人再生手続の場合の弁護士報酬については、仮に、着手時に一括で着手金を受領できなくても、上記還付金および認可決定後弁済開始までの数カ月間の分割支払い（少なくとも予定弁済額は支払えるはずである）で、報酬金を含めて回収を図るとよい。個人再生手続の場合は、破産手続と違って一定の収入があることが再生計画認可決定の必須条件なので、分割払いでも着手金および報酬金の回収率は高いと思われる。

(4) 法テラスの利用

　債務整理事件は、相談に応ずる以上受任することが原則である。しかし、弁護士報酬を分割支払いにしたとしても、たとえば生活保護受給者のような相談者の場合、東京三弁護士会の報酬基準を請求することは困難である。その場合は、日本司法支援センター（法テラス）の代理援助制度を利用すべきである。法テラスで代理援助制度を利用するには、事前に法テラスと契約しておく必要があるが、かかる契約の内容と手続の詳細については法テラスのホームページ（〈http://www.houterasu.or.jp/〉）を参照されたい[9]。債務整理事件で弁護士に支払われる報酬は、東京三弁護士会の報酬基準の2分の1から4分の1程度であるが、少なくともその範囲内で確実に弁護士報酬を回収することができるし、何よりも、資力のない多重債務者の窮状を救うことができる。

(5) その他弁護士報酬および預り金の受領に関する注意点

(ア) 任意整理手続における報酬

　弁護士報酬が自由化された旨は前述したが、昨今の過払金請求事件を含む債務整理事件の一部の弁護士による不適切な事務処理および不当な報酬額の請求等を受けて、平成23年2月9日、日弁連より、個人（零細事業者含む）の任意整理手続に関して、「債務整理事件処理の規律を定める規程」および「同規程施行規則」[10]が制定された。

　同規定は単なる訓示規定ではなく法的拘束力を有するので、1度は条文を

---

[9] 法テラスのホームページから契約の申込手続ができる。

確認されたい。ここでは、着手金および報酬金の上限規定についてあげておく。

着手金の上限規定はない。ただし指針はある。

報酬金の上限規定は以下のとおりである。

① 解決報酬金　　1社あたり2万円以下が原則。商工ローンは5万円以下。
② 減額報酬金　　減額分の10％以下[11]
③ 過払金報酬金　訴訟によらない場合回収額の20％以下。訴訟による場合回収額の25％以下[12]

(イ) 預り金の管理

債務整理手続では、業者からの過払金の返還、和解金の代理弁済、破産申立て前の予納金および個人再生の認可決定後の履行テストの還付金など預り金の受領場面が多々ある。特に、報酬金等を分割で受領していると、和解金の代理弁済または預り金の返還と報酬金との相殺の場面などでは、口座が1つでは自己の金員と明確に区別することは困難である。債務整理手続を受任する際には、必ず預り金口座を用意すべきである。[13]

10　この規程は、平成23年4月1日以降に弁護士が新規受任する事件から適用される。また、この規程は、臨時の規制であり、施行状況などをみて、施行から5年以内の間に定めた日に失効することになっている。

11　東京三弁護士会報酬基準では、減額報酬については利息制限法の引直し後の金額から交渉等により減額できた場合に、減額幅の10％が認められるとしている。

12　東京三弁護士会報酬基準では、交渉、訴訟を問わず、一律上限20％としている。

13　昨今頻発している弁護士の後見業務中の業務上横領事件を受けて、急遽、日弁連により「預り金等の取扱いに関する規程」が平成25年5月31日に制定され、同年8月1日施行された。同規程では、預り金が一定の金額を満たし、かつ、一定の期間保管する場合には、預り金口座により保管すること等を義務づけている。

第2編 債務整理の現場
―― モデルケースを素材として

第1章 任意整理──依頼者の利益の最大化のための対応

I 事案の概要

─〈*Case* ①〉─
　トラック運転手乙野乙郎は、20年ほど前に大手サラ金会社から借金し、その後、借金の返済のために、複数のサラ金会社からそれぞれ30万円から50万円の債務を負うに至っており、総額約300万円の返済に追われている。そこで、乙野氏は、紹介された甲弁護士に相談することにした。

II 受任の経緯・問題点の把握

　独立して間もない甲弁護士の元に、先輩のX弁護士から、債務整理事件を紹介したいとの電話があった。

X弁護士：昨日行きつけの飲み屋のマスターから事務所に電話があって、「古い友人で、借金返済が追いつかない、このままでは自殺か夜逃げしかないって言っている奴がいるんだ。悪いけど相談に乗ってやってくれないか」って連絡があったんだよね。だけど、俺は今週急ぎの保全案件を3件抱えていて全く身動

>　　　　　きがとれないから、よかったら相談に応じてもらえないか。
> 甲弁護士：もちろんです。いつもお世話になりながら、事件のご紹介も
> 　　　　　いただいて申し訳ありません。
> X弁護士：ありがとう。助かるよ。本人は今日明日にでも相談したいと
> 　　　　　いう感じらしいけど、俺のほうで日程調整まではするから、
> 　　　　　甲さんの空いている時間を教えて。
> 甲弁護士：ありがとうございます。私は今日なら午後4時以降、明日な
> 　　　　　ら午前中が空いています。
> X弁護士：了解。それなら、今日の4時に甲さんの事務所に来てもらう
> 　　　　　ようにしておくわ。お名前は乙野乙郎さんだから。
> 甲弁護士：わかりました。
> X弁護士：あとはよろしく。わからないことがあったら何でも聞いてね。

Ⅲ 依頼者との面談〜その1（聴取り）

甲弁護士は、その日の午後4時に乙野氏と面談し、事実関係の聴取りを行った。

> 甲弁護士：はじめまして。弁護士の甲です。よろしくお願いいたします。
> 乙野氏：よろしくお願いします。毎月毎月少しずつ借金を返してきまし
> 　　　　たが、全然元金が減りません。もうこれ以上気力がなくなって
> 　　　　しまいました。女房にも迷惑ばかりかけているし……。子供た
> 　　　　ちの学費も払えないし、家賃も少しずつ滞納し始めているし、
> 　　　　はっきりいって限界です。正直、毎日死にたい気持です……。
> 甲弁護士：乙野さん、大丈夫です。死ぬなんて言わないでください。一
> 　　　　　緒に解決策をみつけていきましょう。はじめに、お手数をおか
> 　　　　　けしますが、こちらの相談票をわかる範囲で結構ですので埋め

ていただけますか。
乙野氏：わかりました。（記入する）
甲弁護士：ありがとうございます。拝見いたします。なるほど、現在40歳で、奥さんと2人のお子さんとお住まいなのですね。ご自宅は賃貸ですか。
乙野氏：そうです。
甲弁護士：お仕事はトラック運転手ですね。自営ですか。勤めですか。
乙野氏：勤めです。
甲弁護士：いつ頃からお勤めですか。
乙野氏：今勤めている会社には15、6年前からです。
甲弁護士：給料はどれくらいでしょうか。
乙野氏：今は手取りで30万円から35万円といったところでしょうか。
甲弁護士：わかりました。それでは、債務状況を確認していきます。まず、借り入れを始めたのはいつ頃からですか。
乙野氏：そうですね。最初に借金をしたのは20年くらい前からですが、返済が滞ったり、利息だけの返済でごまかすようになったのはここ10年くらいですね。
甲弁護士：借入れを始めたきっかけは何でしたか。
乙野氏：最初は、遊ぶ金というか、ちょっと実入りが少なかった時とかに用立てるためという感じでしたが、ここ10年くらいはもっぱら生活のためという感じです。収入も減って、それなのに子供の学校やら何やらの費用が大変で……。
甲弁護士：これは破産を申し立てる場合に重要な点なので、ぜひ本当のことを教えてほしいのですが、ギャンブルや風俗にはまっていたり、海外旅行やブランド物などに浪費したりしていませんか（注1）。
乙野氏：そういうものには使っていません。生活費とちょっとした遊ぶ金ばかりです。

甲弁護士：わかりました。借入先はこちらにお書きいただいたところですべてですか。
乙野氏：多分あっていると思いますが、正確なところはわかりません。サラ金の有名どころは大体全部という感じです。
甲弁護士：わかりました。ヤミ金や高利貸しはありませんか。
乙野氏：ありません。さすがにその勇気はありませんでした。すべて大手のサラ金です。
甲弁護士：総額でいくらくらいでしょうか。
乙野氏：正直正確にはわかりません。完全に自転車操業で、給料から利息だけを返して、足りなくなったら新しく借入れをして、すべての会社のカードが限度額になったら新しいところでカードをつくってまた借りて、そういった感じでやってきたので正確な額はわかりませんが、相談票に記載した8社から30万から50万円くらいを借りているので、300万円前後だと思います。実はもう新しいカードをつくるあてがなくて……。明後日にはA社とP社の支払日がくるんです。どうすればよいのか……。
甲弁護士：わかりました。確かに月の給料が35万円弱で、総額300万円の借入れは大変ですね。実は私も学生時代は多重債務に苦しんでいたんです。ですから、支払日が迫ってくると追い詰められるように感じる気持もよくわかります。
乙野氏：これからどうしたらよいでしょうか。
甲弁護士：まず、全社に対して私が代理人になりましたという書面を送ります。これを介入通知とか受任通知とかいうのですが、これを送れば、基本的に請求は止まります。
乙野氏：請求が止まるんですか!?
甲弁護士：はい。大手のサラ金会社からの請求は確実に止まります（注2）。
乙野氏：ただ、請求はなくても支払いはしたほうがいいですよね。

甲弁護士：いや、これからは私が窓口となって、個別に減額の交渉をすることになりますので、乙野さんは一切支払いもしないでください。また、これから破産を申し立てるのであれば、これ以上の支払いは法律上望ましくありません（注3）。

乙野氏：でも、弁護士さんに交渉をお願いするとブラックリストに載ってしまうのですよね……。そうすると会社をクビになってしまったりするという噂を聞きましたが……。

甲弁護士：確かに、いわゆるブラックリストには載ることになります。ただ、それはあくまでサラ金などが加盟する業界団体の内部情報として登録されるだけで、お勤めの会社に通知がいくわけではありません（注4）。

乙野氏：そうなんですか。会社に知られずに済むのですか。

甲弁護士：破産するとなれば、破産の事実は官報という国が配布する機関誌に載るので、知ろうと思えば知ることができますから、会社の人に知られる可能性が全くないとはいえません。けれども、とりあえず介入通知を送るだけであれば、会社に知られずに進めることはできると思います。まずは介入通知を送って請求を止めましょう。

乙野氏：デメリットは全くないのでしょうか……。

甲弁護士：新たに借入れをすることは難しくなると思いますが、それ以外に大きな問題は生じません。乙野さんの場合は、しっかりと毎月のお給料がありますから、借金の支払いを止めれば生活をすることはできるのですよね。

乙野氏：はい。月々の返済がなくなれば、生活は十分できると思います。

甲弁護士：そうであれば、大きなリスクはありません。安心してください。

乙野氏：ありがとうございます。とりあえず請求が止まるのであればとても助かります。そうしてください。ちなみに破産を申し立て

るとして、先生への費用はいくらくらいになるのでしょうか。
甲弁護士：費用の話は総額を把握してからご相談させてください。まずは介入通知をすべての借入先に送りましょう。その際に、乙野さんのこれまでのすべての取引を開示してもらうことにします（注5）。乙野さんは、「過払金」という言葉はご存知ですか。
乙野氏：はい。CMとかで聞いたことはあります。ただ、自分が借り入れていたのはすべて大手なので、自分にはあまり関係ないと思っていました。
甲弁護士：大手のサラ金も同じなんです。サラ金は法律で定められた以上の利息をとっていました。法律よりも多く支払っていた分は、取り戻すことができるんです。これが過払金です。乙野さんは、長い間真面目に返済を続けていたとのことですから、もしかしたら過払金があるかもしれません。そうすると、今ある借金がある程度減額できたり、ゼロになったり、場合によってはむしろ返してもらえるかもしれません。
乙野氏：借金がゼロになるかもしれないんですか!?
甲弁護士：確定的なことは、取引履歴をみないと何ともいえません。ただ、ある程度は過払金があるかもしれませんね。ですので、まずは取引履歴を開示して、過払金の額を算定して、それから破産にするかどうか、方針を決めましょう。弁護士費用は、その段階でご相談できればと思います。
乙野氏：ありがとうございます。手持ちのお金もほとんどないので、とても助かります。
甲弁護士：いえ。それでは、まず、今日、自宅に戻られたら、先ほど教えていただいた借入先に漏れがないか確認してください。漏れがあれば、私の名刺のメールアドレス宛てに、会社名を送ってください。とりあえずベタ打ちでかまいません。すべての借入先に、今日中に介入通知を送っておきます。また、こちらは今

>　　　　日中でなくてもいいのですが、私宛てに、ご自宅にある請求書
>　　　　などをそのまま送ってください。
> 乙野氏：わかりました。
> 甲弁護士：あと、仮に過去に返済を終えて、それ以上借入れをしなくな
>　　　　った会社があれば、その会社も教えてください。
> 乙野氏：わかりました。記憶が薄れているところもありますが、大体の
>　　　　サラ金の資料は家にあると思いますので探して送るようにしま
>　　　　す。
> 甲弁護士：よろしくお願いします。

（注1）　破産法252条1項各号参照。
（注2）　貸金業法21条1項9号（罰則規定もある（2年以下の懲役もしくは300万円以下の罰金（同法47条の3第1項3号））。
（注3）　給与所得者を債務者とする弁護士の受任通知の送付が破産法162条1項1号イおよび3項にいう「支払の停止」にあたるとされた最判平成24・10・19判時2169号9頁参照。
（注4）　業界団体の役職員等は、秘密保持義務を負う（貸金業41条の16）。同義務違反には罰則規定がある（2年以下の懲役もしくは300万円以下の罰金（同法47条の3第1項5号））。
（注5）　最判平成17・7・19判タ1188号213頁、貸金業法19条の2。

Ⅳ　その後の作業～その1（甲のひとりごと）

1　介入通知の発送（打合せ当日）

　別の打合せを終えると、乙野氏からお礼とともに、相談票の記載からは2社が漏れていたとの電子メールがきていた。これで借入先は全部で10社ということになる。乙野氏の債権者にあたるサラ金会社はすべてインターネットに住所と代表者が掲載されていた。なければ乙野氏に請求書記載の住所と代表者を聞かなければならないところだった。とりあえずこの10社に介入通知

を送ることにする。介入通知の内容は、大手ばかりだし、ひな形どおりでよいだろう。乙野氏は、支払いが遅れて信用情報が傷つくことを気にしていた。A社とP社について2日後に支払日が迫っていることであるから、介入通知到達前に支払日が到来すれば、厳密にいえば履行遅滞となってしまい、その時点で信用情報に「延滞」と掲載される可能性が生じるだろう。介入通知を送ることで遅滞とならないわけではないし、乙野氏はすでに何度か滞納はしていたと言っていたので、それほど意味はないかもしれないけれど、念のためこの2社は速達で送ることにしよう。

【書式 2-1-1】　介入通知（〈*Case* ①〉）

平成××年×月××日

債権者各位

〒100-1000
東京都E区F町1丁目1番
甲法律事務所
電　話　03-1234-5678
FAX　　03-1234-5679
乙野乙郎代理人弁護士　　甲

介入通知

冠省
　当職はこの度、後記債務者から依頼を受け、同人の債務整理の任にあたることとなりました。つきましては、次のことをお願いいたします。

1．混乱を避けるため、今後、債務者や家族、保証人への連絡や取立行為は、一切中止願います。
2．正確な負債状況を把握するため、平成××年×月〇日までに当職宛てに、取引履歴の開示をお願いいたします（書式は御社の形式で結構です。）。過去に取引がある場合は、完済分も含め、最初からの取引経過を開示して下さい。

債務者の表示

住　所　　〒123-4567
　　　　　東京都Ｘ区Ｙ町１丁目１番101号
旧住所　　〒345-6789
　　　　　埼玉県Ｋ市Ｌ町１丁目１番101号
氏　名　　乙　野　乙　郎　　昭和35年×月×日生　男

　現状債務整理の方針は未定です。

(注)　なお、本通知により、時効中断理由としての債務承認をするものではありません。

草々

2　引直し計算（10日後）

　大体すべての会社の取引履歴が送付されてきた。送られてこない会社はＺ社のみ。もう少し待って、発送から３週間くらい経過しても送られてこないようであれば内容証明を送ってみることにしよう。

　送られてきた取引履歴については、どんどん引直し計算ソフトに日付と金額を入れていく。Ａ社とＰ社は、20年近くの取引があるから入力量も多い。独立前は事務員さんにやってもらっていたけれど、今は１人だから大変だ。

　引直しをしてみたら、案の定、半分ほどの業者に過払金が発生しそうだ。しかも、Ａ社とＰ社はそれぞれ200万円を超える。これは破産の申立てをしなくて済みそうだ。よし、乙野氏に事務所に来てもらって、状況を説明しよう。

Ⅴ　依頼者との面談〜その２

　ひととおりの検討を終えたところで、乙野氏と再度の打合せを行った。

甲弁護士：おおむね状況が固まりましたので、今日は方針の打合せをしたいと思います。

乙野氏：甲先生のおっしゃるとおり、あれから全く請求書はこなくなりました。本当にありがとうございます。ただ、20年近く毎月毎月支払いをしてきましたから、それがなくなると何か気持悪さを感じてしまいます。本当に支払いをしなくていいものなのでしょうか。

甲弁護士：大丈夫です。介入通知には、いったん取引を止めて清算しましょう、という意味合いがあります。これから各社と交渉をしていく中で、やっぱり支払いが必要になるところもあるかもしれませんが、支払いはその話合いがまとまってからで大丈夫です。

乙野氏：わかりました。安心しました。

甲弁護士：さて、各社から乙野さんのこれまでの取引履歴が送られてきました。こちらです。これを専用のソフトに入れて計算したところ、やはりいくつかの会社で過払金があることがわかりました。

乙野氏：はあ。

甲弁護士：しかもですね、こちらの一覧表をご覧ください。理論上、過払金の合計額が乙野さんの借金総額を超えているんです。

乙野氏：はあ。どういうことでしょう……。

甲弁護士：つまりですね、これからの交渉次第ですが、破産を申し立てる必要がなくなるかもしれませんし、さらにうまく交渉できれば、いくらか乙野さんにお渡しできるかもしれません。

乙野氏：破産をしなくて済みそうなんですか!!　それは本当にうれしいです。やっぱり女房とも、破産はしたくないなぁ、世間に顔向けできないなぁと話していたんですよ。ありがとうございます。

甲弁護士：これから、各社と交渉をしていきます。交渉の方針は弁護士によってそれぞれ特色があるところです。また、相手があることですから、こちらが決めたとおりになるとは限りません。

乙野氏：わかりました。

甲弁護士：過払いが生じずこちらが支払いをしなければいけない業者と、過払金を請求する業者と分けて考えたいと思います。まず、支払いをしなければいけない業者との交渉では、できる限り減額を求めていきます。目標は半額です。

乙野氏：あれ？ 過払金があるので、そこから全額を返せばいいんじゃないですか。

甲弁護士：過払金は、実際に回収できるかわかりません。最近は多くの業者が過払金の支払いで業績が悪化していて、支払いができなくなってきています。過払金をあてにして交渉することは危険です。乙野さんは、今はまとまったお金はありませんよね。

乙野氏：そうですね。数万円といったところです。

甲弁護士：そうすると、過払金をうまく回収できない場合には、支払いをしなければいけない業者に対しては、減額のうえ分割払いも求めていくことになると思います。いずれにせよ、過払金の回収とあわせて柔軟に考えていきましょう。

乙野氏：わかりました。

甲弁護士：次に過払金を請求する業者については、はじめに任意で交渉し、らちが明かなければすぐに訴訟を提起したいと思います。

乙野氏：裁判ですか。少し大げさな感じがしますが……。

甲弁護士：乙野さん、裁判を起こすことにデメリットはほとんどありません。必要な費用もそれほどかかりません。また、実際には、裁判の場で交渉をすることがほとんどです。交渉のテーブルを裁判所に持ち込むことで、交渉を有利に進めるという意味合いもあります。それほど裁判を起こすことに抵抗感を抱かなくて

　　　　も大丈夫です。また、私の場合は、過払訴訟であれば、任意の
　　　　交渉と裁判とで弁護士費用にそれほど差を設けていません。も
　　　　ちろん任意の交渉でまとまった金額で和解できそうな場合には、
　　　　時間と金額を総合評価すると、そちらのほうがメリットになる
　　　　場合もあります。いずれにせよ柔軟に対応をしていきたいと思
　　　　います。
乙野氏：わかりました。その、先生にお支払いする費用はどれくらいで
　　　　しょうか。
甲弁護士：一般の訴訟であれば最初にいただく着手金で請求金額の8％、
　　　　報酬金で15％くらいですが、今回は着手金はいりません。報酬
　　　　金とあわせて20％くらいをイメージしていただければ大丈夫で
　　　　す（注6）。
乙野氏：任意の交渉の場合はいくらくらいでしょうか。
甲弁護士：これも場合によりますが、減額した金額や回収した金額の10
　　　　％から15％くらいをイメージしてください。交渉の難しさによ
　　　　って少し変更もあり得ます。いずれにせよおおむね終わった段
　　　　階でまたご相談させてください。
乙野氏：わかりました。借金がなくなるのであれば、それ以上は特に希
　　　　望はありません。先生にお任せしたいと思います。
甲弁護士：わかりました。個別の交渉の経緯は、そのつど報告します。
　　　　また、最終的に和解をするときには必ず相談しますのでご安心く
　　　　ださい。それでは各社と交渉を進めていきたいと思います。
乙野氏：お願いします。

（注6）　なお、法テラス（日本司法支援センター）の弁護士費用立替制度を利
　　　　用することも可能である。同制度では着手金・報酬金の基準が一律
　　　　で決められている。

<表 2-1-1> 引直し計算結果例（《Case ①》）

一覧表

会社名	未払利息	残元金	過払利息	未払過払利息
A	0	－2500613	－607688	0
B	2032	50000	0	0
C（貸金）	0	－697404	－60374	－60374
C（売掛リボ）	4021	89500	0	0
K	0	150345	20221	0
L	0	－220670	－2327	－10675
O	0	－764774	－8066	－98243
P	0	－2000123	－19130	－19130
Q	0	－18310	－5184	－5184
Z	0	－429566	－4236	－19821
総額	6053	－6341615	－686784	－213427

VI その後の作業～その2（甲のひとりごと）

1 請求書の送付

　さて、まずは、過払いが発生する業者に請求書を送ろう。引直し計算書を別紙につけて、開示された取引履歴にお客様センターの連絡先住所があるからそちらを記載する。残債務がある会社については、どこかから過払金が回収できないと何ともいえないから、とりあえず後回しにするかな。ただ、X弁護士は、昔、過払金を回収する前の本当に支払原資がない段階で、徹底的な圧縮と分割払いを申し入れておいたほうがよいときもあると教えてくれていたな。支払原資を得た後に、資金がないので支払いができないと言い続けると、信義誠実義務（弁護士職務基本規程5条）に違反する可能性が生じてく

るし、仮に原資がない旨の虚偽の事実を述べて交渉をした場合は、後になって詐欺や錯誤の主張をされるおそれすらあるように思えと言っていた気がする。ただ、その点は過払金回収見込みがある段階でも似た問題ははらむし、悩ましいところだ。自分は支払いの交渉に際しては、過払金の点は聞かれても答えずに交渉をしているけれど、他の弁護士はどうしているのだろうか……。

【書式2-1-2】 不当利得返還請求通知書（<Case ①>）

平成××年×月××日

A県B市C町1番1号
株式会社A
代表取締役　A　田　B　介　殿
（担当：お客様センター）

〒100-1000
東京都E区F町1丁目1番
甲法律事務所
電話　03-1234-5678　FAX　03-1234-5679
乙野乙郎代理人弁護士　甲

不当利得返還請求通知書

冠省
　当職は、下記の者（以下「通知人」といいます。）の代理人として、以下、ご通知申し上げます。

記

氏名：乙野乙郎
昭和48年×月×日生まれ
口座番号：0237-0054048-001

以上

貴社と通知人との間の継続的金銭消費貸借取引について、開示された取引履歴をもとに、利息制限法が規定する制限利率に従った引き直し計算を行い、同法所定の制限利率を上回る利息金の支払いを元金に充当し、過払金が発生したときには過払金が発生した日の翌日から年5分の割合による利息を付して計算しましたところ、別紙記載のとおり、通知日現在、<u>過払金2,500,613円及び未払過払利息63,446円</u>が生じております。

　よって、通知人は、貴社に対し、不当利得返還請求権に基づき、<u>上記合計金3,135,019円</u>の支払いを請求します。本書面到達後2週間以内に、上記金員を通知人代理人名義の普通預金口座（XX銀行本店（店番001）口座番号0123456　口座名義　アズカリキンベンゴシコウ）に振り込み送金する方法にてお支払いください。

　万一、上記期限内にお支払いがない場合には、やむを得ず、訴訟提起を検討せざるをえませんので、念のため申し添えます。

草々

2　Z社に対するさらなる取引履歴の開示請求

　最初の請求から3週間経ったけれど、相変わらずZ社から履歴が開示されない。仕方ないから、行政処分を求めることをほのめかす内容証明を送るかな。

【書式 2-1-3】　開示請求書（内容証明）（《Case ①》）

開示請求書

冠省　当職は、乙野乙郎（以下「通知人」といいます。）より委任を受けた代理人として、貴社に対し、以下のとおり通知いたします。

　平成××年××月××日、当職は、貴社に対し、通知人と貴社の間の金銭消費貸借契約にかかる貴社における取引履歴の開示を請求いたしましたが、通知日現在、回答を頂けておりません。

　平成××年××月××日までに、全取引履歴を開示するよう改めて請求いた

します。
　なお、ご承知のとおり、貸金業者は、取引履歴の開示義務を負っており（貸金業法19条の２）、貸金業者が取引履歴の開示請求に応じずその開示を怠る場合には、貸金業登録の取消もしくは１年間以内の業務停止の行政処分を受け（同法24条の６の４第１項２号）、または、100万円以下の罰金を科せられる（同法49条６号）とされております。
　仮に上記期間内に全取引履歴が開示されない場合には、かかる法律上の処分に関する手続を採ることを検討せざるを得ません。
　貴社の誠意ある対応を期待しております。

不一

平成××年×月×日

　　　　　通知人　乙野乙郎
　　　　　　東京都Ｅ区Ｆ町１丁目１番
　　　　　　甲法律事務所（送達場所）
　　　　　　電　話　03-1234-5678
　　　　　　ＦＡＸ　03-1234-5679
　　　　　　通知人代理人弁護士　　　甲

東京都Ｐ区Ｒ町1-1-1
　　被通知人　Ｚ株式会社
　　代表取締役　Ｚ　山　Ｚ　平　　殿

Ⅶ　その後の作業～その３（各社との交渉と依頼者との連絡）

１　Ａ社との交渉

　各社との交渉を開始する。まずは、最も過払金が生じているＡ社担当のＢ川氏から連絡があった。

(呼出音)

甲弁護士：甲法律事務所です。

Ｂ川氏：はじめまして。私はＡ社お客様センター担当のＢ川と申します。甲先生はいらっしゃいますか。

甲弁護士：はい。私です。

Ｂ川氏：甲先生、お電話少しよろしいでしょうか。

甲弁護士：はい。大丈夫です。

Ｂ川氏：先生がご担当の乙野さんの件で、何とか和解をお願いできないかと思いお電話を差し上げました。弊社も大変苦しい経営状況でして。

甲弁護士：乙野さんの件ですね。少しお待ちください…（保留音）…Ａ社、Ａ社と……過払金約250万円、利息約60万円で合計約310万円を請求したところか……お待たせいたしました。もちろんご提案次第では和解も検討させていただきますよ。具体的においくらのご提案となるのでしょうか。

Ｂ川氏：それが弊社も大変苦しい状況でして、何とか、150万円で和解できないかと……。

甲弁護士：それは無理です。それでは訴訟を選択せざるを得ませんね。

Ｂ川氏：そこを何とか。もう少し検討させていただきますので……。

甲弁護士：いや、少し当方の考えと差がありすぎますので、ちょっと話合いをする時間がもったいないですね。

Ｂ川氏：先生は、おいくらくらいを考えているのでしょうか。

甲弁護士：私は基本的に全件訴訟提起を前提に受任していますので、あまり訴訟前に大幅な和解はしないのです。せいぜい丸めて310万円といったところですね。

Ｂ川氏：それはちょっと……。弊社も大変苦しい状況でして……。

甲弁護士：わかりました。そうすると残念ですが話合いは難しいですね。

> B川氏：そうですか。残念です。
> 甲弁護士：それでは。（電話を切る）さて、これは裁判だな。乙野さんから委任状が届き次第、提訴しよう。

【書式 2-1-4】 訴状案（《Case ①》）

訴　　　状

平成××年××月××日

東京地方裁判所民事部　御中

　　　　　　　　　　　　原告訴訟代理人弁護士　　　甲

〒123-4567　東京都X区Y町1丁目1番101号
　　　　　　原　　　告　　　乙　野　乙　郎

〒100-1000　東京都E区F町1丁目1番
　　　　　　甲法律事務所（送達場所）
　　　　　　電　話　03-1234-5678
　　　　　　ＦＡＸ　03-1234-5679
　　　　　　原告訴訟代理人弁護士　　　甲

〒123-6789　東京都P区Q町1番1号
　　　　　　被　　　告　　　株式会社　A
　　　　　　上記代表者代表取締役　　A　田　B　介

不当利得返還請求事件
訴訟物の価額　　310万8301円
貼用印紙額　　　2万1000円

請求の趣旨

1　被告は、原告に対し、金310万8301円及び内金250万0613円に対する平成××年××月××日から支払済みに至るまで年5分の割合の金員を支払え。
2　訴訟費用は被告の負担とする。
との判決並びに仮執行宣言を求める。

請求の原因

1　当事者
被告は、貸付を主要な業務内容とする貸金業の登録業者である。

2　過払金返還請求権の根拠
(1)　過払い金元金
　原告及び被告は、平成××年×月×日、金銭消費貸借契約を締結し（契約番号ABCD－123456）、同日原告は金5万円を借入れ、その後、借入と返済を繰り返した（甲1）。
　これを利息制限法1条1項所定の法定利率に照らし、引きなおし計算をすると、原告の被告に対する金250万0613円の過払金元金が発生している（別紙参照）。
(2)　悪意の受益者
　被告は、貸金業の登録業者であり、利息制限法の法定金利を超える金利で貸付をしていることを知りながら、原告より利息の返済を受けていた。
　よって、被告は悪意の受益者であるので、過払い金発生以降完済に至るまで年5％の利息が発生する。
　なお、訴訟提起日現在の既発生利息合計額は、金60万7688円である（別紙参照）。
(3)　被告の不払い
　原告は、被告に対し、平成××年×月×日付け不当利得返還請求通知書（甲2）を送付し、不当利得の返還を請求したが、被告は、訴訟提起日現在に至るまで支払おうとしない。

3　結語

　よって、原告は、被告に対し、不当利得返還請求権に基づき、金310万8301円及び内金250万0613円に対する訴訟提起日の翌日である平成××年×月×日から支払済みに至るまで年5分の割合による遅延利息の支払いを求める。

証拠方法

　　　甲1号証　　　顧客契約リスト
　　　甲2号証　　　不当利得返還請求通知書

付属書類

　　1　資格証明書　　1通
　　2　甲号証写し　　1通
　　3　訴訟委任状　　1通

以　　上

2　C社との交渉

　A社同様に過払金が生じているC社の担当D山氏とのやりとりは以下のとおりである。

（呼出音）

甲弁護士：甲法律事務所です。

D山氏：はじめまして。私はC社関東電話センターのD山と申します。甲先生はいらっしゃいますか。

甲弁護士：はい。私です。

D山氏：甲先生、乙野さんの件につきまして、請求書、拝見いたしました。それでお話合いで解決できればと考えているのですが。

甲弁護士：乙野さんの件ですね。少しお待ちください……（保留音）……C社、C社と……リボと合わせて過払い金約60万円、利息約6万円で合計約66万円を請求したところか……はい。お待

　　　　せいたしました。もちろんご提案次第では和解も検討させてい
　　　　ただきますよ。
D山氏：単刀直入に申し上げますが、60万円ではいかがでしょうか。
甲弁護士：う〜ん。ちょっと難しいですね。私は基本的に全件訴訟提起
　　　　を前提に受任していますので、あまり訴訟前に大幅な和解はし
　　　　ないのです。せいぜい丸めて65万円といったところですね。
D山氏：そうですか。わかりました。少し検討させてください。
甲弁護士：わかりました。ご連絡をお待ちしています。（電話を切る）何
　　　　とかまとまりそうだな。さすがC系列の会社は体力がある。
　　　　よし、乙野さんに連絡してA社とC社の方針を確認しておこ
　　　　う。

3　乙野氏との電話

A社、C社への方針を打ち合わせるため乙野氏に連絡をした。

（呼出音）
乙野氏：はい、乙野です。
甲弁護士：お世話になっております。弁護士の甲です。今少しお時間よ
　　　　ろしいですか。
乙野氏：あ、甲先生。こんにちは。大丈夫です。どういたしましたか。
甲弁護士：いくつかの会社と交渉を始めています。まずA社ですが、
　　　　先日お渡しした一覧表にあるとおり、A社には利息を含めて
　　　　300万円以上の過払金が発生しています。
乙野氏：そうでしたね。やっぱりずっと借入れをしてきたから多いなと
　　　　感じた記憶があります。
甲弁護士：A社と交渉をしたのですが、150万円程度しか支払わないと
　　　　言っているんですね。ですから訴訟を提起しようと考えていま

す。
乙野氏：そうですか。私としては支払わなくてよくなっただけでも御の字なので、訴訟というのは少し大げさにも感じますが。
甲弁護士：乙野さん、この前もお話したとおり、これからの生活の再建のためにも、また他の会社に支払う原資を確保するためにも、できる限り回収することは必要だと思いますよ。
乙野氏：そうでしたね。わかりました。お願いします。
甲弁護士：それでは追って委任状を送りますので、署名・捺印をして私まで送り返してください。お願いします。また、訴訟提起にあたり実費として必要ですので、私の預り金口座に3万円ほどお送りいただけますか。
乙野氏：わかりました。いずれもすぐに対応します。
甲弁護士：あとC社ですが、こちらは66万円を請求したところ、60万円で和解できないかと言ってきました。
乙野氏：本当ですか。それで先生にも費用をお支払いできますね。ぜひ和解してください。
甲弁護士：わかりました。もう少し増額できるかもしれないので、とりあえず65万円でどうかと提案しておきました。先方が検討してくると思いますので、また連絡します。
乙野氏：わかりました。手持ち資金もほとんどなくて、他の会社への支払原資にもこと欠いています。60万円以上であればいくらでもかまいませんのでぜひ和解してください。よろしくお願いします。
甲弁護士：わかりました。C社との交渉次第では、少し原資ができそうなので、残債務が少ない会社と交渉を始めていきますね。
乙野氏：よろしくお願いします。

【書式 2-1-5】 訴訟委任状（〈*Case* ①〉）

㊞

委 任 状

平成××年×月×日

住　所　東京都X区Y町1丁目1番101号
委任者　乙　野　乙　郎　　　　　㊞

私は、次の弁護士を代理人と定め、下記の事件に関する各事項を委任します。

弁護士　　甲
〒100-1000　東京都E区F町1丁目1番
甲法律事務所（送達場所）
電　話　03-1234-5678
ＦＡＸ　03-1234-5679

記

第1　事　件
　1　当　事　者
　　　原　　　告　　乙野乙郎
　　　被　　　告　　株式会社A
　2　裁　判　所　　東京地方裁判所
　3　事件の表示　　不当利得返還請求事件

第2　委任事項
　1　第1の事件について訴訟行為をなす一切の権限
　2　訴えの取り下げ、和解、請求の放棄、認諾
　3　控訴、上告若しくは上告受理の申立又はこれらの取り下げ
　4　復代理人の選任

以上

4　K社との交渉

さて、K社と交渉をしておくか。残元金が15万円で、利息が2万円か……。何とか半額くらいまでもっていきたいな。

（呼出音）

電話担当者：はい。こちらはK社お客様センターです。

甲弁護士：弁護士の甲と申します。乙野さんという方の件でお電話いたしました。

電話担当者：乙野様ですね。フルネームと生年月日またはお客様番号をお願いします。

甲弁護士：乙野乙郎さん。お客様番号は、ABCD-1234です。

電話担当者：乙野様ですね。わかりました。担当者に代わりますので少しお待ちください。

（保留音）

K村氏：お電話変わりました。乙野様の担当のK村と申します。

甲弁護士：乙野さん代理人の甲です。はじめまして。早速ですが、乙野さんのお支払いについてご相談があります。5万円の一括払いではいかがでしょうか。

K村氏：5万円ですか。それは少し厳しいですね。乙野さんは破産の予定はあるのですか。

甲弁護士：検討はしていますが、詳しくはお話することができません。いずれにせよ破産は回避したいと考えています。

K村氏：そうですか。過払金などはないのでしょうか。

甲弁護士：恐縮ですが、そういったこともお話することはできません。個別に交渉をさせていただいているところです。

K村氏：わかりました。少し検討させてください。

甲弁護士：お願いします。

5　C社との交渉その2

和解が見込めそうなC社の担当D山氏と下記のとおり2度目の交渉を行った。

（呼出音）

甲弁護士：甲法律事務所です。

D山氏：お世話になっております。C社関東電話センターのD山と申します。甲先生はいらっしゃいますか。

甲弁護士：はい。私です。

D山氏：お世話になります。乙野様の件ですが、社内で検討いたしました。何とか63万円でいかがでしょうか。

甲弁護士：63万円ですか。う〜ん。ちなみに支払日はいつになりますか。

D山氏：支払日は来月末にしていただければと思うのですが。

甲弁護士：いや。それでは応じられません。今日はまだ8日ですよ。来月末は遅すぎます。今月末でなければ応じられません。

D山氏：そうですか。わかりました。それでは今月末の63万円のお支払いでお願いいたします。

甲弁護士：63万5000円にしてもらえませんか。

D山氏：63万5000円ですか……そうですね、わかりました。その金額であれば私の判断でお受けできます。

甲弁護士：ありがとうございます。それでは63万5000円を今月末でお願いいたします。

D山氏：わかりました。それではお手数ですが先生のほうで和解書をおつくりいただいてもよろしいでしょうか。

甲弁護士：御社で用意できないのですか。

D山氏：弊社では和解の相手方におつくりいただいているところでして……。

甲弁護士：仕方ないですね。わかりました。振込手数料は御社のご負担

でよろしいですね。
D山氏：やむを得ません。
甲弁護士：私の和解書案では、14.6％の遅延損害金条項を入れていますので、その点よろしくお願いします。
D山氏：それはちょっと……。
甲弁護士：いえ。期限どおりにお支払いいただければ問題ないですから。
D山氏：そうですか。わかりました。それで結構です。
甲弁護士：それでは文案をFAXしますのでご確認ください。
D山氏：了解しました。すぐに確認しますので、FAX後10分くらいしましたらご連絡ください。
甲弁護士：わかりました。
（電話を切る）

【書式2-1-6】 和解案（《Case ①》）

合　意　書

　C株式会社（以下「甲」という。）と乙野乙郎（以下「乙」という。）は、本日、以下のとおり合意した。

第1条　甲は、乙に対し、甲乙間の継続的金銭消費貸借取引（お客様番号ABCD-1234）に基づく不当利得返還債務として、金63万5000円の支払義務のあることを認め、これを、平成××年××月××日限り、○○銀行本店の「預り金　弁護士　甲（アズカリキン　ベンゴシ　コウ）」名義の普通預金口座（口座番号0123456）に振り込み送金して支払う。ただし、送金手数料は甲の負担とする。

第2条　甲が第1条記載の金員の支払を怠ったときは、甲は、乙に対し、第1条記載の金員から既払金を控除した残額に、平成××年××月××日から完済まで年14.6％の割合による遅延損害金を付加して直ちに支払う。

> 第3条　甲及び乙は、本合意書に定めるもののほか、何らの債権債務のないことを相互に確認する。
>
> 　本合意が成立したことの証として本合意書2通を作成し、甲乙記名押印のうえ、甲及び乙が各1通を保有する。
>
> 　平成××年×月×日
> 　（甲）
>
>
>
> 　（乙代理人）　　東京都E区F町1丁目1番
> 　　　　　　　　　甲法律事務所
> 　　　　　　　　　乙野乙郎代理人弁護士　甲

> （呼出音）
> 甲弁護士：弁護士の甲と申します。D山さんをお願いします。
> 電話担当者：どなたの件でしょうか。
> 甲弁護士：乙野さんという方です。言っていただければすぐにわかります。
> 電話担当者：わかりました。
> （保留音）
> D山氏：お世話になります。甲先生、FAX拝見いたしました。こちらでかまいません。2部原本をお送りいただけますか。
> 甲弁護士：わかりました。ありがとうございました。振込みのほどよろしくお願いします。
> D山氏：ありがとうございました。（電話を切る）

これで、少し原資ができそうだな。早速乙野さんに連絡しよう。

6　乙野氏との電話その2

C社との和解が調った報告をするために乙野氏に連絡を入れた。

（呼出音）

乙野氏：はい乙野です。

甲弁護士：お世話になります。弁護士の甲です。

乙野氏：お世話になっています。

甲弁護士：いくつかご報告があります。まず、C社と和解できました。今月末に63万5000円が振り込まれる予定です。

乙野氏：そうですか！　ありがとうございます。

甲弁護士：また、A社との裁判ですが、先日裁判所から連絡があり、来月の2日に期日が入りました。そこで交渉が行われると思います。また状況が動きましたらご連絡します。

乙野氏：わかりました。

（電話を切る）

7　K社との交渉その2

その後、K社のK村氏からあらためて連絡があった。乙野氏の債務額についてあらためて交渉する。

（呼出音）

甲弁護士：甲法律事務所です。

K村氏：お世話になっております。K社のK村と申します。甲先生はいらっしゃいますか。

甲弁護士：はい。私です。

> K村氏：お世話になります。乙野様の件ですが、社内で検討してまいりました。何とか10万円をお支払いただけませんか。
> 甲弁護士：いや。それは少し難しいですね。一括払いで何とか7万円ではいかがでしょうか。
> K村氏：7万円ですか。それはなかなか難しいかもしれません。少し検討してみます。
> 甲弁護士：何とかよろしくお願いします。
> （電話を切る）

8　A社との交渉その2

A社担当B川氏との2度目の交渉は以下のとおりである。

> （呼出音）
> 甲弁護士：甲法律事務所です。
> B川氏：お世話になっております。A社のB川です。甲先生はいらっしゃいますか。
> 甲弁護士：はい。私です。
> B川氏：先生、訴状拝見しました。期日が明後日と迫っていますが、何とか和解の話合いはできませんか。
> 甲弁護士：金額次第です。
> B川氏：たとえば、180万円などでは……。
> 甲弁護士：それは無理です。
> B川氏：そこを何とか……。
> 甲弁護士：いえ、少し幅が大きいので、もう判決をいただくほかないように思えます。
> B川氏：そうですか。
> 甲弁護士：あしからず。

9　A社との期日

> 書記官：平成××年(ワ)1234号、原告乙野乙郎、被告株式会社A。当事者の方お入りください。
> 裁判官：さて、本件ですが、被告から答弁書が出ていますが、特に内容はありませんね。原告から何かありますか。
> 甲弁護士：いえ、一昨日電話があって少し交渉しましたが、金額に開きがあって和解はまとまりそうにありませんでした。
> 裁判官：そうですか。それでは判決といたしましょう。判決期日は来月の10日といたします。本日はこれで終わります。
> 甲弁護士：ありがとうございます。

　当日に判決を出してくれる裁判官にあたってよかった。今までの経験だと五分五分といったところだろうか。他の交渉もおおむね順調にいっているし、あとはK社との支払いの交渉と、A社からの回収が最後のヤマだな。

10　K社との交渉その3

> （呼出音）
> 甲弁護士：甲法律事務所です。
> K村氏：お世話になっております。K社のK村と申します。甲先生はいらっしゃいますか。
> 甲弁護士：はい。私です。
> K村氏：お世話になります。乙野様の件ですが、社内で検討してまいりました。何とか8万円をお支払いいただけませんか。

> 甲弁護士：8万円ですか。わかりました。それでお願いしましょう。支払日は来月末でよろしいでしょうか。
>
> K村氏：何とか今月末としていただければと思うのですが。
>
> 甲弁護士：それでは来月10日ではいかがでしょう。
>
> K村氏：わかりました。それでかまいません。
>
> 甲弁護士：ありがとうございます。合意書はこちらで作成してFAXでお送りしますのでご確認ください。
>
> K村氏：わかりました。お待ちしています。
>
> （電話を切る）

K社の件は、何とかまとまった。とりあえず合意書案では振込手数料は相手持ちにして、遅延損害金も消しておくことにする。

11　乙野氏との電話その3

これまでの経過を乙野氏に報告することにする。

> （呼出音）
>
> 乙野氏：はい乙野です。
>
> 甲弁護士：お世話になります。弁護士の甲です。
>
> 乙野氏：お世話になっています。
>
> 甲弁護士：いくつかご報告があります。まず、K社と和解できました。来月10日に8万円を支払うことになりました。
>
> 乙野氏：そうですか。ありがとうございます。
>
> 甲弁護士：今月末にC社から63万円が振り込まれる予定ですので、そちらから8万円を返済しておいてよろしいですか。
>
> 乙野氏：はい。それでお願いします。
>
> 甲弁護士：その他の会社との交渉もおおむねうまくいきました。あとはA社だけです。A社との訴訟は先日期日がありましたが、来

月に判決が出ることになりました。それまでに何かしらのアクションがあるかわかりませんが、いずれにせよ回収に向けて交渉を進めていきます。

乙野氏：お手数をおかけしますがよろしくお願いします。

（電話を切る）

12　K社との交渉その4

K社との和解内容について、担当のK村氏と最後の詰めの交渉を行った。

（呼出音）

甲弁護士：甲法律事務所です。

K村氏：お世話になっております。K社のK村と申します。甲先生はいらっしゃいますか。

甲弁護士：はい。私です。

K村氏：お世話になります。乙野様の件ですが、FAX拝見しました。これでかまいませんので原本をお送りください。

甲弁護士：わかりました。ありがとうございました。

（電話を切る）

これでA社ともう1社以外はすべて片付いた。A社については判決を待って執行をするか。もう1社は破綻間近という噂もあるし、10万円を切る金額だし、少し回収は難しいかもしれない。

13　A社との交渉その3

A社との裁判の判決が出た。判決を受けてA社担当のB川氏から和解の申し入れがあった。

(呼出音)
甲弁護士：甲法律事務所です。
B川氏：お世話になっております。A社のB川です。甲先生はいらっしゃいますか。
甲弁護士：はい。私です。
B川氏：先生、判決が届きました。弊社としましては何とか和解をさせていただければと考えているのですが。
甲弁護士：いくらでしょうか。
B川氏：250万円ではいかがでしょうか。
甲弁護士：それは無理です。訴訟に移行したことにより費用も労力も余計にかかっています。
B川氏：先生、いくらであれば和解していただけるのでしょうか。
甲弁護士：300万円を下回る和解は無理ですね。
B川氏：先生、310万円の請求で300万円はさすがに厳しいです。
甲弁護士：それなら執行するだけです。あしからず。
B川氏：少しお待ちください！　上司と検討します……（保留音）……お待たせいたしました。先生、285万円であれば……。
甲弁護士：いや、結構です。執行いたしますので。ありがとうござい……。
B川氏：先生、わかりました。295万円で、何とかお願いできませんか。
甲弁護士：295万円ですか。支払期日はいつですか。
B川氏：来月末でお願いできれば……。
甲弁護士：今月末であれば295万円で和解できます。
B川氏：今月末ですか。わかりました。それでお願いします。
甲弁護士：わかりました。それでは合意書をFAXで送りますのでご確認ください。振込手数料はそちら持ち、遅延損害金は14.6%でお願いしています。

> B川氏：わかりました。よろしくお願いします。
> （電話を切る）

　よし。これでおおむね片付いたな。すべての支払いを確認できたら、乙野さんに来てもらって、清算をしよう。

VIII　依頼者との面談〜その3

　事件解決のめどが立った。乙野氏に結果の報告とともに報酬の相談をする。

> 甲弁護士：お越しいただきありがとうございました。折に触れ電話で報告していましたが、ようやくほぼすべての会社との交渉を終えました。
> 乙野氏：このたびは本当にありがとうございます。
> 甲弁護士：残念ながら1社については回収がうまくいかなかったのですが、こちらの会社は業界内でも破綻間近と言われており、また過払金も数万円でしたので、回収は現実的ではないと思います。
> 乙野氏：わかりました。かまいません。
> 甲弁護士：回収は総額で500万円ほどとなりました。また、支払いもおおむね6割程度に圧縮することができました。
> 乙野氏：本当にありがとうございます。助かりました。
> 甲弁護士：弁護士費用は、当初のご相談どおり、おおむね回収金や圧縮額の20％を目安にしながら、全体としてあまり高額にならないように調整いたしました。こちらの金額ではいかがでしょうか。
> 乙野氏：かまいません。ありがとうございます。
> 甲弁護士：それではこちらの金額とその他の立替実費を差し引いた金額をお振込みいたします。そちらをご確認いただければ本件はこちらで終了となります。

> 乙野氏：今回は本当にありがとうございました。借金で首が回らなくて、本当に自殺を考えていましたが、先生のおかげで借金がなくなったうえ、お金をいただけるなんて本当に魔法のようです。先生のおかげでこれからまたやっていけます。
> 甲弁護士：いえ。仕事ですから全くお気になさらないでください。乙野さんの生活の再建に少しでも役立てたのであれば大変嬉しく思います。
> 乙野氏：ありがとうございました。また何かありましたらぜひ相談させてください。
> 甲弁護士：もちろんです。いつでもご相談ください。

> 本稿は、複数の事例を組み合わせるなどをして構成したものであり、実際の事例とは異なる。

第2章 任意整理──給与収入・住宅ローン・支払継続希望ありの事例

I 事案の概要

⟨*Case* ②⟩

　Xと妻は、5年前に結婚した。結婚後まもなくマンションの1室を購入し、A銀行からX名義で約4000万円を借り入れた。以後、毎月15万円の住宅ローンを支払っている。

　Xは、結婚前から銀行のカードローン、ショッピングのカード会社への支払い、車のローンの支払いがある。

　この数カ月、Xの預金の残高は減る一方で、残高不足になる月もある。先月、住宅ローン、カードローンの引落しができなかった。今月末のショッピングのカード会社への支払いは多分もう支払えない。車のローンはここ2カ月支払っていない。

　夫婦の生活費はすべて妻が管理していて、いくらかかっているかはわからない。

　最近、Xの携帯電話宛てに、債権者と思われる着信があり、自宅ポストにも督促状が届くようになった。Xは怖くて、電話を折り返したり、督促状を開けたことはない。妻宛てにも債権者から連絡がきている。

　妻は、結婚後も事務系の社員として仕事を続けていたが、一昨年、うつ病を発症した。一時休職したが現在は復職している。

　妻は、うつ病を発症して以来、買い物依存症やパチンコ依存症ではな

いかと思われるような兆候がみられるようになった。

II 法律相談初日

事務所の電話が鳴った。

> 事務局：先生、今週金曜日11時に法律相談をお願いしたいと、Xさんから予約が入りました。
> 弁護士：どんな内容でしょうか。
> 事務局：「任意整理について相談したい」とのことでした。でも最近は、過払金が出るケースもすっかり少なくなってきたし、任意整理といっても限界がありますよね。
> 弁護士：確かに、相談者の話を聞いてみると、最初から「破産」をすすめたほうがよいケースが多いような気がしますね。ただ、わざわざ「任意整理」とオーダーがきている以上、まずは話を聞いてみましょうか。

1 資料がなくてもいいじゃないか

Xが1人、不安そうな顔で法律相談にやってきた。

相談カードには、「借金・任意整理」とだけ記載がある。債権者一覧表などの資料は全く持ってきていない。Xは、弁護士の顔色をうかがいながら切り出した。

> X　氏：僕の借金、というか妻の借金というか……。
> 弁護士：あなた名義で借りているものと、奥様名義で借りているものが

あるのですか。
X　氏：あの……、僕がわかって借りているのは、①住宅ローンと、②銀行のカードローン、③ショッピングに使う毎月のカードの支払いと、④車のローンです。これについては、ちゃんと金額もわかります。あとは妻が……、あ、いや、僕名義でいろいろなところから借りていると思います。でも、それがいくらの債務になっていて、どこから借りているかはよくわかりません。妻自身も、消費者金融などから借りていると思います。でも、全く僕には相談しないから、それがいくらの借金かもわかりません。それでも法律相談できますか。
弁護士：はい、そういうご相談は実はとても多いのです。1つひとつ一緒に整理しながら解決していきましょう。

　債務者は、とても繊細で臆病だ。借金に追われて疲れ果て、現実と向き合うことが恐ろしくて、資料をまとめることさえできなくなっているというケースは、他の事案に比べて多い。不安ばかりが先行して、臭いものにふたをするだけの対応になっていたりするのも無理はない。〈*Case* ②〉のように、背後には夫婦や家族の心の問題が同時に起こっていることも多い。
　法律相談というよりも、まるでカウンセリングのような時間になることもよくあることだ。
　最初の法律相談の段階で、「資料がないならお話できません」と帰してしまうのは、債務問題に関しては適切ではないだろう。ポイントを整理し、借金の全貌を明らかにし、債務者が抱えている本当の問題を分析することも、債務整理における弁護士の重要な業務内容だと弁護士は思った。
　Xは、急にほっとした顔になると、頭を下げて、目の前のコーヒーに口をつけた。Xがその後説明した話をまとめると、つまりはこういうことだった。

【法律相談メモ】
　男性：X氏（33歳）　生年月日○年○月○日（注）
　　妻：X女（32歳）　生年月日○年○月○日
　5年前に結婚
　X氏は、大手銀行の系列会社に勤務しており、月収は手取り50万円ほどである。
　妻は、契約社員で月収は残業代込みで手取り20万円ほどである。
　妻は、結婚後も事務系の社員として仕事を続けていたが、一昨年、うつ病を発症した。一時休職したが現在は復職している。
　妻は、うつ病を発症して以来、買い物依存症やパチンコ依存症ではないかと思われるような兆候がみられるようになった。この頃妻が借金をするようになった（と思われる）。
　X氏がこれを指摘すると、妻は感情をあらわにして泣き出したり、自殺すると言って大騒ぎし、家を出てしばらく帰らなくなったりする。そのため夫婦ではあまりその話をしていない。
　結婚後まもなくマンションの1室を購入し、A銀行からX氏名義で約4000万円借り入れた。以後、毎月15万円の住宅ローンを支払っている。
　X氏は、結婚前から銀行のカードローン、ショッピングのカード会社への支払い、車のローンの支払いがある。
　この数カ月、X氏の預金の残高は減る一方で、残高不足になる月もある。先月、住宅ローン、カードローンの引落しができなかった。今月末のショッピングのカード会社への支払いは多分もう支払えない。車のローンはここ2カ月支払っていない。
　夫婦の生活費はすべて妻が管理していて、いくらかかっているかはわからない。
　最近、X氏の携帯電話宛てに、債権者と思われる着信があり、自宅ポストにも督促状が届くようになった。X氏は怖くて、電話を折り返したり、督促状を開けたことはない。妻宛てにも債権者から連絡がきているようだ。

（注）　債権者に問合せをする際、債務者の会員番号がわからないときは生年月日を聞かれることが多いので、法律相談の段階で聞いておいたほうがよい。

2 破産に対する強い抵抗感

> X　氏：実は、先日、別の法律相談にも行ったのですけれど、ベテランらしい弁護士が、ひとこと目から「破産」だと言うのです。それで、ちょっと驚いてしまって、念のためもう1人別の先生に相談してみようと思って来たんです。
>
> 弁護士：確かに任意整理で、何十万円、何百万円と一所懸命弁済しても、途中で払い続けられなくなって結局「破産」になってしまうケースはたくさんあります。最初から破産していれば、無理して債権者に支払うこともなく、その何百万円を自分のために使えたのに、ということもありますからね。そういうケースをたくさんみてきている弁護士だと、最初に「破産」という話をしてしまいがちかもしれませんね。債務を一気に全部処理する方法として「破産」に勝るものはないですからね。

　実際、「任意整理」はうまくいくケースばかりではない。万が一「任意整理」が駄目だった場合には「破産」、「民事再生」を選択しなければならないこともあるため、「破産」、「民事再生」に対する誤解を最初にできるだけ解いておくべきだろう。

　特に「破産」に関しては、「選挙権がなくなる」、「戸籍に傷がつく」、「解雇される」等の誤った知識を信じ込んでいる債務者も多いので、早期に誤解を解いておかないと、後日の方針変更に支障となることがある。

　弁護士は、Xに「破産」のイメージを聞いてみた。するとXは最初の法律相談の時にもらったという資料を広げてみせた。資料には、

　① 任意整理（債権者と個別に交渉）
　② 民事再生（裁判所に申立て。債権者とまとめて交渉。債務の大幅カット）
　③ 破産（裁判所に申立て。原則として債務の全額免責）

と記載がある。

> X　氏：先生、この②民事再生、③破産申立てとなったら、どちらも官報に載るのですよね。うちは銀行系の会社だから、たぶん官報は毎回確認しているはずなんです。官報に載ったら、僕なんて絶対、人事部に呼び出されて解雇ですよ。そうなると、金融関係への再就職は難しいと思うのです。だから、もう②③は最終手段だと思っています。まずは①の任意整理を試してみたいんです。しかも、僕の今の年収は悪いほうじゃない。妻がいくら借りてしまったかはわからないけれど、今は借りられる額にも限度があるでしょう。だから、きっと返せない額ではないと思うので、何年かかるかわからないけれどコツコツ返していきたいんです。「人として、借りたものは返すべき」って思っているものですから。

　この回答から、Xが自分を縛っているポイントがいろいろみえてきた。
　まずは、「破産」や「民事再生」が「解雇事由」になると思っているという点だ。これについては、会社が簡単に人を解雇できないことをきちんと説明しておく必要がある。
　またXが思い込んでいる「会社が毎回官報を確認している」という点も、よくよく聞くと、確実な情報ではないようだ。官報が電子データ化されて容易に検索ができるようになったとはいえ、いちいち従業員についての記事を毎回確認しているとも思えない。
　さらに、再就職の際に「破産」、「民事再生」の有無が不利に働くという点についても、事実上調査している会社が一部にあることは否定しないものの、すべての会社が調査しているわけではない。
　聞けば今の彼の仕事は金融とは無関係の部署であり、再就職先を金融機関に限定して考える必要もない。
　そして、「人として借りたものは返すべき」という彼の価値観は立派なこ

とであり尊重されるべきこととはいえ、「返せないものは返せない」というギブアップの権利があることもきちんと説明しておく必要があるだろう。

> X 氏：わかりました。債務状況などをみていただいて、専門家の目から、これは法的手続でないと駄目だと判断したら、それは先生の判断に従います。僕がどんなに格好つけても、債権者に迷惑かけることには変わりないでしょうからね。その時は「返したくても返せない」ということを、自覚しなくてはいけないのかもしれませんね。

3 任意整理の一般的手法

弁護士は、「あくまでも一般論として」、と説明しながら、白板に書き出した。

> 〈任意整理の一般的手法〉
> ① 受任通知を債権者宛てに発送して、支払いを止めるとともに、債権者から債権届出書を送ってもらう。
> ② 返送されてきた債権届出書を基に債権者一覧表を完成させる（住所、名称、残高）。
> ③ 毎月の収支から、各債権者への返済可能額を計算する。
> ④ 各債権者と支払方法の交渉をして、合意書を取り交わす。
> ⑤ 合意書どおりに支払いを開始する。

X 氏：支払方法についての交渉は、どんなことができますか。
弁護士：もし過払金が出るようなケースなら、過払金を充当して債務額自体を減額することができるのですが、今回は消費者金融から

　　　　　借りた時期がここ最近みたいだから、過払金はおそらく出ない
　　　　　でしょうね。あとは、債権者が応じるかどうかという個別の問
　　　　　題になるけれど、利息分をカットしてもらえないかとか、支払
　　　　　年数を伸ばす代わりに毎月の支払金額を抑えられないかとか、
　　　　　いくらまで支払ったらあとは債務免除をしてもらえないかとか、
　　　　　しばらく支払いを猶予してくれないか、というような交渉をす
　　　　　ることがあります。でも最近は、減額には応じず分割して債務
　　　　　全額を払ってくれ、という債権者が多い気がしますね。
Ｘ　　氏：債権者が個別に応じてくれないとどうにもならないですね。
弁護士：そうです。任意整理には限界があります。それが債務を一気に
　　　　　カットしてしまう法的整理との違いですね。

4　おまとめローンとは何か

Ｘ　　氏：先生、任意整理とは違うかもしれないけれど、民間の「おまと
　　　　　めローン」を使って1つにまとめるのはどうでしょうか。
弁護士：おまとめローンは、一部の銀行が多重債務者向けに出している
　　　　　商品ですね。現在の残債務分を融資して、以後は銀行への債務
　　　　　1本にするというものですよね。

　弁護士は、おまとめローンを使うかどうかを考えるポイントとして以下の点をあげた。

〈おまとめローンは得か〉
　① 金利は従前の借入れより本当に低くなるのか
　② 総額としてみると、債務の増額にならないか

> ③　無担保型か有担保型か

　おまとめローンの金利は3％～18％と幅があって、消費者金融と比べても必ずしも低いわけではない。もともと多重債務者への商品だけに、金利は高めに設定されているのである。そうなると、一部の債務については、おまとめローンの金利が適用されることにより、かえって金利負担が大きくなることもある。

　また、おまとめローンは、現在の利息まで含んだ債務額の全部について、新たに借り入れることになるので、もともとの利息分に新たな利息が上乗せされることになり、最終的な弁済額は大きくなることもある。

　各債権者と交渉して現在の債務自体を圧縮してから、おまとめローンの融資を受けて弁済する、という方法がとれれば問題ないかもしれないが、通常は債務整理後に融資を受けるとなると信用情報との関係でおまとめローンの審査が下りにくくなることもあるため現実的な作戦とはいえない。

　さらに、おまとめローンの中には、新たに担保の差入れが必要な契約もある。そのため、それまで担保になっていなかった不動産を差し出すことになったり、家族に連帯保証人や物上保証人になってもらったりと、かえって負担が増えることもあるので注意が必要だ。

　なお、どの銀行のおまとめローンを使うかによっても異なるため、資料を集めたり、実際に銀行の窓口に相談してみる価値はある。

5　ブラックリストって何だ

> Ｘ　氏：おまとめローンにも審査が必要なのですね。僕の信用情報にも傷がついていたら、おまとめしたくても審査が下りない可能性があるのですね。ブラックリストと信用情報は同じことですか。
> 弁護士：ブラックリストという言葉が一人歩きしてしまっているようですから少し説明しましょう。あなたが、新しくカードをつくっ

> たり、新たにお金を借りようとするとき、カード会社や金融機関は、あなたが現在他社からどのような借入れをしていて、支払い状況はどうかという信用情報を、それぞれが加盟している「信用情報機関」というところに照会をかけて調べます。「信用情報機関」には主に3つあります。

信用情報機関は、主に以下の3つの機関があげられる。
① ㈱日本信用情報機構（通称「JICC」）〈http://www.jicc.co.jp/index.html〉（主に信販会社、消費者金融会社、カード会社、金融機関、保証会社、リース会社等が会員）
② ㈱シー・アイ・シー（通称「CIC」）〈http://www.cic.co.jp/index.html〉（主に信販会社、クレジット会社が会員）
③ 全国銀行個人信用情報センター〈http://www.zenginkyo.or.jp/pcic/〉（主に金融機関が会員）

金融機関等は、貸している相手に支払停止などの事情があった場合に、自分が会員になっている信用情報機関に情報を提供して、代わりに必要な時に信用情報機関から情報をもらう仕組みとなっている。3種類の「信用情報機関」の間でも、定期的に情報の交換がなされている。

> 弁護士：あなたがもし新たに借入れをしたり、カードをつくったりする予定があるなら、影響はあるでしょう。おまとめローンの審査にもかかわってくるでしょうね。
> X　氏：先生、どんなときに信用情報機関に情報が伝わってしまうのでしょうか。僕の場合、少なくとも車のローンが2カ月払えていないので、もう悪い情報が載っているのでしょうか。
> 弁護士：ある金融機関の担当者から聞いたところによれば、弁護士や司法書士から受任通知が届いた場合と、支払いが連続して3カ月滞った場合には、信用情報機関に情報を登録すると言っていま

> X　氏：そうすると、弁護士に間に入ってもらっただけで、ブラックリストに載ってしまうのですか。

　Xの言うとおり一般的には、弁護士に間に入ってもらっただけで信用情報機関に情報が登録されることになる。したがって、どうしても信用情報を傷つけたくない事情がある場合には、弁護士が実際には相談に乗っているにもかかわらず表には出ず、あくまでも弁護士名ではなく本人名で交渉するという方法をとることもある。
　また、受任通知の中に「○○という事情があるから信用情報機関にはまだ登録しないでくれ」と記載することで、債権者に配慮してもらえたケースもあった。そのときは債権者から、「受任通知だけでは信用情報機関には連絡しないが、このまま3回遅延したら信用情報機関に情報がいく」と説明された。債権者に相談してみることで柔軟に対応してくれることもあるため試してみる価値はある。
　各機関がどのような情報を保有しているのか、保有した情報をどういう場面で使用するのか、保有期間はどれくらいなのか、については各信用情報機関のホームページに掲載されている。また、個人の情報については、各機関に開示を求めることができることから、開示請求することも検討してもよい。登録されている情報に誤りがあったら、修正することも可能である。

> X　氏：ところで、「信用情報に載っていること」を理由に会社から解雇されることはないですよね。
> 弁護士：ホームページにも掲載されていますが、信用情報を「貸付等の審査目的以外に使用すること」は禁止されています。あなたの信用情報が登録されたからといって、それを理由に会社から解雇されることがあれば違法な解雇になりますね。就職の審査の時に不利に扱うことも、信用情報の本来の使い方とは異なるか

> ら、表立ってはできないでしょうね。もし、他の理由によって解雇したとしても、「他の理由」が正当なものでない限り解雇できませんから、それ自体が違法になるでしょう。
>
> X　氏：会社では真面目に働いているので、「他の理由」で解雇されることはまずないと思います。

6　次回までの課題

弁護士は再び白板に書き出した。

> 〈方針を決めるうえで確認したいこと〉
> ① 誰から（どこから）いくら借りているか（債権者と債務総額の把握）
> 　　　　↓
> ② 毎月の必要経費はいくらか。毎月支払いにあてられる金額はいくらか（支払原資の把握）
> 　　　　↓
> ③ どうしたら債務の弁済を継続することが可能か（方針の決定）

> X　氏：ということは、やはり妻から聴取りしないと駄目ですね。できるかなぁ。
> 弁護士：債務額がわからないと何もできないですからね。まずは奥さんときちんと話したほうがよいと思うけれど、無理だったら一緒に来てもらうことから始めましょう。あとは私が聴取りをしますから（……とにかく、次回の相談までのハードルを下げることが何よりも大切だ）。

弁護士は、次回までの課題をメモにしてXに手渡した。

> 〈次回までに持ってきてもらいたいもの〉
> ① 自宅に届いた債権者からの督促状、手紙一切。
> ② X名義の銀行口座の通帳
> ③ 振込明細書
> ④ カード類
> ⑤ 奥様の借入状況がわかるもの（債権者からの督促状、手紙、通帳、振込明細書）
> ※次回は、奥様にも同席を依頼すること
>
> 弁護士：これ以外でも、関係ありそうなものは何でも持ってきてください。必要かどうかわからなくても大丈夫ですから。
> X　氏：そう言ってもらえると助かります。債権者からの手紙なんて、どうせ僕への悪口がたくさん書いてあるだけでしょうから、怖くて中身をみられなかったんですよ。中身をみないでそのまま全部持ってきます。

　資料の整理ができないために次の相談に来なくなる相談者もいる。だから、「何でも持ってきて」のひとことで、債務者の心理的ハードルを下げてあげるのがポイントである。しかも全部持ってきてもらうと、思わぬ宝がみつかることもある。
　弁護士は、できるだけ早い時期に第2回の相談日を調整して、第1回の相談を終えた。

III 事務局との会話

Xが帰った後、弁護士と事務局とで以下のやりとりがあった。

> 事務局：先生、今日は、いつもと違ってすぐ受任通知を送らないのですね。
> 弁護士：うん、彼の様子だと、もしかしたら弁護士が介入しないまま、本人名義で任意整理することも考えているようだったからね。
> 事務局：奥さんが本当に買い物依存症とかパチンコ依存症だとすると、破産の免責不許可事由になってしまいますよね。
> 弁護士：その話をすることを忘れていたね。次回、奥さんから話を聞いてから考えなくちゃ。
> 事務局：住宅ローンもあるし、破産だと自宅を手放すことになってしまうから、民事再生を考えないといけないのかな。
> 弁護士：ああ、その話をすることも忘れていた……。優秀な事務局で助かります。
> 事務局：先生……。

IV 法律相談（2回目）

1 気にしない、気にしない

Xとその妻は、予定より30分遅れて来所した。緊張はしているものの、2人とも元気そうで、にこにこしている。

無事に事務所に来てくれたことで50点、資料を持ってきてくれたことでさらに50点、今日はこれだけで100点満点だ。彼らの遅刻など気にしない、気にしない。

債務整理の依頼者の多くは怖がりだ。弁護士とのやりとりで、何か心の負担を感じれば、突然連絡がとれなくなることもある。もし、万が一法律相談に来なくなれば債務問題はそのまま放置され、問題が大きくなって、最悪は自殺するおそれだってある。

弁護士は、2人が遅れてきたことよりも、無事に相談に来られたことを喜んでいた。「よく来てくれましたね。奥様にもお会いできて嬉しいです」と満面の笑みで対応した。

2 持ってきた資料から債務状況を読み解く

Xは、「先生、まだ妻からは何も聞けていないのですが、とにかく妻の分も合わせて、関係しそうな資料は全部持ってきました」と言った。

夫婦が持ってきた資料は以下のとおりである。ひととおりコピーをもらう。どんなにばらばらな資料でも、資料をよくみるとヒントがたくさんある。弁護士が情報を整理すればよいだけだ。最低でも、資料から債権者の連絡先さえわかれば、あとは債権者から直接資料を取り寄せれば全く問題ない。

　(1) 誰から（どこから）いくら借りているか──債権者・債権額の把握
(ア) 住宅ローンに関する「支払計画表」（契約時にもらったもの）

夫妻にいつから支払えなくなったかを聞き、支払計画表の該当月の残高をみれば、おおよその現在の残高を推測できる。詳細は債権者に問い合わせればよい。

債権者の連絡先、会員番号、契約年月日、借入額、残高を確認する。

(イ) 住宅ローンに関する「請求書類」

中をみると、先日引落しができなかったことについて記載されている。Xの記憶と合致している。また、「お客様相談カード」が同封されており、現在の収入や借入額を書き込む欄などがある。この書きぶりからすると、支払方法の相談には乗ってくれそうな感じだ。

(ウ) カードローン・消費者金融に関する資料「ご利用明細書」

ATMで振り込んだ時に出てくるレシートのようなものである。過去のも

のでも全く問題ない。会社名と会員番号、債務残高、借入れの限度額などが記載されていることが多い。会員番号は、債権者に電話等で問い合わせる際に役に立つ。

各社のホームページをみると、「支払い方法のご相談」という連絡先が記載されているので、必要であれば、その場で債務者本人から債権者に電話をかけさせて残高や支払方法を確認することも可能である。

(エ) 債権者からの督促状

しばらく不払いが続いていると、すでに債権譲渡がされていたり、代位弁済がされていたりして、当事者の把握している債権者でなくなっていることもある。手紙の内容から現時点の正しい債権者名がわかることも多々ある。

また、文面から、任意整理に応じる可能性の有無や、訴訟提起される可能性など現在の状況がわかるので、目は通しておいたほうがよい。

なお車のローンに関しては、所有権留保がされているにもかかわらず、Xが第三者に車両を無断で転売していたこと、債権者に判明したために期限の利益を喪失したことが通知書に記載されていた。このように債務者本人が話さなかった事情がわかることもある。この内容だとおそらく近いうちに訴訟提起されるだろう。

弁護士：車を売ってしまったのですか。
X　氏：ばれちゃいましたか……。いけないこととは思ったのですけれど、お金をつくるために仕方なく……。
弁護士：所有権留保がついていても、買ってくれる人がいるのですね。
X　氏：はい、結構大手の中古車販売店が普通に買ってくれました。
弁護士：え？　そうなんですか……。
X　氏：使用者の欄だけ変えれば、普通に使えるのだそうです。
弁護士：ふ〜ん……（これが他人物売買なのかな）。

㈹　通　帳

　引落しがされている債務については、当事者が忘れていることもある。

　毎月どこからいくら引き落とされているか、他の資料との関連性などを確認し、見落としている債権者がいないかチェックする。

　また通常はないが、支払原資となる資産がないかも確認する。

㈻　妻の借金に関するもの（カード、ご利用明細書、督促状、借入申込書）

　Xの妻は、弁護士に、一昨年うつ病と診断される直前、どうしても生活費の管理ができなくなり、自分名義で借入れをしたり、自分のカードでショッピングをするようになったことを話し始めた。自分でもどうしたらよいか、なぜそうしているかもわからなかったと告白した。

　Xは、うつむいたままじっと聞いている。

　妻は、その後自分の名義では払えなくなり、どうしようもなくなって、夫の名義を利用して密かに借入れをしたこと（インターネットで申し込んで、本人確認書類を後で送るだけで借りられるものがあるらしい）、夫の名義を利用してクレジットカードをつくって使っていたこと、を話したところで、泣き始めた。

　さらに妻は、当時、どうしたらいいかわからなくなると、買い物やパチンコで現実逃避をしていたことがあったことを認めた。

　Xは、弁護士の顔を見上げて「ああ、ようやく話してくれた」と安堵の表情をみせた。

　夫婦だけだと感情的になってしまう場面でも、弁護士が立ち会うだけで話合いがうまくいくこともある。

弁護士：奥さん、大変でしたね。とても孤独でつらかったでしょう。ところで今は、買い物やパチンコに逃げたいという衝動的な気持はありますか。

X　女：いいえ、今はありません。その後、薬も処方されてうつ病の症状もおさまりましたし、当時も、結局借金が増えるばかりで、

>　　　　　本当に私は馬鹿だなと後悔して傷つくことのほうが多かったで
>　　　　　すから。
>弁護士：ところで奥さんのうつ病を診断した主治医には、買い物やパチ
>　　　　　ンコのことを相談したことがありますか。
>Ｘ　女：はい、あると思います。
>弁護士：では、念のためその主治医に、買い物やパチンコに依存したの
>　　　　　は病気によるもので、現在は病気が治っているというようなこ
>　　　　　とを診断書に書いてもらっておいてください。もし、破産手続
>　　　　　になったときには、裁判所に裁量免責を求める必要があります
>　　　　　からね。

　これで債務の状況は大まかに把握できた。詳細は後で債権者に直接問い合わせることにする。

(2) 毎月の支出はいくらか——生活状況、収支の聴取り

　毎月の手取りの収入に対して、いくらの支出があるかを確認する。

　任意整理との関係では、生活費等の削れない必要経費の額を、しっかり把握することが大切である。

　相談者によっては、収入よりも多い支出を恥ずかしいと思ってか、支出を少な目に言うことがある。そういう場合は要注意である。任意整理を始めてみたものの、肝心の債務への支払いが滞るおそれがある。

　聞き方を変えてみたり、質問をしてみたりして、「その額だったらマイナスになることなく普通に生活できるはずだけど変だな」、「実際はもっとかかっているのでは」という違和感を軽視してはいけない。

(3) 支払い継続可能か

　夫婦は、ひととおり話し終えても、自分たちがおかれている厳しい状況に気づいていない様子だった。弁護士は、まとめた結果をざっと説明する。

>弁護士：債務総額は、住宅ローン合わせて大体4200万円くらい。うち

3700万円が住宅ローンで、残りの債務は500万円くらい。ご夫婦の毎月の収入70万円に比べて、支出が月87万7000円、うち29万7000円が生活費、58万円が債務の支払いです。

収入	夫	月50万円
	妻	月20万円
		合計70万円
支出	住宅ローン（A社）	月15万円
	夫カードローン（B社）	月4万円
	夫（実は妻）ショッピング（C社）	月12万円
	夫（実は妻）消費者金融D社	月3万円
	夫（実は妻）消費者金融E社	月3万円
	夫車ローンF社	月3万円（すでに期限利益喪失）
	妻ショッピングG社	月8万円
	妻消費者金融H社	月3万円
	妻消費者金融I社	月2万円
	妻消費者金融J社	月3万円
	妻　知人Kさんへの返済	月2万円
生活費	食費	月5万円
	水道光熱費	月2万円
	通信費　夫	月2万円
	妻	月3万円
	こづかい　夫	月2万円
	妻	月2万円
	交際費	月5万円
	日用品	月2万円
	生命保険	月3万円
	マンション管理費	月1万5000円

被服費	月1万円
医療費	月1万円
	合計月87万7000円

弁護士：そうすると毎月17万7000円のマイナスですね。生活費で削れる額はありますか。

X　女：こづかいと、交際費がそれぞれ計上されているので、こづかいを少し削ろうかな。

X　氏：そうだね。しかたないね。

X　女：日用品と被服費も少し多めにお話したので、1万円は削れます。生命保険もマンションローンの団体信用生命保険2万円以外は削ってかまわないので、1万円削ります。携帯電話も、節約して……。

弁護士：そうですね、生活費で削れるところを削ってもらう必要がありますね。ただ、計算上削りすぎて、実現不可能な計画を立ててもいけませんよ。

夫　婦：はい……

弁護士：まずはお二人の収入から、必要な生活費を除きます。その残りが、債務への支払いにあてられる支払原資になります。

　　　　収入70万円－生活費29万5000円（現状）＝支払原資40万5000円

弁護士：奥様の節約計画どおり、たとえば生活費を6万円減額することができたとしても、支払原資は46万5000円です。今、債権者A社からKさんまで債権者は11社、毎月合計58万2000円の支払いが必要な状況です。支払原資として40万5000円～46万5000円があったとしても毎月マイナスが出てしまうわけです。

X　氏：……なるほど。

弁護士：先日おっしゃっていた、おまとめローンはどうなりましたか。

X　氏：実は、審査に通らなかったのです。収入がわかる資料と、毎月の支出がわかる資料とかを要求されただけだったのに断られてしまって。
弁護士：では、おまとめローンを使うという案はない、ということでよろしいですね。
X　氏：はい。
弁護士：ほかにどなたか資金を援助してくれる方はいますか。
X　氏：僕の実家に資金援助を依頼中です。

(4) 債権者の意向の把握

弁護士は、各債権者の意向を把握するためにまずA社に電話を入れた。

弁護士：債権者がどれくらいなら任意整理に応じる考えがあるか、リサーチしてみましょう。
A社オペレーター：はい、こちらA社です。
弁護士：すみません、弁護士の甲といいます。ちょっと教えてほしいのですが、御社の場合、住宅ローンの支払いが厳しくなった場合、支払方法の変更はどれくらい相談可能ですか。
A社オペレーター：債務者のお名前と契約番号をお知らせください。
弁護士：まだ任意整理として受任するかどうかの段階なので、債務者の名前はお話できません。一般論で教えてほしいのです。任意整理として債務をカットしたり、毎月の支払額を抑えるということはできますか。
A社オペレーター：一般的な回答しかできませんが、お客様の事情によっては、たとえば当分の間、利息のみのお支払いをしばらく続けていただく方法に変えるといったご提案をすることはあります。
弁護士：それは、御社からのお手紙に同封されていた「お客様相談カー

> ド」に記入して出せば担当者から連絡がくるのですか。
> A社オペレーター：はい、そうです。収入が減った理由とか、支払いができなくなった理由などをおうかがいして、社内で審査します。

次に、B社とは以下のやりとりがあった。

> B社オペレーター：はい、お電話ありがとうございます。こちらB社です。
> 弁護士：いま残高が○○円くらいの債務者ですが、たとえば毎月5000円くらいの支払額に減額してくれ、という交渉は可能ですか。
> B社オペレーター：任意整理だと、当社は60回払いが限度なので、60回で残高を支払い終えるような形でないと決裁が下りません。5000円では無理ですね。

C社およびD社は、以下のとおりである。

> C社オペレーター：申し訳ありませんが、債務者を特定していただけないと、ご質問にはお答えしかねます。

> D社オペレーター：うちは5年が限度ですね。5年以内に返済が終わるような提案をしてもらえないと無理ですね。途中で支払いができなくなる、ということがうちにとって一番困るので、できれば無理せず破産とか、民事再生を検討してはいかがでしょうか。

その後、E社、F社、J社にも意向を確認した。一般論だと答えてくれないところもあったが、おおむね5年以内（60回払い）であれば分割払いに応じることが多いことがわかった。

最後に、知人のKさんについては、妻と昔からのつき合いなので、支払時期や金額について相談には乗ってくれるだろうとのことであった。

　弁護士は、電卓をたたき始めた。本当に簡単な計算である。

　住宅ローンを除く10社分の債務合計500万円を、最大5年で分割して弁済すると、

> 500万円÷5年÷12カ月＝1カ月8万3333円（1社1カ月8333円）

　支払原資は40万円以上あるのだから、住宅ローン15万円を引いても十分余裕はある。だが、1社につき1カ月8333円では少額すぎて債権者の了解を得にくいだろう。

　そこで、支払原資40万円から住宅ローン15万円を引いた残りの25万円を10社の支払いにあてた場合を計算してみたところ、

> 500万円÷1カ月25万円（1社2万5000円）＝20カ月

で払い終えることがわかった。

　つまり住宅ローンを従前どおり支払っても、その他の10社につき、1社8333円〜2万5000円の範囲で5年以内に全額支払う旨の合意を個別にしていけば、毎月の支払原資の範囲に収まるということだ。

　もちろんこの計算は、Xの妻がさらにショッピングを続けたり、新たな借入れをしないことが大切な条件になる。

　もし各社と折り合いがつかなくて、1社の額が仮に月額2万5000円の範囲を超えたとしても、その場合には、住宅ローンの会社に相談して、当面の間だけ利息のみ支払い続けるようにすれば、調整する余地もある。

　Xの実家から援助を受ける余地もあることから、まとまるめどが立ってきた。

　弁護士とX夫婦は、電卓から顔をあげると、ぱっと明るい笑顔でみつめ

合った。

V 債権者との交渉開始

　弁護士は、その場で、Xとその妻から任意整理の委任を受けた。

　そして、住宅ローンの債権者以外の債権者（ただし、個人のKを除く）にそれぞれ受任通知（【書式2-2-1】）を送った。

　Kは、妻の親しい知人ということなので、まず妻から直接Kに相談してもらうことにし、受任通知を送るのを控えた。ただ、妻には「もしもめたら、すぐ弁護士に対応を切り替えるように」と助言しておいた。

　住宅ローンに関しては、従前どおり支払いできる予定なので、そのまま本人対応を続けることにし、特に受任通知を送らなかった。

　しばらくして各債権者から、債務額についての回答が郵便やFAXで届いた。電話で方針について確認をしてくる債権者もいた。

　弁護士は、債務総額が、前回の打合せの時と大きく変わらないことを確認し、支払合意の目標額1社8333円〜2万5000円を再確認した。

　あとは、債権者に個別に電話をかけて、目標額1社8333円〜2万5000円の範囲内で、債権者が了解できる最も当方に有利な額を聞き出して、支払合意をしていくだけだ。

　債権者も慣れたもので、金額の合意さえできると、合意書の書き方まで教えてくれる。

　それに従って当方で作成し、あるいは債権者が作成した合意書（【書式2-2-2】、【書式2-2-3】）にそれぞれ捺印し、合意完成である。

　ただ、自動車ローンについては、すでに訴訟準備が完了していたらしく、受任通知を送付した後に、X宛てに訴状が届いてしまった。そのため弁護士がこれも受任し、訴訟上の和解になったが、これも5年以内の完済という案でまとめることができた。

【書式 2-2-1】 受任通知（〈*Case* ②〉）

平成○年○月○日

債権者各位　殿

〒○○○-○○○○
東京都○○区○○町○丁目○番○号
○○法律事務所
電　話　03-○○○○-○○○○
ＦＡＸ　03-○○○○-○○○○
債務者代理人弁護士　○　○　○　○

受　任　通　知

　当職はこの度、下記債務者の債務整理（任意整理）の委任を受け、代理人に就任いたしましたので通知いたします。
　正確な負債状況を把握するため、債権届出書を平成○年○月○日までに当職宛にご返送下さいますようお願い申し上げます。また過去に取引がある場合は、完済分も含め、最初からの取引経過をご開示下さいますようお願いいたします。
　今後債務者や家族、保証人への連絡や取立行為は一切ご遠慮下さい。
　なお本通知は、時効中断事由である債務承認をするものではありません。
（注１）

〈債務者の表示〉
　　住所：東京都○○市○○丁目○番○号
　　（旧住所　○○県○○市○○丁目○番○号）（注２）
　　氏名：○　○　○　○（○○　○○）（注３）
　　生年月日：昭和50年11月9日生（注４）

（注１）　信用情報機関への登録に関し特別の配慮をお願いしたい時の一例。ただし、駄目もと。「本件には、○○という事情があることから、直ちに信用情報機関に登録されると債務者の○○に著しい支障が生じるおそれがございます。本受任通知はあくまでも負債状況に関する資料の提供を求めるものにすぎず、また債務者としてもすみやかに支払いを再開したいと考えております。つきましては本受任通知の受領のみをもって信用情報機関に報

告されることのないようご高配を賜りますようお願い申し上げます」。
(注2) 旧住所で契約したことがあればあらかじめ書いておく。旧住所を書かないと債権者から後で問合せがくることが多い。
(注3) 漢字と読み方を書いておく。なお債務者によっては、債権者ごとに漢字や読み方を変えて借入れしていることもある。複数あればそれも書いておく。
(注4) 契約者番号のほうが債権者にとっては親切だと思うが、大量に受任通知を送るときは面倒。生年月日だと債権者共通で使えるので便利。

【書式 2-2-2】 債務弁済和解書（債権者株式会社〇〇ファイナンスが作成したもの）

債務弁済和解書

契約番号：4153-1234-98765
債務者：〇〇〇〇

第1条（契約の合意）
　株式会社〇〇ファイナンス（以下、「債権者」という）と、〇〇（以下、「債務者」という）間の金銭消費貸借契約に基づく債務について、債権者と債務者は下記記載条項のとおり合意した。

第2条（支払方法）
　債務者は債権者に対し、和解金〇〇円（元本〇〇円、利息及び遅延損害金〇〇円）を次のとおり債権者方へ持参又は送金して支払う。但し、支払日が債権者の休業日の場合は、翌営業日に繰り延べるものとする。

	支払期間	支払日	支払金額
1	2014/ 4 〜2018/12	毎月末日	〇〇円
2	2019/ 1 /31	2019/ 1 /31	〇〇円

第3条（期限の利益喪失）
　債務者が前条に定める支払いを怠り、その額が〇〇円に達したときは、債務

者は当然に期限の利益を失うものとし、その翌日から支払い済みに至るまで前条の残金全額及びこれに対する年20％の割合による遅延損害金をただちに支払う。

第4条（清算条項）
　本書に定めるほかは、債権者と債務者との間に、本件に関し債権債務がないことを相互に確認する。

第5条（信用情報機関への登録）
　債権者は、本書に定める和解契約内容のうち、本人特定情報、和解契約内容、返済状況、取引事実等を、信用情報機関に報告するものとし、債務者はこれを承諾する。

和解日　　○○年○○月○○日
債権者　　東京都○○区○○町○丁目○番○号
　　　　　株式会社○○ファイナンス（登録番号　関東財務局長(○)第○○○号）
振込先　　○○銀行　○○支店　普通預金　○○　名義　カ）○○ファイナンス
電話　03-○○○○-○○○○（担当部署　首都圏第一管理センター）
債務者　　東京都○○区○○町○丁目○番○号　○○法律事務所
　　　　　○○○○代理人　弁護士　○○○○
電話　03-○○○○-○○○○

【書式 2-2-3】　債務弁済和解書（債務者側作成）

合　意　書

　株式会社○○（以下、「甲」という）と、○○（以下、「乙」という）は、以下のとおり合意する。

第1条（契約の合意）
　乙は甲に対し、平成○年○月○日に締結した甲乙間の○○契約に基づき○○円の支払い義務があることを認める。

第2条（支払方法）
　乙は甲に対し、前条の金員を次のとおり分割して下記口座に振り込んで支払

う。但し、振込手数料は乙の負担とする。
　1　平成〇年〇月から平成〇年〇月まで　毎月末日限り　各〇〇円
　2　平成〇年〇月〇日限り　〇〇円
記
　〇〇銀行　〇〇支店　普通預金　〇〇〇〇　口座名義　株式会社〇〇

第3条（期限の利益喪失）
　乙は、前条に定める支払いを2回以上怠った場合、当然に期限の利益を失うものとし、甲に対し、第1条の金員の残金及びこれに対する期限の利益喪失の翌日から支払い済みまで年18％の割合による遅延損害金を支払う。

第4条（清算条項）
　本書に定めるほか、甲乙間に、一切の債権債務がないことを相互に確認する。
〇〇年〇〇月〇〇日
甲（債権者）　　　東京都〇〇区〇〇町〇丁目〇番〇号
　　　　　　　　　株式会社〇〇
　　　　　　　　　代表取締役　　〇〇　〇〇
乙（債務者）　　　東京都〇〇区〇〇町〇丁目〇番〇号　〇〇法律事務所
　　　　　　　　　〇〇〇〇代理人　弁護士　　〇〇〇〇
　　　　　　　　　契約者番号：1234-5678-9876

※債務者側で作成したもの（ただし、債権者から期限の利益喪失および遅延損害金の条項が追加され、また契約者番号の記載をするよう指示があった）。

VI　支払開始

　弁護士は、X夫婦に債権者と合意できた内容を伝え、今月末から支払いを開始するよう指示した。
　弁護士が金銭を管理して、弁護士から債権者に支払う方法をとっている法律事務所もあるようだが、〈Case ②〉では、人手がないこともあって、当事者に任せることにした。万が一、事務所の不手際で支払いが遅れたりしたら

一大事だからだ。

　その代わり、離れていても支払状況がわかるように、債権者には完済まで受任を続ける旨を伝え、領収書だけは事務所に送ってもらうよう債権者に依頼した。

Ⅶ エピローグ

　第1回の支払いが終わった後、Xから電話連絡があった。月末払いの予定だが、きちんと数日前に支払ったようだった。

> X　氏：先生、どうにか今月の支払いができました。僕たちのために一番良い方法を探してくれたこと、本当に感謝しています。妻もよろしくと言っていました。

　弁護士は、電話を切りながら、「返せるものは返したい」というXの素直な思いが実現できたことに、何よりほっとした。

> 事務局：先生、今回は無事、依頼者の希望どおりに任意整理で終わってよかったですね。
> 弁護士：最初は、「任意整理なんて面倒だなあ、破産してしまえばいいじゃないか」とつい思ってしまったけれど、久しぶりに任意整理をしてみると、任意整理も悪いものではないですね。破産はもちろん「リセットボタン」としてとても大切な制度だけれど、破産の仕事ばかりやっていると、借金は返すものだという原則論を忘れてしまうような気がしたな。「払えるものは払いたい」という債務者の気持が実現できて、とにかく今回はとてもよかったですよ。
> 事務局：ところで先生、今回X氏の住宅ローンの団体信用生命保険の

> 　　　　約款を読んでいたら、被保険者の死亡だけでなくて、被保険者
> 　　　　ががんに罹患したとか、糖尿病などの成人病になった場合も、
> 　　　　保険料で住宅ローンを一部立て替えるとする条項が入っていま
> 　　　　したよ。うつ病は入っていなかったですけれどね。
> 弁護士：へ〜知らなかった。ひとことで「団信」といっても、いろいろ
> 　　　　なものがあるのですね。被保険者が病気になった場合には条項
> 　　　　を調べてみる必要がありますね。でも今回は、その条項を使う
> 　　　　ことなく、皆元気なまま無事解決できて何よりでしたね。

　事務所の電話が鳴った。「はい、甲法律事務所です」。また相談予約の電話のようだ。今度はどんな問題を解決することになるのだろう。弁護士の毎日は続いていく。

> 　本稿は、複数の事例を組み合わせるなどをして構成したものであり、実際の事例とは異なる。

第3章 個人の破産──同時破産廃止と免責許可申立ての留意点

I 事案の概要

〈*Case* ③〉

　平成25年7月のある日、都内某ビルの某法律事務所、その一角の狭い面談室で、甲弁護士は、ある女性からの法律相談を受けていた。
　女性の名はX、40歳である。平成23年10月頃から利用を始めたカードによるショッピング、キャッシングの債務が膨れ上がり、現在の債務総額は約250万円。いよいよ月々の返済も苦しくなり、連日の債権者からの取立てに憔悴しきって法律事務所を訪れることにしたのだという。

II 初回の相談〜受任

1　債務の状況、家計の状況の聴取り等

　相談を受ける甲弁護士は、弁護士としてこの法律事務所に入所して半年余りが経過したところの、いわゆる新米弁護士である。入所後は事務所のボス弁護士にくっついて事件を担当することがほとんどであったが、業務にも少しずつ慣れてきたため、今日は初めて1人で法律相談を任されたのだった。
　甲弁護士が聴き取ったところ、Xの家計の状況はおおむね以下のとおり

であった（いずれも月額）。
- 収入：15万円（内訳：パート収入14万円、児童手当て1万円）
- 家賃：6万円
- 食費：2万円
- 水道光熱費：1万円
- 電話代：1万円
- 子供の幼稚園費用：3万円

2 破産手続について依頼者に説明する

(1) 破産のデメリット

　分割弁済（任意整理）が可能であるか否かについては、債務者の支払能力から考えて3年以内に債務総額を完済できるかどうかという点が1つの目安として考えられる。

　甲弁護士は、Xの場合、債務総額が約250万円であるのに対して、1カ月あたりの返済原資はせいぜい1～2万円であり、ほかに親族等からの援助も期待はできないということなどからして、任意整理によることは難しいのではないかと考えた。

> 甲弁護士：返済にまわせる金額に対して債務の額がだいぶ大きいようですね。詳しくお話を聞いてみないとまだわかりませんが、やはり自己破産を視野に入れておくべきだろうと思います。
> X　女：やはり私は破産しなければ駄目なのでしょうか。破産なんかしたらブラックリストに載って、怖い人が家に来るんじゃないですか。それに、戸籍とか住民票に載ってしまうのではないでしょうか。選挙権もなくなるのではありませんか。職場やご近所にも知られるのではないですか。
> 甲弁護士：落ち着いてください。ブラックリストというのは、信用情報機関が保有している個人の延滞情報などの信用情報を集積した

> ものです。今後、当分の間は新たな借入れやクレジット契約が結べなくなるという不利益はありますが、Xさんの場合、返済が滞ることによって早晩登録されてしまうと思いますのでブラックリストをおそれていても仕方がないと思います。また、戸籍や住民票には破産した事実は記載されませんし、選挙権もなくなりません。それから、破産をしたことは官報には掲載されることになりますが、日頃から官報をご覧になっている方であればともかく、そうでなければあなたが破産したことを周囲の方が知る機会というのは、実際上ほとんどないのではないでしょうか。

　破産について正しい知識をもたず、破産することに極端な抵抗を示す相談者もいるため、弁護士は、相談者にわかりやすいよう破産のメリット・デメリットを説明したうえで処理方針を決定していく必要がある。甲弁護士の説明を聞いたXも、多少なりとも不安が解消したようだった。

(2) 同時廃止についての説明

> 甲弁護士：仮に、Xさんが破産申立てをする場合、私は「申立代理人」という立場となってXさんの申立てを代理することになります。私に支払う報酬については、Xさんの場合は、日本司法支援センター（法テラス）から援助を受けることが現実的であると思います。これにより、私の報酬は法テラスが立て替えてくれて、Xさんは、今後は法テラスに分割（たとえば1カ月あたり1万円）で返済していくことになります。
> X　女：なるほど、それなら何とかお支払いすることができそうです。
> 甲弁護士：一方で、破産手続においては、私とは別の「破産管財人」とよばれる弁護士が、破産者の財産を他人に売ったりするなどして金銭に換えたうえで（換価）、その金銭を債権者全員に公平

　　　　　に支払い（配当）、債務を清算するという手続をとることが原則となります。その場合、破産管財人の報酬を含めた破産手続の費用も、破産者が有していた財産の中から払われることになります。
Ｘ　女：えっ、先生にお支払いする報酬以外にまだ弁護士に報酬を払わなければならないのですか。お金がないから破産をするのに、そんなにお金が必要になるのですか。
甲弁護士：まあ、待ってください。破産者が有していた財産により、破産手続の費用、たとえば今説明した破産管財人の報酬すらも賄うことができない場合は、裁判所は、破産手続を開始するという決定をしても、破産管財人を選ばずに直ちにその手続を終わらせるという決定をします。これが「同時廃止」の手続です。東京地方裁判所（以下、「東京地裁」という）の場合は、原則として、破産手続開始決定時に債務者が20万円以上の財産（現金は33万円以上）を有していると認められるか否かによって、管財事件と同時廃止事件を振り分けています。つまり、債務者が20万円以上の財産（現金は33万円以上）すら有していない場合には、破産管財人が選任されることがなく、破産手続開始の決定と同時に破産手続廃止の決定がなされる可能性が出てくるのです。その場合は、破産管財人に支払う報酬分の負担はなくて済みます。
Ｘ　女：私の今の財産といえば、預金・現金を足し合わせてもせいぜい５万円くらいがいいところです。先生、何とかその同時廃止というやり方でできないものでしょうか。
甲弁護士：もう少し事情をおうかがいする必要はあると思いますが、同時廃止による手続を前提に、検討してみましょうか。

　初回の面談では、ひとまず上記の程度の事情聴取と、方針や費用等に関す

る説明が行われたが、Xが、甲弁護士から聞いたさまざまな情報を一度整理してもう少しだけ考えたうえで決めたいと申し出たため、この日の面談は終了となった。

3 同時廃止事件における事情聴取のポイント

初めての1人での法律相談を終え、デスクに戻った甲弁護士は、意気揚々と先輩弁護士である乙弁護士に相談結果を報告した。

> 乙弁護士：ところで、Xさんはなぜ債務が増えちゃったのか、聞いたのかい。
> 甲弁護士：え～と……。
> 乙弁護士：債務発生・増大の経緯は、そもそも同時廃止を希望して申し立てるかどうかの判断材料になるからきちんと聞いておかないと駄目だよ。ギャンブルや浪費が原因で借金が膨らんだとか、免責不許可事由（後記V参照）の存在が明らかで、程度も軽微といえない場合は、免責調査型の管財事件にしなければならない。それに、債務発生・増大の経緯は裁判所に提出する報告書にも記載することになるし、東京地裁の場合は即日面接（後記Ⅳ参照）で裁判官からも聞かれるよ。それから、Xさんは現金・預金はないということだったけれど、ほかに資産はないのかな。
> 甲弁護士：過払金は出ないと思いますし、借家なので不動産も持っていないと思います。
> 乙弁護士：それだけかい。たとえば退職金請求権その他の債権はどうかな？ 保険は？ 自動車なんかはどうだろう？ 同時廃止希望で申立てを行って、管財事件になった案件の多くは、裁判所から資産ありと判断されたり、調査不足が原因になっているから、丁寧に資産の状況を調査したほうがいいんじゃないの。

> ボス弁護士：まあまあ、乙君はなかなか厳しいな。初回の短時間の相談で必要な事項を漏れなく聴き取ることは容易なことではないからね。要領よく重要なポイントの聴取りができるようにしていきましょう。破産申立てのような、ある程度定型的な処理の側面のある事案では、聴き取りたい事項や、依頼者への注意事項、持参してほしい資料などを、あらかじめ一覧表にまとめておくと漏れがなくて便利ですよ。次回は、必要な事項の聴取と、十分な方針の説明をして、納得していただいたらわれわれに依頼をしてもらうようにしましょう。いずれにしても、甲君は、乙君にいろいろ教えてもらいながら、責任をもってこの件を処理してみてください。

　ボス弁護士は、Xの件を甲弁護士に任せてくれた。甲弁護士は、落ち込んでばかりはいられないと、早速次回の打合せの準備にとりかかった。

　3日後、再び相談に訪れたXは、初回相談の時よりもいくぶん落ち着きを取り戻していた。甲弁護士も、今度は聴き取るべき事項をあらかじめメモにして準備していたため、前回よりはスムーズに必要な事項を聴き取っていくことができた。

　Xの話によると、債務が増えてしまった原因や返済が困難になった経緯は、次のとおりであった。

> 　Xは、平成10年に商社に入社、事務職（正社員）として勤務を開始した。当時の給与は月額20万円程度であり、平成18年に退職するまでほとんど変わらなかった。
> 　平成18年7月、Y夫と入籍。結婚を機に勤めていた商社を退職し、無職となったが、平成21年5月から、スーパーマーケットのレジ打ちスタッフ（1日6～8時間、週3～4回勤務）として勤務を開始した（入社当初から現在まで、給与は月額14万円程度（賞与なし）である）。
> 　平成22年7月頃、Y夫の浮気が原因でXとY夫は別居状態となり、以後現

在まで、Xは、都内のアパートで5歳の娘Z子と2人で暮らしている。

　別居当初、Y夫は、Xに月々3万円の婚姻費用・養育費を送金してきていた（後記のとおり、平成25年2月頃からはそれもなくなった）。

　Xは、別居後も、それまで勤務していたスーパーのレジ打ちを続けながら懸命にZ子を育ててきた。

　しかし、Xはもともと病気がちで、体調を崩して欠勤することが多かったため、収入は不安定だった。

　平成23年10月頃、生活が苦しくなったXは、やむなく生活に必要な物品をカードで購入するようになった。

　平成24年3月頃、Xは、カードを使って15万円の借入れを行い、Z子の幼稚園入園のために必要な物品その他生活用品等の購入にあてた。なお、この頃のカードショッピングの利用残高（債務）は70万円ほどであり、上記15万円の借入れと合わせると、総債務は85万円ほどであった。Z子が幼稚園に入ってからは、Xは、何とかZ子の幼稚園の費用（月額3万円）も支払ってきたが、幼稚園の休園時や園行事等のために仕事を休まなくてはならないことが多くなり、収入はさらに不安定になっていった。

　このため、これまで以上に生活資金の不足によりカードによるショッピングまたはキャッシングを利用する機会が増え、そのような生活を続けるうちに、債務はどんどん膨れ上がっていった。

　平成25年2月頃、Y夫からの月3万円の送金が途絶えた。以後現在までY夫は所在不明で、全く連絡もとれないが、Y夫の母の話によると、現在Y夫は勤めていた会社を辞めていて無職であることがうかがわれ、みるべき資産もない状態だという。

　平成25年4月、Xは、肺炎のため2週間入院し、仕事を休んだために収入が途絶えた。この時、入院その他生活費用のために母から15万円を借り入れ、この時点でXの総債務は230万円を超えていた。

　その後、平成25年7月分の返済のための費用が捻出できなくなったため、甲弁護士の事務所に相談するに至った。

　甲弁護士は、Xに浪費癖等がなく、その他免責不許可事由に該当するものがないことを確認しひとまず安心した。

　また、現在勤めている会社にはおそらく退職金規程はないと思われるが、

この点はあらためて確認してみるとのことであった。保険は、生命保険に加入していたが、保険料が払えなくなって解約してしまい、解約返戻金はなかったとのことであった。

4　方針の選択

これまでに判明した事情を前提にすると、
- Xの現在の債務総額は約250万円
- Xの1カ月あたりの返済原資は約1～2万円
- 現金・預貯金債権は、合算しても5万円程度
- 不動産、自動車等は所有していない
- 過払金債権や退職金債権は有していない
- 以前生命保険に入っていたが、保険料が払えず解約し、解約返戻金はなかった
- 親族等からの援助は期待できない
- XからY夫に対する婚姻費用分担請求権（平成25年2月分以降）が生じている可能性がある

したがって、上記の事情を前提にすると、Xの支払能力では3年以内に債務総額を完済することは不可能であり、破産申立てをすることが適切で、かつ、同時廃止を希望する方針で進めることが適切と考えられた。

もっとも、婚姻費用分担請求権については、回収の可能性があれば同時廃止手続ではなく管財手続によることもありうると思われ、この点をどのように扱うかという問題は残った。これについては、Y夫の母の話によると、現在Y夫は所在不明であり、無職かつ無資力であるとのことであることから、回収は極めて困難であろうと思われたが、甲弁護士においてさらに調査を行い、回収ができないことを裁判所に明らかにしていくということにした。

5　依頼者への指示・注意事項等

甲弁護士が、これまで話してくれたほかに債権者がいないかについて確認

する中でXとの以下のやりとりがあった。

> X　女：甲先生、実は私は母親からも15万円を借りておりまして、母親にはこれまで迷惑をかけっぱなしでしたから、せめて母親にだけは返済をしたいと考えています。今月と来月の給料が入ったら、何とかお金をつくって母親にだけは返したいと思っていますので、それ以外のカード会社への借金について破産の手続をお願いします。
>
> 甲弁護士：いけません、Xさんはすでにすべての債権者に対する弁済ができる状態ではなくなっています。このような時期に、親族とはいえ、一部の債権者にだけ返済するような行為は、「偏頗弁済」といって禁じられています。今後、絶対に一部の債権者にだけ返済を行うようなことのないようにしてください。ほかにも注意していただきたい事項がありますから、このメモをお渡ししておきます。

　甲弁護士は、今後の注意事項と次回打合せに持参してほしい資料を、【書式2-3-1】のとおり指示したのだった。

　そのうえで、あらためて甲弁護士は、Xに対し、Xの現在の状況から考えて破産手続開始・免責許可の申立てを基本的な方針とする債務整理手続を進めるのが適切と考えられること、破産手続自体は債務者の債務（借金）を消滅させる制度ではないので、債務（借金）を返済する義務を免れるためには、破産手続とは別に借金の支払義務を免除する決定（免責許可）を裁判所からもらう必要があることを説明し、Xも甲弁護士にこれらを委任することに納得してくれた。

　こうして、甲弁護士は、Xとの間で委任契約書を作成し、委任状をもらったのだった（なお、委任状については、裁判所に提出する際、即日面接を担当する弁護士の氏名が委任状に記載されていない等の誤りが発見されることもある

ため、特に複数の弁護士が所属する法律事務所においては、この点に留意して作成するとよい)。

　甲弁護士は、直ちに各債権者に受任通知を送付するとともに取引履歴の開示を求めた。これによって、Xに対する取立てはストップした。

　受任通知を送付してから1～2週間もすると、債権者各社から取引履歴が開示され始めた。甲弁護士は、開示された取引履歴を基に引直し計算を行い、過払金が発生していないことを確認した。

【書式2-3-1】　遵守事項・持参書類（個人・同時廃止）

1　遵守事項
　以下の事項を厳守してください。万一、これらに従っていただけない場合は、やむをえず辞任させていただく場合もありますのでご注意ください。
(1)　今後は、新たな借り入れや、カードを利用した買い物は、絶対に行わないでください。
(2)　今後は、債権者に対して、一切返済を行わないでください（支払ってよいか判断に迷うものがある場合は、必ず事前に当職に相談してください。）。
(3)　あなたの財産について、まだ当職に知らせていないことがあった場合（たとえば、他の債権者の存在や、高価な動産又は第三者に対する債権等を有していることに気がついた場合）は、直ちに当職に知らせてください。
(4)　転居・転職等をした場合は、直ちに当職に知らせてください。
(5)　家計の状況を記入し、今後、経済的に破綻しないためにどのようにすればよいか検討してください。
(6)　当職からの連絡や、資料のお願いには、必ず速やかに応じてください。

2　ご持参いただきたい書類
　次回打合せに、以下の書類をご持参ください。

書類名	備考
一般	
☐　債権者一覧表	書式をお渡ししますので、記入してきてください。

☐	家計の状況	書式をお渡ししますので、記入してきてください。
☐	住民票	
債権者		
☐	債権者との間の契約書、債権者からの請求書、債権者から受け取った領収書等	
☐	持っているクレジットカード全て	
☐	債権者との間の訴訟等に関係する資料	支払督促、民事調停、訴訟、仮差押え、強制執行等の事件が債権者との間である場合です。
☐	最近2か月分の水道光熱費・電話・インターネット等の請求書(領収書)等	
☐	滞納している各種税金、年金、国民健康保険料などの公租公課の請求書・納付書	
預金・貯金		
☐	預金通帳	持っている通帳を全てご持参下さい。
☐	取引明細書	通帳を失くした場合又は過去2年内においていわゆるおまとめ記帳がされている場合は取引明細書を提出します。金融機関から発行を受けてください。
公的扶助(生活保護、各種扶助、年金など)の受給等		
☐	年金、雇用保険、児童扶養手当、生活保護等の受給を証明する書類	支給決定書、受給証明書等及び現在の受給金額の分かる資料等です。
☐	身体障害者手帳	身体障害者認定を受けている場合です。
報酬・賃金(給料・賞与)		
☐	最近2か月分の給与明細の写し	

☐	過去2年度分の源泉徴収票又は過去2年度分の確定申告書の写し	
☐	過去2年度分の課税（非課税）証明書	以下のいずれかの場合、必要になります。 ・源泉徴収票のない場合 ・確定申告書の控えのない場合 ・給与所得者で副収入のあった場合 ・修正申告をした場合
☐	診断書	精神的又は身体的な障害等により就労困難な場合は、主治医の診断書をお持ちください。
退職金請求権・退職慰労金		
☐	退職金見込額証明書、退職金がないことの証明書又は退職金計算書	
☐	就業規則又は退職金支給規程	勤務先から退職金見込額証明書の発行を受けることが困難な場合に必要です。
貸付金・売掛金等		
☐	貸付金に関する資料	あなたが第三者に対して有している貸付金等です。相手の名前、金額、発生時期等がわかる資料（契約書、借用書、念書、帳票等）をお持ちください。
積立金等（社内積立、財形貯蓄、事業保証金など）		
☐	社内預金等の積立額証明書	
保険（生命保険、傷害保険、火災保険、自動車保険など）		
☐	保険証券の写し	生命保険、傷害保険、火災保険、自動車保険その他全ての種類の保険についてお持ちください。
☐	解約返戻金計算書	保険会社が作成します。保険会社から取り寄せてください。

☐	過去2年以内に失効した保険がある場合には、失効したことの証明書	保険会社が作成します。保険会社から取り寄せてください。
有価証券（手形・小切手、株券、転換社債）、ゴルフ会員権など		
☐	有価証券（手形・小切手、株券、転換社債）、ゴルフ会員権その他の会員権等に関する資料	証券、会員権証書、預託金預かり証等の写しをお持ちください。
自動車・バイク等		
☐	自動車検査証又は登録事項証明書の写し	
過去2年間に換価した評価額又は処分額が20万円以上の財産		
☐	過去2年間に換価した評価額又は換価額が20万円以上の財産について、換価に関する契約書・領収書の写しなど処分を証明する資料	たとえば、不動産の売却、自動車の売却、保険の解約、定期預金の解約、ボーナスの受領、退職金の受領、敷金の受領、離婚に伴う給付等です。
☐	登記事項証明書	不動産を換価した場合です。
不動産、住居		
☐	登記事項証明書	不動産を所有している場合です。法務局で取ることができます。
☐	現在の住居の賃貸借契約書（又は賃料、敷金・保証金等がわかる資料）	駐車場を借りている場合は駐車場の賃貸借契約書もお持ちください。
相続財産		
☐	相続財産に関する資料	相続財産がある場合です。遺産目録、遺産分割協議書、不動産登記簿、預金通帳のコピーその他相続財産が何であるか等がわかる資料

III 申立ての準備

1 破産手続開始・免責許可申立書等の作成

　東京地裁破産再生部（民事第20部）に対し、破産手続開始・免責許可申立てを行う場合、①破産手続開始・免責許可申立書【書式2-3-2】、②債権者一覧表、③資産等目録【書式2-3-3】、④陳述書・報告書【書式2-3-4】、⑤家計全体の状況の提出は必須となる。これらの書式は、いずれも在京三弁護士会の各ホームページにおいてダウンロードすることが可能である。書類の記載上の注意は、中山孝雄＝金澤秀樹編『破産管財の手引〔第2版〕』62頁以下または東京地裁民事第20部即日面接係が発行する「申立代理人の皆様へ即日面接通信」（平成22年6月22日付け vol.4-2、6、9、11、13、18-1）に詳細に記載されているので、これを熟読したうえで各書類を作成すべきである。

　甲弁護士は、早速これらの資料を取り寄せ、書類の作成にとりかかった。甲弁護士が債権者一覧表、資産等目録を作成していると、乙弁護士がやってきた。

乙弁護士：横から口出ししますが、債権者一覧表の「原因・使途」の欄に「生活費」の記載が多いみたいだね。本当は、飲食費、遊興費、ギャンブル、高額な飲食、貴金属類やブランド品、エステ等、日常生活に必要不可欠ではない使途のための借入れが入っているなんてことはないかい。きちんとチェックしておいたほうがいいと思うよ。それから、資産等目録のほうだけれど、回収見込みがない債権、つまり、今回の場合はY夫に対する婚姻費用分担請求権だけれども、これが回収見込みがないとする具体的理由について、調査をしたうえで結果を報告すべきだろうね。場合によっては、20万円を超える資産ありとみられて、管財事件に振り分けられるということだってありうるから

ね。

　甲弁護士は、「わかっていますよ」、と言い返したい気もしたが、確かに債権者一覧表については安易にXの話を基に「生活費」と書いてしまっていたし、婚姻費用分担請求権の点にしても、〈Case③〉で裁判官に納得してもらうべき1つのポイントであると思われたため、それらのポイントを鋭く指摘してきた乙弁護士に、素直に従うことにした。

　甲弁護士は、Xに借入金の使途を詳細に思い出してもらい、「生活費」の中身を具体的に聴き取ることに努めた。

　また、婚姻費用分担請求権の点については、そもそもこれが法的に発生しているのかという問題はあるものの、仮に発生しているとしても、回収が困難であることを明らかにするため、①Xと同居していた当時のY夫の住所地を訪れる、②Y夫の住民票を取り寄せ、過去の住所地から異動がないこと（住民票による追跡が不可能であること）を確認する、③Y夫の母およびかつての勤務先から事情を聴取し、聴取結果をまとめるといった調査を実施し、報告書に記載することとした。

【書式2-3-2】　破産手続開始・免責許可申立書（〈Case③〉）

破産手続開始・免責許可申立書	印紙　1500円 郵券　4100円	印紙 1500円
	係印　備考	

平成25年8月×日
（ふりがな）
申立人氏名：＿＿＿＿X＿＿＿＿
（ふりがな）　　　　　（ふりがな）

（□旧姓＿＿＿＿　□通称名＿＿＿＿＿＿
　　　　　　　　　　　　　　旧姓・通称で借入した場合のみ）
生年月日：大・㊽・平__48__年__4__月__10__日生（_40_歳）
本　籍：別添住民票記載のとおり
現住所：☑別添住民票記載のとおり（〒△△△-△△△△）
　　　　　　　　　　　　　　　※郵便番号は必ず記入すること

　　　　　　□住民票と異なる場合：〒　　-
現居所（住所と別に居所がある場合）〒　　-
申立人代理人（代理人が複数いる場合には主任代理人を明記すること）
　事務所（送達場所）、電話、ファクシミリ、代理人氏名・印
　　東京都△△区△△町△-△-△△　××ビル５階　□□法律事務所（送達場所）

　　　電　話　03-△△△△-△△△△
　　　ＦＡＸ　03-△△△△-△△△△
　　　　　　　　　　　申立人代理人弁護士　　甲　　㊞

　　　　　　　　　申　立　て　の　趣　旨
　１　申立人について破産手続を開始する。
　２　申立人（破産者）について免責を許可する。
　　　　　　　　　申　立　て　の　理　由
　　申立人は、添付の債権者一覧表のとおりの債務を負担しているが、添付の陳述書及び資産目録記載のとおり、支払不能状態にある。

手続についての意見：☑同時廃止　　□管財手続
即日面接（申立日から３日以内）の希望の有無：☑希望する　□希望しない
・生活保護受給【㊯・有】→□生活保護受給証明書の写し
・所有不動産　　【㊯・有】→□オーバーローンの定形上申書あり（　　倍）
・個人再生・民事再生の関連事件（申立予定を含む）
　　　　　【㊯・有（事件番号　　　　　　　　）】
管轄に関する意見

☑住民票上の住所が東京都にある。
□大規模事件管轄又は関連事件管轄がある。
□経済生活の本拠が東京都にある。
　　勤務先の所在地　〒　　－
□東京地裁に管轄を認めるべきその他の事情がある。
添付書類の確認
　☑個人番号（マイナンバー）が記載された書面を添付していない。

【書式 2-3-3】 資産目録（《Case ③》）

資産目録（一覧）

下記1から16の項目についてはあってもなくてもその旨を確実に記載します。【有】と記載したものは、別紙（明細）にその部分だけを補充して記載します。

＊預貯金は、解約の有無及び残額の多寡にかかわらず、各通帳の表紙・中表紙を含め、過去2年以内の取引の明細がわかるように、記帳部分全部の写しを提出します。

＊現在事業を営んでいる人又は過去2年以内に事業を営んでいたことがある人は過去2年度分の所得税の確定申告書の写しを、法人代表者の場合は過去2年度分の法人の確定申告書及び決算書の写しを、それぞれ提出します。

1　申立時における33万円以上の現金　　　　　　　　　【有　　㊃】
　＊33万円以上の現金がない場合にも、資産目録（明細）に申立時の現金を全額記入します。
2　預金・貯金　　　　　　　　　　　　　　　　　　　【㊒　　無】
　□過去2年以内に口座を保有したことがない。
3　公的扶助（生活保護、各種扶助、年金等）の受給　　　【有　　㊃】
4　報酬・賃金（給料・賞与等）　　　　　　　　　　　【㊒　　無】
5　退職金請求権・退職慰労金　　　　　　　　　　　　【有　　㊃】
6　貸付金・売掛金等　　　　　　　　　　　　　　　　【㊒　　無】
7　積立金等（社内積立、財形貯蓄、事業保証金等）　　　【有　　㊃】

8	保険（生命保険、傷害保険、火災保険、自動車保険等）	【㊒】	無】
9	有価証券（手形・小切手、株券、転換社債）、ゴルフ会員権等	【有】	㊥】
10	自動車・バイク等	【有】	㊥】
11	過去５年間において、購入価格が20万円以上の物（貴金属、美術品、パソコン、着物等）	【有】	㊥】
12	過去２年間に換価した評価額又は換価額が20万円以上の財産	【有】	㊥】
13	不動産（土地・建物・マンション等）	【有】	㊥】
14	相続財産（遺産分割未了の場合も含みます。）	【有】	㊥】
15	事業設備、在庫品、什器備品等	【有】	㊥】
16	その他、破産管財人の調査によっては回収が可能となる財産	【有】	㊥】

□過払いによる不当利得返還請求権　□否認権行使　□その他

資産目録（明細）

＊該当する項目部分のみを記載して提出します。欄が足りないときは、適宜欄を加えるなどして記載してください。

1　現　金　　　　　　　　　　　　　　　　　　　　　　　　１万　　円

＊申立時の現金を全額記入します。

2　預金・貯金

＊債務者名義の預貯金口座（ネットバンクを含む。）について、申立て前１週間以内に記帳して確認した結果に基づいて、その残高及び通帳記帳日を記入してください。残高が０円である場合も、その旨を記入してください。

＊解約の有無及び残額の多寡にかかわらず各通帳の表紙・中表紙を含め、過去２年以内の取引の明細がわかるように記帳部分全部の写しを提出します。

＊いわゆるおまとめ記帳部分は取引明細書も提出します。

金融機関・支店名（郵便局、証券会社を含む）	口座の種類	口座番号	申立時の残額
○×銀行△△支店	普通	△△△△△△	4万2589円

3　公的扶助（生活保護、各種扶助、年金等）の受給
　＊生活保護、各種扶助、児童手当、年金などをもれなく記載します。
　＊受給証明書の写しも提出します。
　＊金額は、一か月に換算してください。

種　類	金　　額	開　始　時　期	受給者の名前
児童手当	1万円／月	㊜・昭20年6月　　日	X

4　報酬・賃金（給料・賞与等）
　＊給料・賞与等の支給金額だけでなく、支給日も記載します（月払いの給料は、毎月〇日と記入し、賞与は、直近の支給日を記入します）。
　＊最近2か月分の給与明細及び過去2年度分の源泉徴収票又は確定申告書の各写しを提出します。源泉徴収票のない人、確定申告書の控えのない人、給与所得者で副収入のあった人又は修正申告をした人は、これらに代え、又はこれらとともに、課税（非課税）証明書を提出します。

種類	支給日	支給額
給料	毎月25日	14万円

5　退職金請求権・退職慰労金
　＊退職金の見込額を明らかにするため、使用者又は代理人作成の退職金計算書を添付します。
　＊退職後に退職金を未だ受領していない場合は4分の1相当額を記載します。

種類	総支給額（見込額）	8分の1（4分の1）相当額
	円	円

6　貸付金・売掛金等

＊相手の名前、金額、発生時期、回収見込額及び回収できない理由を記載します。

＊金額と回収見込額の双方を記入してください。

相　手　方	金額	発　生　時　期	回収見込額	回収不能の理由
Ｙ夫	円	㊤・昭23年8月　日	0円	所在不明、資力なし

7　積立金等（社内積立、財形貯蓄、事業保証金等）

＊給与明細等に財形貯蓄等の計上がある場合は注意してください。

種　類	金　額	開　始　時　期
	円	平・昭　年　月　日

8　保険（生命保険、傷害保険、火災保険、自動車保険等）

＊申立人が契約者で、未解約のもの及び過去2年以内に失効したものを記入します（出捐者が債務者か否かを問いません。）。

＊源泉徴収票、確定申告書等に生命保険料の控除がある場合や、家計や口座から保険料の支出をしている場合は、調査が必要です。

＊解約した保険がある場合には、20万円以下であっても、「12　過去2年間に処分した財産」に記入してください。

＊保険証券及び解約返戻金計算書の各写し、失効した場合にはその証明書（いずれも保険会社が作成します。）を提出します。

＊返戻金が20万円以下の場合もすべて記載します。

保険会社名	証券番号	解約返戻金額
△△生命保険相互会社	×××××××	0円

9 有価証券（手形・小切手、株券、転換社債）、ゴルフ会員権等
＊種類、取得時期、担保差入及び評価額を記入します。
＊証券の写しも提出します。

種　類	取　得　時　期	担保差入	評価額
	平・昭　年　月　日	□有 □無	円

10 自動車・バイク等
＊車名、購入金額、購入時期、年式、所有権留保の有無及び評価額を記入します。
＊家計全体の状況に駐車場代・ガソリン代の支出がある場合は調査が必要です。
＊自動車検査証又は登録事項証明書の写しを提出します。

車　名	購入金額	購入時期	年式	所有権留保	評価額
	円	平・昭　年　月　日	年	□有 □無	円

11 過去5年間において、購入価格が20万円以上の物
　（貴金属、美術品、パソコン、着物等）
＊品名、購入価格、取得時期及び評価額（時価）を記入します。

品　名	購入金額	取　得　時　期	評　価　額
	円	平成　年　月　日	円

12 過去2年間に換価した評価額又は換価額が20万円以上の財産
   * 過去2年間に換価した財産で、評価額又は換価額のいずれかが20万円以上の財産は全て記入します。
   * 不動産の売却、自動車の売却、保険の解約、定期預金の解約、過払金の回収等について、換価時期、換価時の評価額、実際の換価額、換価の相手方、取得した金銭の使途を記入します。
   * 換価に関する契約書・領収書の写し等換価を証明する資料を提出します。
   * 不動産を換価した場合には、換価したことがわかる登記事項証明書等を提出します。
   * 使途に関する資料を提出します。

財産の種類	換　価　時　期	評価額	換価額	相手方	使途
	平成　年　月　日	円	円		

   * 賞与の受領、退職金の受領、敷金の受領、離婚に伴う給付等によって取得した現金についても、取得時期、取得額、使途を記入します。
   * 給与明細書等受領を証明する資料を提出します。
   * 使途に関する資料を提出します。

財産の種類	取　得　時　期	取得額	使　　途
	平成　年　月　日	円	

13 不動産（土地・建物・マンション）
   * 不動産の所在地、種類（土地・借地権付建物・マンション等）を記載します。
   * 共有等の事情は、備考欄に記入します。
   * 登記事項証明書を提出します。

＊オーバーローンの場合は、定形の上申書とその添付資料を提出します。
＊遺産分割未了の不動産も含みます。

不動産の所在地	種　類	備　考

14　相続財産
＊被相続人、続柄、相続時期及び相続した財産を記入します。
＊遺産分割未了の場合も含みます（不動産は13に記入します。）。

被相続人	続柄	相　続　時　期	相続した財産
		平・昭　年　月　日	

15　事業設備、在庫品、什器備品等
＊品名、個数、購入時期及び評価額を記入します。
＊評価額の疎明資料も添付します。

品名	個数	購　入　時　期	評　価　額
		平・昭　年　月　日	円

16　その他、破産管財人の調査によっては回収が可能となる財産
＊相手方の氏名、名称、金額及び時期等を記入します。
＊現存していなくても回収可能な財産は、同時破産廃止の要件の認定資料になります。
＊債務者又は申立代理人によって回収可能な財産のみならず、破産管財人の否認権行使によって回収可能な財産も破産財団になります。

*ほかの項目に該当しない財産（敷金、過払金、保証金等）もここに記入します。

相手方	金　額	時　期	備　考
		平・昭　年　月　日	

【書式 2-3-4】　陳述書・報告書（《Case ③》）

申立人債務者＿＿＿＿X＿＿＿＿に関する

　　□ 陳述書（作成名義人は申立人＿＿＿＿＿＿＿＿＿＿＿＿＿＿＿印）

　　☑ 報告書（作成名義人は申立代理人＿＿＿＿甲＿＿＿＿印）

＊いずれか書きやすい形式で本書面を作成してください。
＊適宜、別紙を付けて補充してください。

1　過去10年前から現在に至る経歴　　　　　　　　　　□ 補充あり

| 就　業　期　間 | 地　位 |
就業先（会社名等）	業務の内容
平成15年7月～平成18年7月	□自営　□法人代表者　☑勤め　□パート・バイト □無職　□他（　　　　　）
株式会社□□商事	事務職
平成18年7月～平成21年4月	□自営　□法人代表者　□勤め　□パート・バイト ☑無職　□他（　　　　　）
平成21年5月～　現在	□自営　□法人代表者　□勤め　☑パート・バイト □無職　□他（　　　　　）
株式会社△△マーケット	スーパーマーケットのスタッフ

年　月～　　年　月	□自営　□法人代表者　□勤め　□パート・バイト □無職　□他（　　　　　　　）

＊流れがわかるように時系列に記載します。
＊破産につながる事情を記入します。10年前というのは一応の目安にすぎません。
＊過去又は現在、法人の代表者の地位にある場合は、必ず記入します。

2　家族関係等　　　　　　　　　　　　　　□ 補充あり

氏　名	続柄	年齢	職　業	同居
Ｙ夫	夫	41	不明	×
Ｚ子	子	5	無職	○

＊申立人の家計の収支に関係する範囲で記入してください。
＊続柄は申立人から見た関係を記入します。
＊同居の場合は同居欄に○を、別居の場合は同欄に×をします。

3　現在の住居の状況　　　　　　　　　　　□ 補充あり
　　⑦申立人が賃借　　イ 親族・同居人が賃借　　ウ 申立人が所有・共有
　　エ 親族が所有　　オ その他（　　　　　　　　　　　　　　）
　　＊ア、イの場合は、次のうち該当するものに○印をつけてください。
　　　ⓐ民間賃借　　b 公営賃借　　c 社宅・寮・官舎
　　　d その他（　　　　　　　　　　　　　　　　　　　　）

4　今回の破産申立費用（弁護士費用を含む）の調達方法　　□ 補充あり
　　□ 申立人自身の収入　　☑ 法テラス
　　□ 親族・友人・知人・（　　　　　　）からの援助・借入

(→その者は、援助金・貸付金が破産申立費用に使われることを
　　□ 知っていた　□ 知らなかった）
　□ その他＿＿＿＿＿＿＿＿＿＿＿＿＿＿＿＿＿＿

5　破産申立てに至った事情　　　　　　　　　　□ 補充あり
　＊債務発生・増大の原因、支払不能に至る経過及び支払不能となった時期を、時系列でわかりやすく書いてください。
　＊事業者又は事業者であった人は、事業内容、負債内容、整理・清算の概況、資産の現況、帳簿・代表者印等の管理状況、従業員の状況、法人の破産申立ての有無などをここで記載します。

(1) 平成10年　債務者は、株式会社□□商事に入社し、事務職（正社員）として勤務していた。当時の給与は、月額20万円程度であり、平成18年に退職するまでほとんど変わらなかった。
(2) 平成18年7月　Y夫と入籍。株式会社□□商事を退職し、無職となる。
(3) 平成21年5月　株式会社△△マーケットで、スーパーマーケットのレジ打ちスタッフとして勤務を開始した。入社当初から、現在まで、給与は月額14万円程度（賞与なし）である。
(4) 平成22年7月頃　Y夫の浮気が原因で、債務者とY夫は別居状態となり、以後現在まで、債務者は、都内のアパートで、5歳の娘Z子と2人で暮らしている。
　　別居当初は、Y夫は、債務者に月々3万円の婚姻費用・養育費を送金してきていた（後記のとおり、平成25年2月頃からはそれも途絶えた。）。
(5) 債務者は、Y夫との別居後も、それまで勤務していたスーパーのレジ打ちを続けながらZ子を育ててきた。
　　しかし、債務者は元々病気がちで、体調を崩して欠勤することが多かったことから、債務者の収入は不安定だった。
(6) 平成23年10月頃　生活が苦しくなった債務者は、やむなく生活に必要な物品をカード（××株式会社の○○カード）で購入するようになった。
(7) 平成24年3月頃　□□株式会社の△△カードを使って、15万円の借入を行い、Z子の幼稚園入園のために必要な物品、その他生活用品等の購入に

あてた。なお、この頃のカードショッピングの利用残高（債務）は70万円ほどであり、上記15万円の借入とあわせると総債務は85万円ほどであった。Ｚ子が幼稚園に入ってから、Ｘは、なんとかＺ子の幼稚園の費用（月額3万円）も支払ってきたが、幼稚園の休園時や園行事等のために、仕事を休まなくてはならないことが多くなり、収入はさらに不安定になっていった。

　　　このため、それまで以上に生活資金の不足によりカードによるショッピング又はキャッシングを利用する機会が増え、そのような生活を続けるうちに、債務はどんどん膨れ上がっていった。
(8)　平成25年2月頃、Ｙ夫からの月3万円の送金が途絶えた。以後現在までＹ夫は所在不明で、全く連絡もとれない。
(9)　平成25年4月　Ｘは肺炎のため入院し、2週間仕事を休んだことで、収入が途絶えた。Ｘは、入院費用のため母から15万円を借入れ、この時点で総債務は230万円を超えていた。
(10)　平成25年7月　7月分の返済のための費用が捻出できなくなり、支払不能。
(11)　なお、Ｘは、Ｙ夫に対する婚姻費用分担請求権（平成25年2月以降分）を有している可能性があるが、申立代理人が調査したところ、Ｙ夫は、Ｘと同居していた賃貸住宅から転居した模様であり、転居先は不明である（住民票も異動させていない）。また、Ｙ夫の母及びかつての勤務先から事情聴取を行ったところ、Ｙ夫は、平成23年1月頃に以前勤めていた会社を突然退職し、その後は無職の状態が続いていたとのことであり、平成24年1月頃からはＹ夫の母も連絡が全くとれない状態が続いている。したがって、現時点では、Ｙ夫から婚姻費用を回収することは困難である。
(12)　このように、申立人には、現在、継続的かつ安定した収入が無く、支払不能の状態にあって解消の見込みはないため、本申立てに至った次第である。

6　免責不許可事由　　　　　　　□有　　☑無　　□不明
　　＊有又は不明の場合は、以下の質問に答えてください。

問1 本件破産申立てに至る経過の中で、申立人が、当時の資産・収入に見合わない過大な支出又は賭博その他の射幸行為をしたことがありますか（破産法252条1項4号）。　　☐ 補充あり
　　☐ 有（→次の①～⑥に答えます）　☑ 無
①内容　ア 飲食　イ 風俗　ウ 買物（対象_____）　エ 旅行
　　　　オ パチンコ　カ 競馬　キ 競輪　ク 競艇　ケ 麻雀　コ 株式投資
　　　　サ 商品先物取引　シ FX（外国為替証拠金取引）
　　　　ス その他（_____）
＊①の内容が複数の場合は、その内容ごとに②～⑥につき答えてください。
②時期　_____年___月頃～_____年___月頃
③「②の期間中にその内容に支出した合計額」
　　　ア 約_____万円　　イ 不明
④「同期間中の申立人の資産及び収入（ギャンブルや投資投機で利益が生じたときは、その利益を考慮することは可）からみて、その支出に充てることができた金額」　　ア 約_____万円　イ 不明
⑤③－④の差額　　　　　ア 約_____万円　イ 不明
⑥②の終期時点の負債総額　ア 約_____万円　イ 不明

問2 破産手続の開始を遅延させる目的で、著しく不利益な条件で債務を負担したり、又は信用取引により商品を購入し著しく不利益な条件で処分してしまった、ということがありますか（破産法252条1項2号）。
　　　　　　　　　　　　　　　　　　　　　☐ 補充あり
　　☐ 有（→次の①～③に答えます）　　☑ 無
①内容　ア 高利借入れ（→次の②に記入）　イ 換金行為（→次の③に記入）　ウ その他（_____）
②高利（出資法違反）借入れ　　　　　　　　　（単位：円）

借 入 先	借入時期	借入金額	約定利率

③換金行為　　　　　　　　　　　　　　　　　　（単位：円）

品　名	購入価格	購入時期	換金価格	換金時期

問3　一部の債権者に特別の利益を与える目的又は他の債権者を害する目的で、義務ではない担保の提供、弁済期が到来していない債務の弁済又は代物弁済をしたことがありますか（破産法252条1項3号）。　□ 補充あり
　　　□ 有（→以下に記入します）　　☑ 無
　　　　　　　　　　　　　　　　　　　　　　　　（単位：円）

時　期	相手の名称	弁済額

問4　破産手続開始の申立てがあった日の1年前の日から破産手続開始の決定があった日までの間に、他人の名前を勝手に使ったり、生年月日、住所、負債額及び信用状態等について虚偽の事実を述べて借金をしたり、信用取引をしたことがありますか（破産法252条1項5号）。　□補充あり
　　　□ 有（→以下に記入します）　　☑ 無　　　　（単位：円）

時期	相手方	金額	内容

問5　破産手続開始（免責許可）の申立前7年以内に以下に該当する事由がありますか（破産法252条1項10号関係）。
　　□ 有（番号に○をつけてください）　　☑ 無
　　　1　免責許可決定の確定　免責許可決定日　平成　　年　　月　　日
　　　　　　　　　　　　　（決定書写しを添付）
　　　2　給与所得者等再生における再生計画の遂行
　　　　　　　　　　再生計画認可決定日　　　　平成　　年　　月　　日
　　　　　　　　　　　　　（決定書写しを添付）
　　　3　ハードシップ免責決定（民事再生法235条1項、244条）の確定
　　　　　　　　　　再生計画認可決定日　　　　平成　　年　　月　　日
　　　　　　　　　　　　　（決定書写しを添付）

問6　その他、破産法所定の免責不許可事由に該当すると思われる事由がありますか。　　　　　　　　　　　　　　　　　　　　　　□ 補充あり
　　　　□ 有　　☑ 無
　　有の場合は、該当法条を示し、その具体的事実を記載してください。

問7　①　破産手続開始の申立てに至る経過の中で、商人（商法4条。小商人［商法7条、商法施行規則3条］を除く。）であったことがありますか。
　　　　　　□ 有（→次の②に答えます）　　☑ 無
　　②　業務及び財産の状況に関する帳簿（商業帳簿等）を隠滅したり、偽造、変造したことがありますか（破産法252条1項6号）。
　　　　　　　　　　　　　　　　　　　　　　　　　　□ 補充あり
　　　　　　□ 有　　☑ 無
　　　有の場合は、aその時期、b内容、c理由を記載してください。

問8　本件について免責不許可事由があるとされた場合、裁量免責事由として考えられるものを記載してください。

以上

2　預金通帳の確認

　甲弁護士が、Xの預金通帳の写しを整理していた時のことだった。またまた乙弁護士が甲弁護士のところにやって来た。

> 乙弁護士：甲君、預金通帳はチェックしたかい。何か問題はあったかな。
> 甲弁護士：はい、Xさんは3つの銀行口座を保有していますが、残高を足し合わせても、20万円には達していませんでした。
> 乙弁護士：ちょっとちょっと、それだけかい。預金通帳は債務者の金銭の動きが記載されている、言ってみれば情報の宝庫だよ。もっといろいろな問題点・疑問点が出てくるはずだから、くまなくチェックしたほうがいいんじゃない。

　東京地裁の場合、破産手続の申立てには、申立て前2年分の預貯金通帳の写しの提出が求められている。

　また、上記のとおり、預金通帳は申立代理人にとっても重要な情報源であるため、ひとまず受任の時点で記帳を行い、早めにその内容を確認しておくことが必須である。

　特に、裁判所に提出する申立て前2年分の記帳については、即日面接において裁判官から疑義のある点につき尋ねられても合理的な説明ができるよう、詳細に調査を行い準備をしておくべきである。

　預金通帳の確認にあたっては、特に以下の点について留意すべきである（なお、下記の留意事項については、上記「申立代理人の皆様へ即日面接通信」（平成22年3月31日付けvol.4-2「預金通帳を通じた資産調査のポイント」）等を参考にした）。

　① 債務者から聴取した経緯と一致するか

　　債務者から聴取した、債務発生・増大の経緯、返済が困難になった経緯と、預金通帳の入出金や残高の推移が、大まかなところで一致しているか、確認が必要である。

② 取引明細が必要となる場合

いわゆる「おまとめ」記帳（長期間記帳しなかったため複数の出入金が合算して記帳されている部分）がある場合、通帳を紛失した場合、インターネットバンキングなどで通帳が発行されていない場合などは、当該金融機関から取引明細を取り寄せて提出する必要がある。

③ 他の口座等の存在を知る端緒（定期的な入出金、積立て、口座貸越（マイナスの残高））

債務者には、保有しているすべての金融機関の口座の通帳を提出させるが、債務者が意図的に他の口座の存在を秘匿している場合や、債務者自身も失念している口座が存在する場合もある。

債務者から提出された通帳の写しに、給料の振込み、家賃や公共料金の支払いなど、債務者の生活状況から一般的に想定される入出金がないことから、他の口座を発見する端緒となることがある。

また、普通預金口座から「積立」等の出金がある場合、定期預金が存在することがうかがわれる。また、残高がマイナスとなっている場合は、定期預金を担保とした貸付けの可能性が高い。このような場合は、定期預金の有無について調査を行うべきである。

④ 多額、多数回の入出金

債務者の預貯金口座から、多額の振込出金がなされていたり、債務者が多額の金銭を引き出している場合、偏頗弁済や浪費が疑われる。

また、継続的に多数回の入出金がなされているような場合には、申立代理人に申告していない債権債務が存在していたり、何らかの副業を行っていたりする場合がある。

こうした、多額、多数回の入出金を発見した場合には、債務者から、入出金の経緯や金銭の使途等について、十分に説明を求める必要がある。

⑤ 高額の出入金、相手方の記載があるもの

通帳に高額の出入金がある場合には、その具体的事情（出入金の趣旨、使途等）を確認する。また、通帳の出入金に相手方の記載があるもの

（給与振込みや公共料金等であることが明らかな場合を除く）がある場合も、その具体的事情（債務者と相手方との関係や出入金の趣旨、使途等）を確認しておく（中山＝金澤・前掲65頁参照）。

特に、個人名での入出金がなされているような場合は、債務者がいわゆるヤミ金を利用している場合もあるため、注意が必要である。

⑥ 保険料や固定資産税の支払い

預貯金口座から保険会社に対する定期的な支払いがあることによって、保険加入が判明することがある。このような場合は、保険契約の有無および解約返戻金の額について調査が必要である。

同様に、預貯金口座から固定資産税の支払いがあることにより、不動産を所有していることが判明することもある。

甲弁護士は、再度Ｘの通帳の入出金をつぶさにチェックしてみたところ、おおむねＸから説明を受けたとおりの時期に大きな金銭の動きがあることが確認できたが、それ以外に、個人名での入出金がいくつかあること、10万円を超える入出金がいくつかあること等に気がついた。

そこで、通帳のコピーの気になる入出金部分を蛍光マーカーでチェックしたうえで、Ｘと打合せを行い、１つひとつ、その入出金の経緯や引き出した金銭の使途等を確認していった。

3 申立書類の準備・整理

東京地裁の場合、破産再生部（民事第20部）から、申立書類の作成・提出等に関し、編綴順序その他の注意事項について詳細な指示がなされている（第４刷修正時点では、平成28年１月26日付け「破産受付係からのお願い」と題する書面が最新のものである。民事第20部入口に備え付けられている）ので、これに従って申立書類を準備する。

Ⅳ 申立て〜即日面接（東京地裁の場合）

　甲弁護士は、乙弁護士の厳しい指導を受けながらも、どうにか必要な書類をすべて揃えて、破産手続開始・免責許可申立てのための準備を整えることができた。そこで、甲弁護士は、東京地裁破産再生部（民事第20部）に申立書等を提出して、「即日面接」を申し込むことにした。

　東京地裁破産再生部においては、即日面接とよばれる運用がとられている。即日面接とは、同時廃止の処理が相当であるとして申し立てられた個人の自己破産事件について、破産手続開始の申立てがされた当日に裁判官が申立代理人と面接をして（ただし、申立日の後3日以内の面接も許容されている）、審問（おおむね3〜15分で実施されるといわれている）を行い、同時廃止が相当か、それとも管財手続で処理するのが相当かの振り分けを行い、同時廃止の処理で特に問題がないと判断された事案については、その日のうちに破産手続開始決定とともに同時廃止決定を行うという運用である（中山＝金澤・前掲2頁参照）。

　甲弁護士が受付で申立書を提出した後、待合スペースで待機してしばらくすると、甲弁護士の名前がよばれ、裁判官の前に通された。

　裁判官は、簡単に自己紹介すると、甲弁護士に対し、まず、債務増大の原因について質問し、甲弁護士は債務増大の経緯等をごく簡単に説明した。また、免責不許可事由にあたるものがないかもあわせて質問されたため、そのような事情はないことを報告した。

裁判官：Y夫さんへの婚姻費用分担請求権については、報告書にも記載してもらっていますが、回収は困難でしょうか。

甲弁護士：はい、Y夫は、Xと同居していた賃貸住宅から転居した模様です。住民票も異動させていないようですので、現在は所在不明です。また、Y夫の母およびかつての勤務先から事情聴

　　　　取を行ったところ、Y夫は、平成23年1月頃に、勤めていた
　　　　会社を突然退職し、その後は無職の状態が続いていたとのこと
　　　　でした。また、平成24年1月頃からは、Y夫の母もY夫と連
　　　　絡が全くとれなくなり、困っているとのことでした。Y夫の
　　　　資産としては、特にめぼしいものはみつかっておりません。し
　　　　たがって、現時点では、Y夫から婚姻費用を回収することは
　　　　困難と考えられます。
裁判官：通帳をみますと、少し大きいお金の動きがあるようですから、
　　　　質問させてください。○×銀行、今年4月1日に15万円の入金、
　　　　4月2日に15万円の出金、これは何でしょうか。
甲弁護士：これは、Xが肺炎のため入院することとなり、その間お金
　　　　を引き出すこともままならなくなる可能性があったことから、
　　　　当面の生活資金として母から15万円を借り、翌日出金したもの
　　　　です。
裁判官：個人名への送金が少し目立ちますね。たとえば、○×銀行で1
　　　　月15日に3万6000円をヤマダヨシコ氏へ送金、2月10日、5月
　　　　10日に各2万円をワタナベエイジ氏へ送金。ネットオークショ
　　　　ンか何かですか。
甲弁護士：（ネットオークションという場合もあるのか、なるほど）いえ、
　　　　違います。ヤマダヨシコ氏は、Z子の書道教室の先生です。そ
　　　　の入金は、書道教室の1年分の費用です。ワタナベエイジ氏は、
　　　　宮崎県の農家の方でして、有機野菜や果物を直接購入、取り寄
　　　　せているとのことです。

　最後に裁判官は、現時点で債権者とのトラブルや、クレーム等がなかったかを質問し、甲弁護士は特にない旨を回答した。
　裁判官は、おおむね甲弁護士の説明について納得してくれたようだった。
　こうして、甲弁護士の初めての即日面接は5分足らずで無事終了し、X

の事件は、同日午後5時付けで、破産手続開始決定とともに同時廃止決定がなされた。甲弁護士は、婚姻費用分担請求権の点や、預金通帳について指導をしてくれた乙弁護士に感謝せずにはいられなかった。

V 免責手続

1 免責手続とは何か

即日面接終了後、事務所に戻った甲弁護士は、早速Xに即日面接が無事終了したことを報告した。

> X 女：ありがとうございました。甲先生にはいろいろとお世話になりました。これでやっと借金から解放されて、新たな人生を始めることができるのですね。ありがとうございます。
>
> 甲弁護士：いやいや、Xさん。以前にも説明したと思いますが、破産手続自体は債務を消滅させる制度ではありません。債務を返済する義務を免れるためには、破産手続とは別に、借金の支払義務を免除する決定、つまり「免責許可」を裁判所からもらう必要があります。免責許可をもらうためには、Xさんは、この後裁判所に行って「免責審尋期日」に出てもらう必要があります。Xさんの免責審尋期日は10月×日の午前10時からになりましたから、この日は必ず予定をあけておいてください。
>
> X 女：そうだったんですか。すみません、勘違いしていました。ではその日は予定をあけておきます。ところで、その免責審尋期日というのは、何を聞かれるのでしょうか。厳しいことをいろいろ聞かれたりするのでしょうか。うまく答えられないと免責もされないのですか。
>
> 甲弁護士：え、え〜と……当日の具体的な流れや、待合せ場所などについてはあらためてご連絡させていただきます（乙弁護士に教え

てもらおう)。

　免責許可の決定が確定することにより、破産者は、破産手続による配当を除き、破産債権についてその責任を免れる(破253条1項柱書)。破産手続が開始された時点で破産者が負っていた債務について、法律上の支払義務を免除するかどうかを決める手続が免責手続である。法定の免責不許可事由(破252条1項各号)のうち、実際によく問題となるものとしては、次のようなものがある(大阪地方裁判所第6民事部ホームページ「Q&A (Q15)」〈http://www.courts.go.jp/osaka/vcms_lf/30710015.pdf〉参照)。

・財産の隠匿、損壊、他人への贈与等の行為を行った場合
・ローンやクレジットカードで商品を購入したうえで、その商品を廉価で売却して金銭に替えるなどの行為をした場合
・浪費やギャンブルによって多額の債務を負った場合
・破産申立てをする前の1年間に、住所、氏名、年齢、年収等の経済的な信用にかかわる情報について詐術を用いたうえで、借入れをしたり、クレジットカードで買物をする等の行為をした場合
・破産の申立てをした日から数えて7年以内に免責を受けたことがある場合

　もっとも、東京地裁における同時廃止事件の場合、免責審尋期日において上記のような事由の有無を詳細に確認することはせず、主に破産手続開始決定後の事情を確認するにとどめるという運用がなされている。これは、一期日において多数の破産者が免責審尋の対象とされていること、弁護士である申立代理人から破産者に対し免責手続の趣旨等が十分に説明されているということを前提にしたものである。このため、申立代理人は、免責制度の内容や、今後の生活において注意すべき点などを、あらかじめ破産者本人に説明しておくことが必要である。

　甲弁護士は、あらためてXに対し、①免責手続は、個人の破産者に対し、残余の債務について責任を免れさせることにより、破産者の経済的更生を図

ろうとする制度であること、②免責許可決定が確定した日から7年以内の破産申立ては免責不許可事由とされていることなどを説明し、今後の生活において注意すべき点を確認した。

2 免責審尋期日当日

　免責審尋期日当日、緊張のあまり予定よりだいぶ早く裁判所に到着してしまった甲弁護士は、Xとの待合せ場所である東京地裁1階ロビーで、落ち着かない様子でXを待っていた。

　破産者が、待合せ場所を間違えて、期日の開かれる法廷に直接向かってしまったり、あるいは法廷の入っている建物を間違えてしまうなどの不測の事態もありうるため、待合せ時間は期日の時間よりもやや早めに設定しておくとか、当日の緊急連絡先（携帯電話の番号）を確認しておく等の工夫をするとよい。また、破産手続開始決定から免責審尋期日までは、通常2カ月程度の期間が空いてしまうため、期日の直前には、あらためて破産者に連絡を行い、当日の待合せ時間、待合せ場所についての確認をしておくべきである。

　甲弁護士は、待合せ時間の少し前にはXと無事合流することができたため、法廷に向かった。

　法廷前の受付で、あらかじめ破産者名欄と申立代理人名欄に氏名を記載した出頭者カードを提出する（破産者の住所・氏名・本籍に変更がある場合は、事前に上申書を提出し、出頭者カード下部の変更事項欄にも所要事項を記載する）。

　法廷には、すでに多数の破産者と申立代理人が傍聴席に着席して待機しており、甲弁護士とXも座って待つことにした。

　期日開始時刻。裁判官が入廷し、冒頭、裁判官から免責手続の意義について簡単な説明がなされた。その後、順次破産者がよばれ、通常の訴訟でいうところの原告席・被告席に着席する。Xの順番がやってきた。裁判官から、氏名および破産手続開始決定後、変わった事情はないかとの質問がなされたが、Xの場合は特になかったため、それで終了、退席となった。

　上記は、東京地裁における同時廃止事件での免責審尋期日において多くみ

られる運用であるが、他の地方裁判所などでは、裁判官から個別に質問がなされる場合もある（たとえば「免責とはどういった制度であるか理解しているか」、「自分が破産をするに至った原因については理解しているか」等である）。これらは、いうまでもなく、受任の段階から依頼者との打合せの中で説明・確認しておくべき事項であるが、免責審尋期日との関係でも、あらためて依頼者との間で確認し、必要であれば再度説明をしておくべきである。

こうして、Xは免責許可決定を得ることができ、無事確定したため、債務を免れることができた。

後日、甲弁護士の事務所までわざわざ礼を述べに来たXの顔は晴れやかであったが、初めての破産申立事件をやり遂げた甲弁護士の顔もまた晴れやかであったことはいうまでもない。

なお、東京地裁の場合、ここまで記載してきた注意事項については、中山孝雄＝金澤秀樹編『破産管財の手引〔第2版〕』や、東京地裁民事第20部即日面接係が発行している「即日面接進行要領」および「申立代理人の皆様へ即日面接通信」等に詳細な記載がある。破産手続開始・免責許可申立てにあたっては、これら裁判所から発信される情報には必ず触れるようにし、依頼者の利益を損なうことなく、円滑に申立てを行うべきである。

> 本稿は、複数の事例を組み合わせるなどをして構成したものであり、実際の事例とは異なる。

第4章 個人の破産——若年者の自己破産による少額管財事件

I 事案の概要

〈*Case* ④〉
相談者Xは、25歳の会社員であるが、現在、8社の債権者に対して800万円近い借入れがあるとのことである。7年くらい借金の返済に追われており、精神的に追い込まれている。

II 相談〜方針の検討、受任

1 相談の概要

ある日、弁護士甲の所属事務所に相談者Xより電話が入り、借金が払えなくなりどうしていいかわからないので相談をしたい、との予約が入った。

相談者Xは、25歳の男性であり、東京に住んでいる。一般事務職の会社員で手取り月収は、約25万円とのことであった。現在妻（28歳）と同居しており、賃料7万7000円の賃貸住宅に居住している。土地、建物、自動車、預貯金はなく、生命保険は掛け捨てのもののみで解約返戻金はない。

7年くらい前よりカード会社、貸金業者などから借入れをはじめ、現在合計8社に対し800万円近い借入れがある。

家族は、妻のほかに、父（自営業、60歳）と母（無職、58歳）がいる。

2　Xとの面談

相談に訪れたXは、25歳とまだ若い青年であるが、現在、8社の債権者に対して800万円近い借入れがあるとのことである。7年くらい借金の返済に追われているとのことで、精神的に追い込まれ、うつ状態に陥っているようだった。

なお、Xは最初の借入れ時には18歳の未成年であったが、当初借入れ金額は数万円程度であり、Xもすでに就職して収入を得ていたことから、借入れについては親権者であったXの父が同意し、同意書も書いたとのことである。

弁護士：最初の借入れは、今から7年くらい前なんですね。

X　氏：はい。高校を卒業して就職したので、実家を出て生活していたのですけれど、最初は給料が安かったので、どうしても飲み代とか、お小遣いが足りなくて、A社のカードのキャッシングで、ちょっとずつお金を借りるようになりました。

弁護士：そうですか。この時は、返済はできていたのですか。

X　氏：はい。足りないお小遣いとか、ちょっとした金額を借りる程度だったので、この時は何とか返せていました。

弁護士：では、だんだん返済が苦しくなってきたというのは、いつ頃、どういった事情がきっかけだったのでしょうか。

X　氏：最初に働いていた会社が、人手不足で仕事量のわりに給料が安くて不満だったので、20歳くらいの時に転職しようと思って辞めたのです。でも、その後結局半年間くらい就職が決まらなかったので、生活できなくなって、他の会社からも借りるようになりました。

弁護士：なるほど、そうですか。就職して、2年くらいで最初の会社を退職して、半年間くらい収入がなかったので、生活費を補うために借入れを増やしたのですね。その借入れが、だんだん膨らんで返せなくなってきたということでしょうか。

X　氏：はい。それで、会社を辞めて半年くらいで、今の会社に入ったのですが、その時に、今の妻と、結婚を前提に同棲しようということになったのです。その時にはもうすでに前の借金がちょっとあったのですけれど、そのことや、お金がないということがこの時は彼女に話せなくて、一緒に住むための引越費用とか、敷金とかの契約金が払えなかったので、その時、またB社のカードでさらに借入れをしてしまいました。

弁護士：そうですか。それで、借入れと返済を繰り返しているうちに借金が膨らんでしまったということのようですが、800万円というのはなかなか金額としては大きいですよね。ここまで借入額が大きくなってしまうきっかけは、何かあったのでしょうか。

X　氏：はい。妻と同棲するようになって1年くらい経った頃に、父親の商売が不景気でうまくいかなくなって、生活できないから助けてくれと言われて……。

弁護士：そうなんですか。お父さんのお仕事は何ですか。

X　氏：自営で運送業をやっているのですけれど、景気が悪くて仕事がなくなって、トラックの維持費がかかるので商売としてやっていけなくなってしまったということです。父親から負債の返済に追われて、生活がやっていけないので、何とか助けてくれないかと言われたのです。

弁護士：ご両親は、Xさんにその時借金があったということはご存知なかったのでしょうか。

X　氏：そうですね。知らなかったと思います。

　Xは、その頃には現在の妻と一緒に住んで生活費を負担しながら、従前の借金の返済に追われているという状態だった。そのため余裕があるはずはなかったが、自分は一人息子であり、何とかして両親を支えていかなければならないということで、生活費を援助するため、さらに銀行やカード会社から

の借入れを増やして、2年間くらい、両親に送金していたようである。
　しかし、利息のみの支払いのため、借財が減ることはなく、膨らんでいったという。

> 弁護士：それで、その後は、お父さんのお仕事は持ち直したのでしょうか。
> X　氏：いえ……、2年くらい送金をしていたのですけれど、父親の負債が返せないという状態になってしまって、結局実家は競売になってしまったのです。
> 弁護士：そうでしたか。この頃は、Xさんの借金額は、いくらくらいになっていたのですか。
> X　氏：そうですね、もうこの時には、200万円以上になってしまっていました。借りて、返すの繰り返しで終わらないし、給料が出ても、借金の返済でほとんどなくなってしまうので、生活していけなくなってしまったのです。そこで借金をまとめて一本化して、前の借金をいったん全部返してまたやっていこうと思って、C社から200万円ちょっとを借りました。
> 弁護士：そうすると、この段階で、いったんその前までの借入れはすべて返したということなのですか。
> X　氏：そうです。いったん全額返しました。
> 弁護士：C社への返済額は月々どのくらいだったのでしょうか。
> X　氏：月に4万5000円くらいになったと思います。
> 弁護士：そのまま返していくのは難しかったですか。
> X　氏：月々の額は減ったのですけれど、結局給料がこの時手取りで16万円くらいしかなかったので、家賃と生活費を払ったら何も手元に残らないという状態でした。それで、その後3カ月くらいやりくりをしていたのですけれど、妻の両親から、もう同棲して3年になるのだから娘ときちんと籍を入れてほしい、という

　　　　　ことを言われて、それなら、ということで、妻と結婚すること
　　　　　になったのです。
弁護士：そうですか。またいろいろとお金が必要になったということで
　　　　　すね。
Ｘ　氏：はい。しかも、ちょうどそのタイミングで、競売になった実家
　　　　　が売却されて、両親の住む所がなくなってしまいました。また、
　　　　　実家で、昔から雑種の犬を2匹飼っていたのですけれど、結局
　　　　　家がなくなってしまったので、その犬も飼う所がなくなってし
　　　　　まったのです。雑種だからもらい手もいないし、このままだと
　　　　　保健所で殺処分しなければいけないという話も出たのですけれ
　　　　　ど、自分が小さい時から家族のようにかわいがっていた犬なの
　　　　　で、それだけは避けたいなと思って……。それで、この際なの
　　　　　で、結婚を機にペット可のマンションへ引っ越して、実家の犬
　　　　　を飼おうと思ったのです。それで、新居への引越費用、契約金
　　　　　を用意したり、身の回り品を揃えたりするのにお金が足りなく
　　　　　なって……。
弁護士：いったん完済したところから借入れを再開したのですね。
Ｘ　氏：はい、そうなんです。
弁護士：お父さんとお母さんも、実家に住めなくなってしまったので、
　　　　　賃貸住宅を探してお引越しをされたのですよね。そういった費
　　　　　用というのは……。
Ｘ　氏：自分が借りて、渡しました。
弁護士：なるほど、そうですか。

　いったんは従前の債務を完済して債務をまとめて一本化したものの、その
すぐ後に、結婚や転居などの新たな出費により、借入れを再開して借財を増
やし、以後も、家賃と生活費、両親への送金費用等を捻出するために、借入
れと返済を繰り返していくうちに、借財が雪だるま式に増大していったよう

である。

　その後、3年間ほど、何とかやりくりをしていたが、自転車操業も限界となってしまったとのことである。現在では手取り月収25万円と、一定の収入があるものの、借財も膨らんでしまい、返済金額が収入を超えて支払い困難となり、どうしていいかわからなくなったと考えて相談に来たということである。

3　方針の検討と受任
(1)　Xからの聴取り

> 弁護士：それで、Xさんとしては、どうされたいかというご希望はありますか。借入金額が大きいので、業者と任意で和解するのは難しいと思いますから、この場合、自己破産か、あるいは民事再生という手段も考えられます。簡単にいうと、自己破産は、借金がなくなる手続で、民事再生は、計画を立てて債務を分割で弁済していく手続になります。
>
> X　氏：はい。今まで、7年くらい借金の返済に追われて、ずっとやりくりをしてきたのですが、経済的にも、精神的にも、限界を感じてしまっていて、できれば自己破産したいなと思っていたのです。
>
> 弁護士：そうですか。
>
> X　氏：借金があることは、最初一緒に住み始めた時は妻には言えなかったのですが、うちの両親の商売がうまくいかなくなってからは、自分の借金のことも知られてしまっています。やっぱりずっと借金を抱えているということで妻に迷惑をかけて苦労もさせてきているので、借金を背負ったままだと、妻に愛想を尽かされてしまうかもしれず、怖いです。
>
> 弁護士：そうですか。奥さんとしては、Xさんの借金について、一緒に

協力して返済していく、というのは難しいですよね。

X　氏：やっぱり、もともとの借入れが、自分の独身の頃の借金とか、うちの両親の商売のことが原因だったりするので、妻としては、あまりかかわりたくないという感じです。

弁護士：そうですか。奥さんは働いていらっしゃるのですか。

X　氏：はい。給料は、10万円ちょっとくらいだと思うのですが、そこから食費とか生活用品の費用とかを出してくれています。

弁護士：なるほど、そうですか。

X　氏：ただもう、僕が返済できなくなってきているので、早く借金をきれいにして、生活を立て直したいと思っています。そうでないと、離婚されてしまうかもしれないので……。

弁護士：そうですか。わかりました。

X　氏：それで、借金がなくなるということなので、破産手続をしたいと思ったのですが、テレビとかで見たところによると、選挙権がなくなってしまうとか、住民票とかに載せられて、近所の人に知れわたってしまうと聞いたものですから……。

弁護士：それは事実ではありません。破産手続開始決定を受けても、選挙権はなくなりませんし、免責決定を受けたことは、官報に掲載されますが、住民票や戸籍に掲載されるということも事実ではありません。

破産手続を誤解していたXは安堵したようである。

(2) 方針の検討

Xから聴取したところによると、借入総額は現状で約800万円にわたり、債権者数は8社である。

債権者はすべてカード会社や貸金業者なので、債権調査を行って取引履歴の開示を受け、契約内容によって適宜引直し計算をすることで正確なXの債務総額が判明するが、相談で聴取した範囲内の事情からでも一定の見通しを

立てて方針を検討することが可能である。

　まず、Xが当初借入れを行ったのは約7年前である。

　一般的に、継続的金銭消費貸借取引において、制限利息を超える金利で、借入れと返済を7年間間断なく繰り返していれば、引直し計算によって借入元本がゼロになり、過払金が発生している、というのが一定の目安である。

　Xの場合も、当初の借入れについて、カード会社に対して、現在までに7年間借入れと返済を間断なく繰り返していれば、その借入元本については過払金が発生したり、大幅に減少しているという可能性も考えうる。

　しかし、Xは、当初の借入れ以降も複数の債権者から借入れを行っているのであり、借財には、5～6年未満の取引も含まれているようであるから、引直し計算を行っても、全部の借入れについて元本がゼロになることは期待できない。

　また、Xが、数年前に途中で一度債務を一本化するために借入れを行ったC社に対する債務額は、200万円余りに及んでいる。取引履歴の詳細は開示されていないが、同社の取引であれば、経験則上金利は通常は制限利息の範囲内であると考えられるため、(だからこそXが債務の一本化のために借り入れる利点があったのであるが、)少なくともこの200万円については、引直し計算によって元本額が減少するものではないと予想される。

　さらに、Xは、各借入れについて、継続的に間断なく借入れと返済を繰り返してきたわけではなく、C社からの借入金により、他の業者からの従前の債務を途中でいったん完済し、その後また借入れを再開したのであって、その後短期間で借財が膨らんでいることからすれば、従前の貸金業者との取引について過払金が発生しているとまでは考えがたい。

　また、一度債務をまとめて一本化し、完済しているにもかかわらず、借入れを再開しなければ生活ができなかったという経緯や、借入額が約800万円という多額に上っていることからすれば、Xが、事情はともかくとして、収入に全く見合わない支出を続けており、生活状況としては大きく破綻に至っていることは明らかであるので、破産手続によっていったん借金をゼロにす

るという方法でない限り、Xの債務を整理することは事実上困難と考えられた。

　Xは、まだ25歳と若年であり、一定の収入があったことから、民事再生という選択肢も一応考えられたが、資産は全くなく、自宅は賃貸であって自宅不動産の保護という要請もない。

　また、Xは一般事務職に従事する会社員であり、破産手続開始決定によって資格を失う金融関係等の職種にはついていないなどの事情からも、自己破産は妥当と考えられた。

　Xの家庭状況も踏まえた依頼者本人の希望からしても、より早期に解決するために自己破産手続を選択することが適切だろう。

　すなわち、民事再生手続による場合には、申立て後、民事再生手続開始決定を経て、さらに再生計画の認可決定を得たうえで、通常は3年間、再生計画どおりに返済を継続しなければ残債務の支払いは免除されない。他方、破産手続による場合には、申立てを行って破産手続開始決定に至ると、同時廃止手続であれば免責決定が得られるまで2～3カ月ほど、管財手続であればそれに加算して6カ月ほどと、比較的短期間で借金の支払いが免除される見通しを立てることができる。

　ただ、相談の段階では、借入先、借入時期、借入金額等についての情報は、本人の申告に基づくものでしかないので、注意する必要がある。

(3) 幅をもたせた方針の説明——人の記憶はあてにならない

　人の記憶というのはそれほどあてになるものではないし、特に、多数の債権者から借入れを行っている債務者がすべての債務についての情報を正確に認識、記憶していることは稀であるから、債務の詳細な状況については、各債権者に介入通知を出して取引履歴を入手してみないとわからない面が多い。

　たとえば、本人としては、最近になって取引を開始したものと記憶していても、実際に調査をしてみたら、借換えを行ったのは最近だが、取引自体は昭和の時代から存在していた、というケースもある。また、取引自体が古いものであり、本人としては長期間にわたり間断なく借入れと返済を繰り返し

ているという認識でも、実際には返済を行っていない期間が1、2年存在していたり、また、途中で複数の債務を一本化して完済したことを失念しているといったケースもある。

さらにいえば、借入額が大きいことに罪悪感を覚えるためか、意図的に借入額を小さく申告したり、計画的な破産と疑われることをおそれてか、借入開始時期を遅く申告したりする相談者もいる。

このように、調査の結果、債務の内容が見通しとずれてくることもあるので、結果がわかるまでは、方針を検討する際にもある程度幅をもたせて説明しておくべきである。

一般的には、同じ債務整理手続でも、やはり言葉として、自己破産は民事再生に比べてイメージが悪いと考えている人のほうがまだ多く、自己破産は可能な限り回避したいと希望する相談者が少なくない。

そのような中、たとえば、自己破産しか手段がないと考えていたところに、債権調査の結果、引直し計算によって借入元本が減少したり過払金が発生したりして、任意整理や民事再生手続の選択の余地が出てくるというのであればそれほど問題はないが、逆に、自己破産はどうしても回避したいとの相談者の意向に対して、任意整理か民事再生が可能という前提で受任したのに、ふたを開けてみたら自己破産するしかなかった、ということになると、弁護士が判断を誤ったかのように受け取られかねず、相談者に不満、不信をもたれるおそれがないともいえない。

そのため、債務整理についての相談の受任にあたっては、現状判明している情報で考えられる手段を検討していることを説明し、相談者の意向も確認したうえで、調査結果によっては方針変更の可能性があることを伝えることが重要である。

(4) 受任にあたって

〈Case ④〉については、もともと自ら自己破産を希望しているというケースではあるが、甲弁護士は、一応、調査結果をみないとすべての債務内容が判明しないため、現在判明している情報を前提としたものであることを伝え

たうえで方針を述べ、依頼を受けた。

> 弁護士：Xさんの場合は、借入額も大きいですし、ご本人の家庭の事情やできる限り早期での解決がご希望ということもありますので、まずは、自己破産手続ということでご依頼をお受けします。弁護士が介入したということですぐに各債権者に通知を出しますから、遅くとも2、3カ月以内には、取引の詳細を送ってくると思います。結果は、またご報告します。今日、Xさんからおうかがいした事情の範囲内では、破産手続をとること自体について問題はないと思います。ただ、債権調査については、ふたを開けてみないとわからない面もありますので、調査の結果、開示された取引内容が万一Xさんのご記憶されている内容と大きく違うということにより、自己破産以外の別の方法を検討する必要があるようでしたら、またあらためて方針について相談しましょう。
>
> X　氏：はい、わかりました。よろしくお願いします。

また、〈Case ④〉では、Xは法人や事業主ではない一般個人であり、資産もなく、事案の内容自体は比較的単純であるため、甲弁護士としては、同時廃止決定になる可能性も十分あると考えていた。しかし他方、借入額が大きいなどの事情があるので、管財事件となることはもちろん予想されたことから、この点についてXへ説明する。

> 弁護士：それから、Xさんのケースでは、借入額が大きいので、破産管財人といって、Xさんの財産状況を調査して、管理する役割の弁護士が裁判所から別に選任されることになる可能性があります。そうなった場合は、まず破産管財人に対して、20万円の費用を支払う必要がありますが、Xさんの場合、お手元に貯金は

> 　　　　ない状況ですから、これまで返済にあてていた分を何とかやり
> 　　　　くりして分割で納めていくという形になるかと思います。
> Ｘ　氏：そうなんですか。わかりました。
> 弁護士：また、管財事件になった場合は、Ｘさんの財産を調査するため、
> 　　　　郵便物が管財人の下に転送されることになります。また、管財
> 　　　　人の同意なしに転居することができなくなります。それから、
> 　　　　管財人がついた場合、財産の調査、管理のため、いろいろとＸ
> 　　　　さんに質問したり、必要な資料の提出を求めたりすることにな
> 　　　　ると思いますが、これに対しては、必要に応じてきちんと説明
> 　　　　しなければいけません。もちろん、私がＸさんの件の代理人に
> 　　　　なっていますので、何かあれば私を通じて管財人のほうから指
> 　　　　示があると思います。その際はご協力いただけるようお願い
> 　　　　します。そして、このように管財人の財産調査手続が行われる分、
> 　　　　管財事件の場合は同時廃止決定になる場合に比べて、事件の終
> 　　　　結まで５、６カ月くらい期間が長くかかります。
> Ｘ　氏：わかりました。お願いします。

Ⅲ 債権調査結果と方針の確定

　甲弁護士は、受任後当日、Ｘの各債権者に対して介入通知を出し、取引履歴の開示を求めた。

　その後、１カ月余りの間に各債権者から開示された取引履歴を基に、必要に応じて引直し計算を行った結果、総債務額は650万円ほどとなった。

　やはり、従前の債務を一括弁済するために行ったＣ社からの借入れについては、金利が小さかったため、元本額は減少せず、200万円近くが残存している。

　さらに、相談時、債権者の１人であった消費者金融業者Ｄ社に対しては、

Xによれば約100万円の債務があるとのことであった。同社は利息制限法を超える利率での取引を多く行っていたため、引直し計算により元本が減少することも考えられたが、開示された取引内容をみると、これは、当初Xが銀行から3％ほどの金利で借り入れ、D社が保証人となっていたもので、最近になってD社が代位弁済した結果求償権を取得したということであった。借入自体の金利が低かったため、結局この100万円の債務額についても元本は減少せずに残存した。

その他の債務については、引直し計算による元本の減少があり、結局、調査の結果、総債務額は650万円となった。

甲弁護士は、調査の結果をXにも報告したうえで、現在のXの収入では今後返済していくことができないことから、やはり破産手続開始・免責許可を申し立てるということで方針を確定した。

IV 破産手続申立てと即日面接

甲弁護士は、破産手続開始・免責許可申立書（【書式2-4-1】）、陳述書・報告書（【書式2-4-2】）、資産目録（【書式2-4-3】）、家計状況（【書式2-4-4】）、債権者一覧表（【書式2-4-5】【書式2-4-6】）を作成し、東京地方裁判所民事第20部に対し、Xの破産手続開始・免責許可の申立てを行った。

東京地方裁判所では、即日面接が行われており、申立当日に裁判官と弁護士が面接を行い、特に問題がなければ通常当日中に破産手続開始決定がなされる。

甲弁護士も、Xの破産手続開始・免責許可決定申立当日に裁判官と即日面接を行った。

甲弁護士としては、Xが法人や事業者ではない一般個人であるし、Xのケースは内容としては比較的単純であるため、同時廃止決定となる可能性もあり、できればその手続に持ち込みたいと考えていた。

しかし、裁判官からは、Xが25歳と若年であることや、同居中の妻がいる

のであれば、通常援助を期待できることから、自己破産ではなく民事再生という方法を選択する余地はなかったのか、という点について指摘を受けた。

これについては、妻は一応働いて収入を得ているものの、Xとは別生計であること、借金があるということですでに妻に負い目を感じているXが離婚の危機を回避して妻との夫婦関係を維持していくためには、妻にこれ以上の負担をかけられないし、妻もそのように希望していることを伝え、事実上妻からの援助を受けることはできない旨を述べた。

しかし、裁判官は、Xが若年なうえ、一定程度の収入があるという状況にあることからすれば、破産という手続を選択する前に、一時的には夫婦の扶助義務に基づいて妻の援助協力を得て再建するよう努力すべきであって、それが得られないというのであれば、その事情について調査が必要と考える、と述べた。

また、裁判官は、両親の生活を援助したという事情があるとはいえ、債務総額が大きいので、念のため資産状況や免責についてもより詳細な調査が必要と考えている、などと述べ、管財事件として進行することを決定してしまった。

管財費用については、毎月5万円の分割払い4回で20万円とされた。

甲弁護士は、同時廃止手続が認められなかったことに少し落胆しながら、官報公告費用を納め、保管金受領証書を受け取って事務所に戻った。

【書式2-4-1】 破産手続開始・免責許可申立書（《Case ④》）

破産手続開始・免責許可申立書

印紙	1500円
郵券	4000円
係印	備考

印紙 1500円

平成○年3月1日

　　（ふりがな）
申立人氏名：　○田X男

　　（ふりがな）　　　　（ふりがな）
　　（□旧姓　　　　　　□通称名　　　　　　）
　　　　　　　　　　　　　　　旧姓・通称で借入した場合のみ）
生年月日：大・㊎・平　××　年　　○　月　　△　日生（25歳）
本　　籍：別添住民票記載のとおり
現住所：☑別添住民票記載のとおり（〒×××-××××）
　　　　　　　　　　　　　　　　　※郵便番号は必ず記入すること
　　　　　□住民票と異なる場合：〒　　　-
現居所（住所と別に居所がある場合）〒　　　-
申立人代理人（代理人が複数いる場合には主任代理人を明記すること）
　事務所（送達場所）、電話、ファクシミリ、代理人氏名・印
　　〒×××-××××
　　東京都○○区△△×丁目×番地　○△ビル×階　甲野法律事務所（送達場所）

　　　電　話　03-○○××-○△××
　　　ＦＡＸ　03-○○××-○△×○
　　　　　　　　　　　申立人代理人弁護士　甲　野　太　郎　㊞

申　立　て　の　趣　旨
1　申立人について破産手続を開始する。
2　申立人（破産者）について免責を許可する。
申　立　て　の　理　由
　申立人は、添付の債権者一覧表のとおりの債務を負担しているが、添付の陳述書及び資産目録記載のとおり、支払不能状態にある。

手続についての意見：☑同時廃止　　　□管財手続
即日面接（申立日から3日以内）の希望の有無：☑希望する　□希望しない
・生活保護受給【㊤・有】→□生活保護受給証明書の写し

・所有不動産 【無】・有】→□オーバーローンの定形上申書あり（　　倍）
・個人再生・民事再生の関連事件（申立予定を含む）
　　　　　　　【無】・有（事件番号　　　　　　　　　）】

【書式2-4-2】 陳述書・報告書（《Case ④》）

申立人債務者____○田Ｘ男____に関する
　　□ 陳述書（作成名義人は申立人_____印）
　　☑ 報告書（作成名義人は申立代理人__弁護士　甲野　太郎__㊞）
＊いずれか書きやすい形式で本書面を作成してください。
＊適宜、別紙を付けて補充してください。

1　過去10年前から現在に至る経歴　　　　　　□ 補充あり

就　業　期　間	
就業先（会社名等）	地位・業務の内容
平成14年4月～平成16年3月	□自営　□法人代表者　☑勤め　□パート・バイト □無職　□他（　　　　　　）
株式会社○○プランニング	一般職・事務
平成16年10月～現在	□自営　□法人代表者　☑勤め　□パート・バイト □無職　□他（　　　　　　）
株式会社△△システム	一般職・事務
年　月～　年　月	□自営　□法人代表者　□勤め　□パート・バイト □無職　□他（　　　　　　）
年　月～　年　月	□自営　□法人代表者　□勤め　□パート・バイト □無職　□他（　　　　　　）

*流れがわかるように時系列に記載します。
*破産につながる事情を記載します。10年前というのは一応の目安にすぎません。
*過去又は現在、法人の代表者の地位にある場合は、必ず記入します。

2　家族関係等　　　　　　　　　　　　　　　　□　補充あり

氏　名	続柄	年齢	職　業	同居
○田X子	妻	28	会社員	○
○田太郎	父	57	自営業	×
○田花子	母	61	無職	×

*申立人の家計の収支に関係する範囲で書いてください。
*続柄は申立人から見た関係を記入します。
*同居の場合は同居欄に○を、別居の場合は同欄に×をします。

3　現在の住居の状況　　　　　　　　　　　　　□　補充あり
　　㋐申立人が賃借　　イ　親族・同居人が賃借　　ウ　申立人が所有・共有
　　エ　親族が所有　　オ　その他（　　　　　　　　　　　　　　　）
　　*ア、イの場合は、次のうち該当するものに○印をつけてください。
　　　ⓐ民間賃借　　b　公営賃借　　c　社宅・寮・官舎
　　　d　その他（　　　　　　　　　　　　　　　　　　　　　　）

4　今回の破産申立費用（弁護士費用を含む）の調達方法　　□　補充あり
　　☑　申立人自身の収入　　□　法テラス
　　□　親族・友人・知人・（　　　　　　）からの援助・借入
　　　　（→その者は、援助金・貸付金が破産申立費用に使われることを
　　　　　　□　知っていた　　□　知らなかった）
　　□　その他_____

5　破産申立てに至った事情　　　　　　　□　補充あり
　＊債務発生・増大の原因、支払不能に至る経過及び支払不能となった時期を、時系列でわかりやすく書いてください。
　＊事業者又は事業者であった人は、事業内容、負債内容、整理・清算の概況、資産の現況、帳簿・代表者印等の管理状況、従業員の状況、法人の破産申立ての有無などをここで記載します。

　申立人は、平成14年４月、株式会社○○プランニングに入社し社会人となった。当初、勤務先の立替金や飲食費など小額の補充のため、四井住友カードを利用して小額の借り入れを利用するようになったが、この頃は遅れることなく返済していた。
　しかし、平成16年３月ころ、勤務条件に不満を覚えるようになり、上記勤務先を退職した。同年10月に再就職するまでの約６ヶ月間、無収入となったため、不足する生活費や借入金の返済を、四井住友カード、ポエムカード、ビーシージーを利用して補填するようになった。
　その後、同年12月、現在の妻と結婚を前提に同棲することとなったが、申立人は、借金があることを打ち明けられず、貯蓄もなかったため引越資金や賃貸契約の敷金等を得るべくビーシージーを利用し借入れ限度額を全て利用した借入れを行った。
　また、その後平成18年１月には、不況の影響で申立人の父が自営する運送業の業績が悪化したことから、申立人は、生活に困窮した実家の両親から援助を求められるようになった。そのため申立人は、自身の生活にも余裕はなかったものの、両親の生活費を援助すべく、更に複数の債権者から借り入れを行うようになった。
　（中略）
　申立人は、このように、借り入れを行っては、返済や自身の生活費及び両親の援助金にあてるという生活を繰り返していたところ、借財は雪だるま式に増加して行き、返済金額が収入を超え、支払い困難となったことから、本申立に至ったものである。

6　免責不許可事由　　　　　□　有　　☑　無　　□不明
　＊有又は不明の場合は、以下の質問に答えてください。

問1　本件破産申立てに至る経過の中で、申立人が、当時の資産・収入に見合わない過大な支出（本旨弁済を除く）又は賭博その他の射幸行為をしたことがありますか（破産法252条1項4号）。　　□ 補充あり
　　　□ 有（→次の①～⑥に答えます）　　☑ 無
①内容　　ア 飲食　イ 風俗　ウ 買物（対象_____）　エ 旅行
　　　　オ パチンコ　カ 競馬　キ 競輪　ク 競艇　ケ 麻雀　コ 株式投資
　　　　サ 商品先物取引　シ その他（_____）
＊①の内容が複数の場合は、その内容ごとに②～⑥につき答えてください。
②時期　　_____年____月ごろ～_____年____月ごろ
③「②の期間中にその内容に支出した合計額」

　　ア 約_____万円　　イ 不明
④「同期間中の申立人の資産及び収入（ギャンブルや投資投機で利益が生じたときは、その利益を考慮することは可）からみて、その支出に充てることができた金額」　　ア 約_____万円　イ 不明
⑤「③－④」の差額　　　　　　ア 約_____万円　イ 不明
⑥「②の終期時点の負債総額」　ア 約_____万円　イ 不明

問2　破産手続の開始を遅延させる目的で、著しく不利益な条件で債務を負担したり、又は信用取引により商品を購入し著しく不利益な条件で処分してしまった、ということがありますか（破産法252条1項2号）。
　　　　　　　　　　　　　　　　　　　　　　　　□ 補充あり
　　　□ 有（→次の①～③に答えます）　　☑ 無
①内容　　ア 高利借入（→次の②に記入）　　イ 換金行為（→次の③に記入）　ウ その他（_____）
②高利（出資法違反）借入　　　　　　　　　（単位：円）

借　入　先	借入時期	借入金額	約定利率

③換金行為　　　　　　　　　　　　　　　　（単位：円）

品　名	購入価格	購入時期	換金価格	換金時期

問3　一部の債権者に特別の利益を与える目的又は他の債権者を害する目的で、非本旨弁済をしたことがありますか（破産法252条1項3号）。

　　　　　　　　　　　　　　　　　　　　　　　　　□ 補充あり

　　　□ 有（→以下に記入します）　　☑ 無

（単位：円）

時　期	相手の名称	非本旨弁済額

問4　破産手続開始の申立てがあった日の1年前の日から破産手続開始の決定があった日までの間に、他人の名前を勝手に使ったり、生年月日、住所、負債額及び信用状態等について誤信させて、借金したり、信用取引をしたことがありますか（破産法252条1項5号）。　□補充あり

　　　□ 有（→以下に記入します）　　☑ 無　　　（単位：円）

時期	相　手　方	金　額	内　容

問5　破産手続開始（免責許可）申立前7年内に以下に該当する事由があり

ますか（破産法252条1項10号関係）。
　　□ 有（番号に○をつけてください）　　☑ 無

　　1　免責決定の確定　免責決定日　平成　　年　　月　　日
　　　　　　　　（決定書写しを添付）
　　2　給与所得者等再生における再生計画の遂行
　　　　　　再生計画認可決定日　平成　　年　　月　　日
　　　　　　　　（決定書写しを添付）
　　3　ハードシップ免責決定（民事再生法235条1項、244条）の確定
　　　　　　再生計画認可決定日　平成　　年　　月　　日
　　　　　　　　（決定書写しを添付）

問6　その他、破産法所定の免責不許可事由に該当すると思われる事由がありますか。　　　　　　　　　　　　　　　　　　　　　　□ 補充あり
　　　□ 有　　☑ 無
　　有の場合は、該当法条を示し、その具体的事実を記載してください。

問7　①　破産申立てに至る経過の中で、申立人が商人（商法4条。小商人［商法7条、商法施行規則3条］を除く。）であったことがありますか。
　　　　□ 有（→次の②に答えます）　　☑ 無
　　②　申立人が業務及び財産の状況に関する帳簿（商業帳簿等）を隠滅したり、偽造、変造したことがありましたか（破産法252条1項6号）。　　　　　　　　　　　　　　　　　　　　　　　　　□ 補充あり
　　　　□ 有　　☑ 無
　　有の場合は、aその時期、b内容、c理由を記載してください。

問8　本件について免責不許可事由があるとされた場合、裁量免責事由として考えられるものを記載してください。

　　　　　　　　　　　　　　　　　　　　　　　　　　　　　　以上

【書式 2-4-3】 資産目録（《Case ④》）

資産目録（一覧）

下記1から16の項目についてはあってもなくてもその旨を確実に記載します。【有】と記載したものは、別紙（明細）にその部分だけを補充して記載します。

*預貯金は、解約の有無及び残額の多寡にかかわらず、過去2年以内の取引の明細がわかるように、各通帳の表紙を含め全ページの写しを提出します。
*現在事業を営んでいる人又は過去2年以内に事業を営んでいたことがある人は過去2年度分の所得税の確定申告書の写しを、会社代表者の場合は過去2年度分の確定申告書及び決算書の写しを、それぞれ提出します。

1	申立時に20万円以上の現金がありますか。	【有】	【⊗無】
2	預金・貯金	【○有】	無
	□過去2年以内に口座を保有したことがない。		
3	公的扶助（生活保護、各種扶助、年金など）の受給	【有】	【⊗無】
4	報酬・賃金（給料・賞与など）	【○有】	無
5	退職金請求権・退職慰労金	【○有】	無
6	貸付金・売掛金等	【有】	【⊗無】
7	積立金等（社内積立、財形貯蓄、事業保証金など）	【有】	【⊗無】
8	保険（生命保険、傷害保険、火災保険、自動車保険など）	【○有】	無
9	有価証券(手形・小切手、株券、転換社債)、ゴルフ会員権など	【有】	【⊗無】
10	自動車・バイク等	【有】	【⊗無】
11	過去5年間において、購入価格が20万円以上の物（貴金属、美術品、パソコン、着物など）	【有】	【⊗無】
12	過去2年間に処分した評価額又は処分額が20万円以上の財産	【有】	【⊗無】
13	不動産（土地・建物・マンション）	【有】	【⊗無】
14	相続財産（遺産分割未了の場合も含みます）	【有】	【⊗無】
15	事業設備、在庫品、什器備品等	【有】	【⊗無】
16	その他、破産管財人の調査によっては回収が可能となる財産	【有】	【⊗無】
	□過払いによる不当利得返還請求権　□否認権行使　□その他		

資産目録（明細）

＊該当する項目部分のみを記載して提出します。記入欄に記載しきれないときは、適宜記入欄を加えるなどして記載してください。

1　現　金　　　　　　　　　　　　　　　　　　　　　＿＿＿＿＿＿円
　＊申立時に20万円以上の現金があれば全額を記載します。

2　預金・貯金
　＊解約の有無及び残額の多寡にかかわらず各通帳の表紙を含め、過去2年以内の取引の明細がわかるように全ページの写しを提出します。
　＊いわゆるおまとめ記帳部分は取引明細書も提出します。

金融機関・支店名（郵便局、証券会社を含む）	口座の種類	口座番号	申立時の残額
○△銀行××支店	普通	0123×××	46円
□△銀行××中央支店	普通	4567×××	807円

〜略〜

4　報酬・賃金（給料・賞与など）
　＊給料・賞与等の支給金額だけでなく、支給日も記載します（月払いの給料は、毎月○日と記載し、賞与は、直近の支給日を記載します）。
　＊最近2か月分の給与明細及び過去2年度分の源泉徴収票又は過去2年度分の確定申告書の各写しを提出します。源泉徴収票のない人、確定申告書の控えのない人、給与所得者で副収入のあった人又は修正申告をした人はこれらに代え又はこれらとともに課税（非課税）証明書を提出します。

種類	支給日	支給額
給料	毎月25日	249,707円

5 退職金請求権・退職慰労金
　＊退職金の見込額を明らかにするため、使用者又は代理人作成の退職金計算書を添付します。
　＊退職後に退職金を未だ受領していない場合は4分の1相当額を記載します。

種類	総支給額（見込額）	8分の1（4分の1）相当額
退職金	324,600円	40,575円

〜略〜

8 保険（生命保険、傷害保険、火災保険、自動車保険など）
　＊申立人が契約者で、未解約のもの及び過去2年以内に失効したものを記載します（出捐者が債務者か否かを問いません。）。
　＊源泉徴収票、確定申告書等に生命保険料の控除がある場合や、家計や口座から保険料の支出をしている場合は、調査が必要です。解約して費消していた場合には、「12　過去2年間に処分した財産」に記載することになります。
　＊保険証券及び解約返戻金計算書の各写し、失効した場合にはその証明書（いずれも保険会社が作成します。）を提出します。
　＊返戻金が20万円以下の場合もすべて記載します。

保険会社名	証券番号	解約返戻金額
○△生命保険相互会社	2468×××	0円

〜略〜

【書式2-4-4】　家計状況（《Case ④》）

家計全体の状況①

(平成21年1月分)

＊**申立直前の2か月分**の状況を提出します。
＊世帯全体も収支を記載します。
＊「他の援助」のある人は、（　）に援助者の名前も記入します。
＊「交際費」「娯楽費」その他多額の支出は、具体的内容も記入します。
＊「保険料」のある人は、（　）に保険契約者の名前も記入します。
＊「駐車場代」「ガソリン代」のある人は、（　）に車両の名義人も記入します。

収　入			支　出	
費　目		金額（円）	費　目	金額（円）
給料・賞与	申立人	249,704	家賃(管理費含む)、地代	78,000
給料・賞与	配偶者		食費	10,000
給料・賞与			日用品	6,000
自営収入	申立人		水道光熱費	21,601
自営収入	配偶者		電話代	12,000
自営収入			新聞代	
年金	申立人		保険料（　　　）	
年金	配偶者		駐車場代（　　　）	
年金			ガソリン代（　　　）	
生活保護			医療費	
児童手当			教育費	
他の援助（　　　）			交通費	22,000
その他（　　　）			被服費	
			交際費	

			娯楽費		
			返済（対業者）		
			返済（対親戚・知人）		
			返済（　　　　）		
			その他（　　　　）		
			破産手続費用		100,000
前月繰越金			次月繰越金		103
収入合計		249,704	支出合計		249,704

家計全体の状況②

(平成21年2月分)

* **申立直前の2か月分**の状況を提出します。
* 世帯全体も収支を記載します。
* 「他の援助」のある人は、（　）に援助者の名前も記入します。
* 「交際費」「娯楽費」その他多額の支出は、具体的内容も記入します。
* 「保険料」のある人は、（　）に保険契約者の名前も記入します。
* 「駐車場代」「ガソリン代」のある人は、（　）に車両の名義人も記入します。

収　入			支　出	
費　目		金額（円）	費　目	金額（円）
給料・賞与	申立人	255,707	家賃(管理費含む)、地代	78,000
給料・賞与	配偶者		食費	36,000

給料・賞与			日用品		11,000
自営収入	申立人		水道光熱費		22,895
自営収入	配偶者		電話代		17,584
自営収入			新聞代		
年金	申立人		保険料（　　　　）		
年金	配偶者		駐車場代（　　　　）		
年金			ガソリン代（　　　　）		
生活保護			医療費		
児童手当			教育費		
他の援助（　　　）			交通費		22,000
その他（　　　）			被服費		10,000
			交際費		
			娯楽費		
			返済（対業者）		
			返済（対親戚・知人）		
			返済（　　　　）		
			その他（　　　　）		
			管財人費用		50,000
前月繰越金		103	次月繰越金		8,331
収入合計		255,810	支出合計		255,810

IV 破産手続申立てと即日面接

【書式2-4-5】 債権者一覧表（一般用・最終費用）（《Case ④》）

(最初の受任通知の日　平成20年11月11日) C

番号	債権者名	債権者住所(送達先)	借入始期及び終期(平成)	現在の残高(円)	原因使途	保証人(保証人名)	最終返済日(平成)	備考(別除権・差押等がある場合は、注記してください)
1	三井住友カード株式会社(A社)	(〒1××)東京都××	平成14年5月15日～平成20年10月10日	724,000	原因　A内容使途・債務の弁済(生活費)	☑無	☑最終返済日平成20年10月25日□一度も返済していない	
2	株式会社ポケットカード	(〒1××)東京都××	平成16年4月14日～平成20年11月1日	554,085	原因　A内容使途・債務の返済(生活費)	☑無	☑最終返済日平成20年10月25日□一度も返済していない	
3	株式会社ビーシージー	(〒1××)東京都××	平成16年11月21日～平成20年10月10日	903,081	原因　A内容使途・債務の返済(生活費)	☑無	☑最終返済日平成20年10月31日□一度も返済していない	
4	イコム株式会社(D社)	(〒1××)東京都××	平成18年1月16日～平成20年9月2日	1,050,342	原因　A内容使途・債務の返済(生活費)	☑無	☑最終返済日平成20年10月29日□一度も返済していない	平成20年9月25日D社がB銀行に代位弁済を行ったことによりC社に対して取得した求償権
5	楽天クレジット株式会社	(〒1××)東京都××	平成18年1月22日～平成20年5月9日	684,085	原因　A内容使途・債務の返済(生活費)	☑無	☑最終返済日平成20年11月1日□一度も返済していない	
6	プロマス株式会社	(〒1××)東京都××	平成19年8月3日～平成20年11月4日	468,693	原因　A内容使途・債務の返済(生活費)	☑無	☑最終返済日平成20年10月31日□一度も返済していない	
7	株式会社フレンディセゾン(C社)	(〒1××)東京都××	平成19年8月18日のみ	2,007,540	原因　A内容使途・債務の返済(生活費)	☑無	☑最終返済日平成20年10月4日□一度も返済していない	
8	エイフル株式会社	(〒1××)東京都××	平成19年12月8日～平成20年8月10日	110,786	原因　A内容使途・債務の返済(生活費)	☑無	☑最終返済日平成20年10月26日□一度も返済していない	
債権者数合計　8名			総債権額	650万2612円				

【書式 2-4-6】 債権者一覧表（公租公課用）（《Case ④》）

(最初の受任通知の日 平成20年11月11日) C

番号	債権者名	債権者住所（送達先）	電話番号	種別	現在の滞納額
		(〒)			0
		(〒)			0
		(〒)			0
		(〒)			0
		(〒)			0
		(〒)			0
		(〒)			0
		(〒)			0
公租公課合計			0	現在の滞納額合計	0円

債権者合計（公租公課を含む）	8 名	現在の残金額合計	650万2612円

＊合計欄は、債権者一覧表（一般用）と同（公租公課用）の総合計（債権者数、残金額）を記載して下さい。

V 管財人初回打合せ

　その後、裁判所から、〈*Case* ④〉についての破産管財人候補者および第1回財産状況報告集会（債権者集会）の連絡が入った。

　甲弁護士は申立書の副本を管財人候補者に直送したうえで連絡をとって、破産管財人の事務所において初回打合せの日程を決めた。

　初回打合せ日、甲弁護士はスーツを着用して現れたXとともに破産管財人の事務所を訪れた。

　破産管財人にもいろいろなタイプの弁護士がいるが、仮に、「厳しい管財人」と、「それ以外の管財人」との2つのタイプに分けることができるとすれば、〈*Case* ④〉における管財人は前者のタイプのようである。

　破産管財人は、比較的若手の女性弁護士で、細部まで徹底して厳しく調査を行うという熱意に満ちていた。

　破産管財人は、まず、Xに対し、確かに、破産手続は、債務者の生活の再建のための制度であるが、事情があるとはいえ、借りたお金を返済せずに、それをゼロにするという手続をとり、債権者の権利を犠牲にすることで成立する制度である以上は、安易に破産手続を申し立てるという意識では困るので、誠意をもって生活を見直して再建に取り組み、管財人の調査が円滑に行えるように協力してほしい、と述べた。

　やはり、破産管財人としても、Xがまだ20代で若年であるという点が気になるらしく、Xが破産手続を軽く考えているのではないかということを懸念しているような印象である。

　甲弁護士は、Xの服装を確認した。スーツ姿が、ちょっと小奇麗すぎたかもしれない、とちらりと思った。

　そして、破産管財人は、Xが誠意をもって生活の再建に取り組んでいるかについて監督する趣旨から、Xに対し、債権者集会まで、毎月1回、家計簿を作成して管財人の事務所まで持参し、そのつど管財人と面談を行うように

指示した。通常、破産者に家計簿を提出させるとしても、管財人の事務所へ郵送させるだけという管財人が多いが、毎回持参させるというところに管財人の熱意を感じる。

　また、破産管財人は、やはり、Xが若年であって一定程度の収入があることや、妻も働いて収入を得ていたことから、妻からの援助協力があれば、自己破産ではなく民事再生や任意整理など他の手段を選択できるのではないかという点に言及し、妻からの援助協力を得ることができない事情があるのであれば、その点について妻の意思を確認する必要があるので、妻による意見書を作成、提出するように、との指示を受けた。

　打合せ後、甲弁護士はXに尋ねた。

弁護士：先ほど、管財人の先生から奥さんの意見書を出すように、というお話がありましたが、いかがでしょう。お願いできそうでしょうか。

Ｘ　氏：一応、様子をみて聞いてみますが、妻は、面倒なことに巻き込まないでくれという感じなので、妻の名前で裁判所に書類を出すようなことは嫌がるのではないかと思います……あの女性の先生、ちょっとおっかないですよね。言われたとおりの書類が出せなければ破産させてもらえないのでしょうか。

弁護士：可能な限り、奥さんの協力が得られないか話合いをしてみてください。どうしても家庭の事情で難しいということであれば、ほかに手段を考えます。管財人の先生としては、借金をゼロにして生活をやり直すためには、Xさんなりにきちんと今の生活を見直すことが大切だと考えているのです。Xさんは、もちろん今までの生活状況について、今回きちんと見直して生活をやり直したいと考えていると思いますし、いろいろご両親の事情などもありましたので、単に遊ぶお金がほしくて浪費と借金を繰り返した、というようなケースとは違うと思います。ただ、

> 　事情はともかく、Xさんが、これまで、収入に見合わない、最終的に返済できなくなってしまうような借入れを行ってきたということは事実です。そのことをよく見直して、間違っても、破産手続さえすれば借金はゼロになるから簡単だ、というような考えをXさんにしてほしくないということだと思います。もちろんそれは私も同じです。Xさんとしては、これまでの生活をきちんと見直して、真摯に生活を立て直す努力をしています、ということを管財人の先生にわかってもらえるように伝える必要があります。
>
> X　氏：はい。最初お金を借りた時はすぐに返せると思っていたのですけれど、途中からは、いつも返済に追われて必死でした。ATMで、借りる相手の顔を見ずに気軽にお金を借りられたので、だんだん麻痺してしまったのかもしれません。
>
> 弁護士：奥さんのことでは、万一離婚を言い出されたりしたら困りますから慎重な対応が必要なようです。様子をみて話合いをしてください。また相談しましょう。

Ⅵ　その後の依頼者とのやりとり

破産管財人との初回打合せ後しばらくして、甲弁護士はXに連絡を入れた。

> 弁護士：次回また家計簿を持参して管財人の事務所にうかがいますが、奥さんの報告書の件はいかがでしょうか。
>
> X　氏：すみません。なかなか難しくて……。まだ了解を得られてないのです。
>
> 弁護士：そうですか。では、その点については、とりあえずは私のほうから上申書という形で報告書をつくることにしましょう。それ

　　　　から、この前お話したように、Xさんとしては、管財人の先生に対しては、夫婦で協力して、生活の再建に向けて努力しているという姿勢を伝えたうえで、管財人の調査に対しては最大限協力する必要があります。ですから、今後毎月管財人の先生と面談を行う際、最近の生活状況について尋ねられたら、「何とか頑張って、やりくりできるよう努力しています。妻ともよく話し合って、協力してもらい、食費や日用品の購入のため不足する費用については、妻の働いて得た収入から補てんしてもらっています」ということを、Xさんの口から報告できればよいと思います。実際には、代理人の介入後以降は借入れの返済をしなくなっているので、その分余裕ができているかもしれませんが、「破産を申し立てて生活が楽になりました」というような言い方は、管財人の先生に対しては避けたほうがいいかもしれません。

X　氏：そういうものなのですか。
弁護士：まあ、簡単に考えているという誤解をされないように念のためということです。それと、管財人の先生と会う時の服装ですけれども、やはり一応失礼のないようなきちんとした格好が無難だと思いますが、あまり華やかな服装であったり、経済的に余裕がありそうにみえるような格好をしていると、「印象」としてはベストではないと思います。ですから、たとえばお手持ちのスーツを着用するとしても、派手でなく慎ましい印象のものを選んでもらって、ブランド品とか、高価な腕時計などはもしお持ちでもつけないほうがよいと思います。
X　氏：わかりました。

　Xは、これらのアドバイスを前提に破産管財人との打合せに臨み、毎月家計簿を提出して家計状況を報告し、妻とも話し合って何とか生活を立て直そ

うと頑張ってやりくりしていること、現在妻の収入で食費や日用品購入費の不足する分について補てんしていることなどを説明した。

　また、甲弁護士は、破産管財人に対し、同居中の妻は現在仕事をしており、月12万円ほどの収入を得ているものの、Xは妻との結婚当初から借金の返済に追われる生活をしてきて、心配をかけていることを説明した。また、妻としても、Xの実家の親への援助という、自己とは直接関係のない事情を主なきっかけとしてXが借金を背負ったことから、Xが借金を負っているという状況について当然よくは思っておらず、そのためか、夫Xと自己とは生計が別であると割り切って考える傾向にあって、それまで妻は自己の収入から自己に必要な日用品等を購入するなどして生活してきたことから、積極的にXに協力するという姿勢には乏しい面があることも伝えた。そのうえで、妻の意思に反して妻の収入のすべてをXに対する援助に充当してもらうことは難しい状況にあり、Xとしては妻から愛想を尽かされて離婚を言い出される可能性をおそれていることもあって、管財人から指示のあった、Xの妻による意見書の作成、提出の依頼はなかなかスムーズに行えない事情があることなどについて、上申書を提出したうえで説明した。また、それでも、Xは、この機会に生活を立て直して、妻との夫婦関係も改善、修復していきたいと考えていること、今回妻と話し合って協力を依頼した結果、妻の収入の一部を生活費不足分の補てんに充当してもらうということになり、現在は夫婦で協力しつつ何とかやりくりをしていること、などの事情についても、上申書に記載したうえで報告した。

　その結果、破産管財人から、事情については一応理解したので、妻名義の意見書は提出しなくてよいと告げられ、Xは安堵していた。

　その後も、Xは、債権者集会までは、破産管財人の指示に従って家計簿を提出し、破産管財人と面談を行って生活の現状について毎月報告した。

VII 債権者集会

　その後もXは、管財費用を分割弁済し、破産手続開始決定から約3カ月後、債権者集会を迎えることになった。

　甲弁護士は、Xと裁判所で待合せして債権者集会へ向かった。Xは、初めて裁判所に来て、少し緊張しているようである。

> 弁護士：今日の手続は、今回、Xさんがこういう事情で破産申立てに至りました、という情報について、破産管財人の先生から債権者に報告する会です。ただ、今回Xさんの債権者に対して配当はなく、返済は全くないということについては、すでに管財人の先生から債権者に通知されているので、わざわざ集会に出席する債権者はおそらくいないと思います。その場合は、裁判官と管財人の先生しかいませんので、Xさんは、Xさん本人で間違いないかと聞かれたら本人だということを答えて、申立て後に何か変更した事情があるかと聞かれたら、特にないということを答えていただければ十分です。時間もそんなにかからないと思います。
>
> Ｘ　氏：はい、わかりました。

　その後甲弁護士はXとともに債権者集会の会場に向かい、順番を待っていると、やがてXの名がよばれた。指示されたテーブルにつくと、やはり出席者は裁判官、破産管財人、X、および甲弁護士のみであった。

　Xは一般個人であるので、破産管財人が、Xの債権者に対する配当がないこと、免責について特に問題がないことを報告し、裁判官からXへの本人確認や申立て時の事情と変更がないことの確認がなされて、手続は5分以内に終了した。

VIII 手続終了後

その後、Xに対して、免責決定がなされ、免責許可決定書(【書式 2-4-7】)が事務所に届いたので、甲弁護士はXに報告した。

> 弁護士：長い間、お疲れさまでした。これで、Xさんにご依頼いただいた件はすべて終了となりました。借金はなくなりましたので、奥さんとよく協力して、生活を立て直してください。Xさんはまだ若いので頑張ってくださいね。
> X　氏：お世話になりました。どうもありがとうございました。

【書式 2-4-7】　免責許可決定（<*Case* ④>）

平成○年(フ)第○○○○号　平成○年○月○日午後5時破産手続開始 　　　　　　　　　　決　　　　　定 　　東京都○○区□□1-2-3 　　破産者　○　田　X　男 　　　　　　　　　　主　　　　　文 　　破産者　○田X男　について免責を許可する。 　　　　　　　　　　理　　　　　由 　破産管財人の調査の結果、その他本件に表れた全ての事情を総合すると、免責を許可するのが相当である。 　　　　平成○年○月○日 　　　　　東京地方裁判所民事第20部

　　　　　　　　　裁　判　官　○　○　○　○

　これは正本である。
　　　平成○年○月○日
　　　　　東京地方裁判所民事第20部
　　　　　　　裁判所書記官　○　○　○　○　㊞

　本稿は、複数の事例を組み合わせるなどをして構成したものであり、実際の事例とは異なる。

第5章 法人および代表者の破産
──少額管財事件

I 事案の概要

〈*Case* ⑤〉

　文房具などの販売業を営むX社は、平成15年頃から、同業他社との競争が激しくなったことにより、銀行からの借入れの返済が追いつかなくなったため、運転資金の調達のために、消費者金融から借入れを始めた。現在、金融機関からの借入れだけでも6000万円以上残っている。現在は、会社は動いてはいるものの、売上げはどんどん落ちており、最近は仕入代金の支払いも遅滞していることから会社の閉鎖を考えている。

II 依頼者からの事情聴取

　顧問先の社長から、「うちの知合いでX社というところがあるが、最近借入れの返済もままならず、とても困っているところがある。一度相談に乗ってくれませんか」との話があった。
　詳しい話は本人から聞いてほしい、とのことであったため、弁護士はとにかく本人と一度会って話を聞くことにした。

> 弁護士：早速ですが、現在会社はどのような状況でしょうか。
>
> A社長：はい、私の会社はX社というのですが、文房具などの販売業を営んでおりまして、今年でちょうど創業30年になります。創業者は父ですが、平成17年からは私が代表取締役に就任しました。同じ頃に、取締役に母と姉が就任しました。従業員はおらず、家族で経営をしています。　数年前までは比較的順調だったのですが、平成15年頃から、同業他社との競争が激しくなりました。なかでも、町中に100円ショップがたくさんできましたので、そちらにお客さんをとられたことが一番痛かったです。銀行からの借入れの返済が追いつかなくなり、運転資金の調達のために、父が消費者金融から借入れを始めたのもこの頃からでした。　父は毎日金策に走り回っていて、過労やストレスで体を壊してしまいました。平成17年4月に父は亡くなり、息子の私が会社を継いで代表取締役になりました。父の死亡保険金を会社の借入金返済にあてたりして、できる限り負債を圧縮したのですが、それでも金融機関からの借入れだけでもまだ6000万円以上残っています。現在は、会社は動いてはいますが、売上げはどんどん落ちていますし、最近は仕入代金の支払いも遅滞しており、もうこれ以上会社を続けても皆さんに迷惑がかかるばかりですので、会社をたたまなくてはいけないと思っています。

Ⅲ 問題点の把握

　まずはX社およびA社長の資産および負債の状況の確認である。A社長からの話をまとめると、以下のとおりであった。

① X社について
- X社の資産：現預金が約10万円、売掛金は帳簿上約3000万円、商品が500万円、借地権付建物や車両等で合計約5000万円計上されているが、売掛金のうち大半は回収見込みなし、その他資産もほぼ価値はないため、実際の換価見込み額はわずかと見込まれる。なお、借地権付建物は倉庫として使用していたが未登記であり、プレハブ小屋である。ここ数カ月地代を滞納している。
- X社の負債：買掛金が約300万円、借入金は短期と長期合わせて約6000万円と過大である。その他リース等の債務が500万円ある。

② A社長について
- A社長の資産および収入：預貯金が数万円、生命保険が２つある。先代の社長が所有していたマンションの１室を相続し、自宅としてAら家族が住んでいる。マンションの１室には買掛金保全のための根抵当権が１社ついている。

  収入はX社からの役員報酬が月額５万円、あとはAの妻の収入で生計を立てている。
- A社長の負債：X社の金融機関からの借入れの連帯保証人（約5000万円）となっている。その他、消費者金融等借入れが300万円ある。

Ⅳ 方針の決定

1 破産手続の選択

　X社の経営状況をみるに、確かに平成15年以降、売上げは右肩下がりであり、ここ１年は非常に厳しい状況が続いている。金融機関からの借入金額が過大であり、事業の再生はどうやっても見込めない状況であった。A社長や他の取締役も、これ以上事業を続けていく意欲もない。これらのことからす

れば、〈*Case* ⑤〉のＸ社は破産を選択するのが妥当である。また、Ａ社長も借入金の連帯保証人となっており、個人的に消費者金融からの借入れもあるため、これらをきれいにするため一緒に破産手続をすることになる。

2　実際の手続
(1) Ａ社長と弁護士の会話

弁護士は、Ａ社長と以下のようなやりとりをした。
まずは、会社についての聴取りである。

弁護士：まずは会社のほうから始めましょう。最近は買掛金も支払いが滞り気味ということでしたね。債権者は騒いだり取付け騒ぎになりそうな気配はありますか。

Ａ社長：1〜2社ですが、毎日のように電話をかけてきて、対応に苦慮しているところはあります。先日は、実際に会社におしかけてきて、小切手を切れと迫られました。私も気が弱いのでどうしたらいいのか……。

弁護士：なるほど、では早めに債権者に受任通知を出すことにしましょう。借入れをしている金融機関の口座にお金は入っていませんか。入っていると、通知を出した際に相殺されてしまいますので、もしあれば引き出していただいて、私のほうでお預かりすることも可能です。

Ａ社長：いえ、残高はゼロですので大丈夫です。

弁護士：わかりました。ただ、会社の実印や小切手帳は何かあるといけませんので、私が責任をもって預かりますね。もし債権者から迫られても、社長の手元に何もなければどうしようもないですからね。

Ａ社長：助かります。すぐにお預けします。

弁護士：弁護士から受任通知を出した以後は、原則としてすべての債権

者に支払いをしてはいけません。一部の債権者のみに抜け駆け的に支払ってしまうと、後で偏頗弁済といって否認されますので注意してください。業務で支払いが生ずるものは何がありますか。
Ａ社長：仕入代金と、それから配達のための車両に使うガソリンをクレジットカードで支払っていますね。倉庫の地代はすでに滞納していますので、現状は支払っていません。
弁護士：では、ガソリンを買うときには今後は現金で支払ってください。クレジットカードは使わないようにしてください。仕入れも今後は行わないでください。支払いもストップです。
Ａ社長：やむを得ないですね。わかりました。
弁護士：Ｘ社の債権ですが、売掛金で回収可能なものはありますか。
Ａ社長：ほとんどは昔から帳簿に乗っている回収不能な債権なのですが、若干は正常に取引している回収可能な債権もあります。
弁護士：では今後売掛金は通常どおり回収していきましょう。入金口座は借入れをしている金融機関とは別ですか。
Ａ社長：はい、別の口座になっていますので大丈夫です。
弁護士：あとは借地権付きの倉庫がありましたね。そちらは地代も滞納しているという話でしたが、大家さんは何と言っていますか。
Ａ社長：大家さんとは昔からの知り合いですが、そろそろ出て行ってほしいと言われています。ですが、プレハブ小屋を解体するのも費用がかかるのでそのままにしています。
弁護士：そうですか、ではこちらは無理をせず現状のまま破産管財人に引き継ぐことを考えましょう。

続いて、社長個人の聴取りを行った。

弁護士：次に社長個人のほうですね。社長の資産としては個人のマンシ

> ョンの1室がありますね。Y社の極度額300万円の根抵当権が
> ついていますが、まだ残債はありますか。
> A社長：Y社は古くからの仕入先なのですが、確か買掛金が10万円ちょ
> っと残っていると思います。破産したらマンションは手放すこ
> とになるのですよね。それは仕方ないと思っていますが、何せ
> 現金がないので引越費用もなくて困っています。
> 弁護士：そうですね、破産すれば自宅マンションは破産管財人が売却し
> て換価しますから、当然マンションから立ち退かなくてはいけ
> ません。評価としては700万円程度ということですから、引越
> 費用や申立費用を捻出するためにも、今回は破産申立て前に売
> 却しましょう。

(2) 申立準備

(ア) 調査のポイント——会社

破産申立てにあたっては調査が必要となる。会社については、下記がポイントとなる。

① 直近の会計年度の決算書、確定申告書を確認し、それを基に事情聴取を行うのが便宜である。まずは本社所在地、営業所や倉庫等の有無およびその所在地を確認し、登記履歴事項証明書等も取り寄せておく。

② 一般的に調査が必要な資産としては、現預金、手形・小切手、売掛け・貸付け等の債権、在庫商品、不動産、機械・什器備品、自動車、株、賃貸借敷金、保険等がある。

③ 預貯金については、受任通知後に引落しがかかると偏頗弁済となり得るので、引落しがある口座は残高をゼロにするか、解約しておくことが考えられる。また、債務者が借入れをしている金融機関の口座に残金があると、金融機関がその残高と貸付金を相殺するので、こちらも残高をゼロにしておくことが考えられる。

④ 売掛金については、受任通知後まもなく破産申立てをする場合には、

破産管財人に引き継ぐことになる。申立て前に支払期日が到来するものについては、申立代理人側で回収作業をすることが望ましい。また、売掛金の回収口座については、借入金融機関の口座ではなく、別の口座にする必要がある（差押えや相殺のおそれがある場合には、申立代理人の預り金口座を入金口座に指定することも考えられる）。
⑤　在庫については、早期に換価すべきものであれば申立代理人側で換価が必要だが、そうでなければそのまま破産管財人に引き継ぐことが考えられる。ただし、保管費用が大きくかかる場合には、早期に換価処分することが望ましい場合もある。
⑥　所有不動産については、事務所や倉庫の施錠をきちんと確認し、そのまま破産管財人に引き継ぐことが考えられる。事務所として賃借している場合で、すでに事業を停止し使用する必要がない場合には、必要書類・帳簿の保管をしたうえで、当該事務所賃借契約の解除明渡しをしておくことも考えられる。
⑦　電話については、必要のないものは早期に解約または停止しておく。
⑧　負債については、公租公課、金融機関からの借入金、買掛金等一般債権、リース債権等それぞれ確認する必要がある。なお、リース会社については、受任通知を発送すると、リース債権者からリース物件の返却を求められることがある。不要なリース物件を返却する場合には、リース業者から引き上げ証明書や領収書を受領しておく。リース会社から後日精算書が届くので、これら書類を破産管財人に引き渡すことになる。

(イ)　調査のポイント――代表者個人

一方代表者個人については、下記がポイントとなる。
①　資産としての現預金、貸金・売掛金、保険等を確認する。
②　保険に加入している場合には、解約返戻金の額を確認しておくことが必要である。解約返戻金の額が20万円以上で、本人が保険を維持することを希望する場合には、解約返戻金相当額を財団に組み入れて解約しない（放棄する）方法があるので、申立代理人としては、債務者本人の意

③　不動産については、売却せずに破産管財人に引き継ぐことも考えられるが、申立費用や引越費用の捻出などのため、事前に売却することも考えられる。売却する場合には、相当額以上での売却が必要なので、査定書等を事前にとり、評価額を確認する必要がある。売却した後、後日破産管財人に収支の説明ができるよう一覧表を作成しておくと便宜である。

④　負債の確認についても、基本的には法人と同じであるが、個人の場合には、特に知人や親族等への貸付金の有無について忘れやすいので確認しておくべきである。

⑤　家族関係、家計を1つにする者らの収支の確認等、必要書類を作成するうえで確認していくことになる。

⑥　免責の関係で、免責不許可相当事由があるか、どの程度かも確認しておくべきである。仮に免責不許可事由がある場合には、免責が得られない場合があることを債務者本人に説明しておく必要がある。ただし、免責不許可事由があるからといって直ちに不許可となるわけではなく、裁量免責（破252条2項）があり得るので、その点も留意が必要である。

V　受任通知の発送

　平成24年9月1日、弁護士はX社およびA社長の代理人として、債権者宛てに受任通知および債権調査票を発送した（会社の通知書として【書式2-5-1】、【書式2-5-2】参照）。

　その際、債権者らの心情にも配慮して、社長名義の「お詫びとお知らせ」文を同送した（【書式2-5-3】参照）。

【書式 2-5-1】 受任通知（≪*Case* ⑤≫）

平成24年9月1日

債 権 者 各 位

受任通知書

X社A代理人　弁護士　〇　〇　〇　〇

謹啓　時下益々ご清栄のこととお慶び申し上げます。

　さて、債務者株式会社X（本店所在地：〇〇）は、皆様方の温かいご支援ご協力を得て、業務を展開して参りました。しかし、今般、折からの業績不振により、今後の会社経営を断念せざるを得ない状況となりました。

　そのため、当職は、X社より依頼を受けて、その債務整理手続等を受任し、実行することとなりました。

　同社の資産及び負債の内容は現在精査中でありますが、負債額は金融機関からの借入だけでも約〇万円と多額であり、破産せざるを得ないことも予想されます。

　なお、同社の資産及び負債の管理は、既に当職らの管理の下で行われており、財産逸出の恐れはありませんのでご安心ください。

　今後は、同社の資産及び負債の調査をできるだけ早期に行い、破産を含む諸手続を行う所存です。

　つきましては、誠に恐れ入りますが、**同封の債権調査票に所定事項をご記入の上、平成25年9月20日までにFAXで当職宛にご返送頂きたくお願い致します。**

　以上、お詫び旁方お知らせ申し上げます。

謹　白

同　封　書　類

1．お詫びとお知らせ
2．債権調査票

【書式 2-5-2】 債権調査票（〈*Case* ⑤〉）

○○弁護士事務所宛
（FAX 03-○○○○-××××）

債 権 調 査 票

平成　　年　　月　　日
債務者　X社

1　貴社のご連絡先等
　（住　所）

　（会社名）

　（ご担当者）

　（ご連絡先）　電　話
　　　　　　　　FAX

2　貴社ご主張の債権の内容及び残元金
　　　　　　　　　　　　　　　　　　円

3　連帯保証人がいる場合、その住所・氏名

4　債務名義（支払命令、判決、公正証書等）がある場合、その表示
　（裁判所、事件番号、公正証書番号等）

5　担保をとっている場合、その目的物

6　その他、特記事項（ご希望・参考情報等）

以上

【書式2-5-3】　お詫びとお知らせ（《Case ⑤》）

債権者　各位

お詫びとお知らせ

拝啓　日頃の皆様のご厚情に感謝致しております。
　さて、当社Xは、今日をもって営業を断念致しましたことをお知らせ致します。
　創業から今日まで、皆様の温かいご支援とご協力をいただき、誠心誠意業務を行って参りましたが、経済情勢全般が悪化する中、売上の減少を食い止められず、資金繰りがつかなくなり、今回の事態に陥ってしまいました。
　債権者の皆様にはお詫びの言葉もありません。
　今後については弁護士に事務処理を委任致しました。どうか皆様におかれましては、ご理解ご協力のほどをお願い申し上げる次第です。
　取り急ぎお知らせ致します。本当に申し訳ございません。

敬　具

平成24年9月1日
X社
代表取締役　　A

VI　債権者対応、売掛金の回収

　受任通知を発送すると、すぐに債権者側から反応があった。金融機関は事務的な用件のみであったが、仕入先の業者からは、電話に出た事務局に怒鳴っている様子であった。事務局も慣れたもので、一応聞いているようで実際には聞いていない。相手方が怒鳴り疲れた頃に、「感情的にはわかるけれど、法律上仕方がないのです」ということを繰り返し伝え、あとは債権調査票を出す方向に誘導している。冷静に対応できる事務局がいると弁護士は楽である。

リース会社からも連絡があった。リース物件であるコピー機は、すでに使わないものであったため、引取りをしてもらうことにした。引取りの日程を決め、領収書をもらう段取りをつけておく。精算書を後日もらい、引取り後の残債務については、債権調査票を出してもらうように伝える。

　他方、売掛金の回収であるが、〈*Case* ⑤〉の場合には、ほとんどの入金口座はそのままにしておいたが、一部の口座は借入金融機関の口座になっていたことが判明したため、これだけは弁護士の預り金口座に変更をして請求しておいた。

　すると、売掛金請求書を出した先から連絡が入り、「破産するならもう払わなくていいのではないか」と言い出した。第三債務者（債務者が債権を有する先）の中には、債務者が債務整理や破産をすると、もう支払いはしなくてよいのだと誤解している者が時々いる。今回も、そうではないことを伝え、約定どおりきちんと支払うよう根気よく説明し、納得してもらう。

VII　自宅マンションの売却

1　査定書の取得

　さて、自宅マンションの1室の売却の段取りを組まなくてはならない。まずは知り合いの不動産業者に声をかけて、無料査定書をつくってもらう。1社だと価格の公正さが疑われる可能性があるため、念のため2社からとっておく。2社とも取引価格としては700万円強であった。

　不動産業者には、750万円以上で売却してもらうよう伝え、買い手を探してもらう。幸いなことに、1カ月程度で買い手候補者がみつかった。決済日は平成25年2月16日と決まった。

2　根抵当権者への連絡

　マンションの1室には、Y社の根抵当権がついているが、残債は10万円程度と聞いている。実際にY社から出てきた債権調査票にも大体同額が記載さ

れていた。

　そこで、弁護士はＹ社に連絡をし、マンションを売却する予定であること、売却した際には売却代金から残債を支払うので、根抵当権をはずす協力をしてもらうよう伝えた。Ｙ社担当者は「そういえばそんな担保あったっけなぁ」と、すっかり忘れていたようである。残債を払ってもらえるならばもちろん根抵当権ははずすとのことであった。

3　根抵当権者との合意書締結と決済準備

　平成24年11月11日、念のため根抵当権者と事前に合意書を締結した。内容は、決済日までにＹ社が解除書類原本を交付し、逆にＡは残債額を支払うという簡単なものである（【書式2-5-4】参照）。

　決済日は平成24年11月20日であるが、決済日当日に解除証書を初めて確認するのでは、何かあったときに困るため、実際には事前に書類を確認しておく必要がある。決済日当日は、根抵当権の解除（登記抹消）、売買の決済（売買代金入金）、根抵当権者や担当司法書士への各支払い、売買による所有権移転登記の手続は、すべて同日に一気に行うため、これらの段取りをつけておく必要がある。

　通常、登記手続を担当する司法書士は、買主側がローンを利用して購入する場合には、ローン会社と提携している司法書士であることが多い。今回も、買主側から連絡があり、指定された司法書士に対して必要書類の確認等、当日までの段取りをしていく。根抵当権者であるＹ社についても、司法書士からの指示に従い、必要書類の取付をするためＹ社に連絡を行った（【書式2-5-5】参照）。当日は決済代金からＹ社に支払う必要があるため、振込口座も事前に確認するなどしておく。

【書式 2-5-4】 根抵当権者との合意書（《Case ⑤》）

確 認 書

Y社（以下「甲」という）と、A（以下「乙」という）は、本日、甲の乙に対する債権及び根抵当権について、以下の通り合意した。

1　甲は、乙に対し、平成24年11月20日限り、下記物件につき、平成○年○月○日受付第○号根抵当権設定登記の解除書類原本（根抵当権設定登記済証、委任状、解除証書）を交付する。

記

所　　在　　　××
家屋番号　　　××
・
・
・

2　乙は、甲に対し、平成24年11月20日限り、甲の乙に対する債権額10万円の全額を、甲指定の口座に振込み送金して支払う。

　以上のとおり合意したので、本書面の正本を2通作成し、甲乙それぞれ1通ずつ所持する。

平成24年11月11日

　　　甲（住所）
　　　　（氏名）　　　　　　　　　　　　　　　㊞

　　　乙（住所）
　　　　（氏名）　　　A代理人弁護士　○○○○　㊞

【書式 2-5-5】 根抵当権者への連絡書（<Case ⑤>）

FAX 送信書

平成24年11月12日

FAX ○○-○○○○-○○○○
Y社　御中

A代理人弁護士　○　○　○　○

以下の件についてFAXを送信致します。
ご確認のほどよろしくお願い致します。

マンション根抵当権解除の件

送 付 書 類

　1．委任状及び解除証書　　　　　各1通
　2．上記記載例　　　　　　　　　各1通

当頁を含み　計○枚

＝＝通　信　欄＝＝＝＝＝＝＝＝＝＝＝＝＝＝＝＝＝＝＝＝

　お世話になっております。
　司法書士への委任状及び解除証書をお送りします。上記のFAX送信書の部分を消してクリーンコピーをお作りいただき、委任状及び解除証書の原本の作成をお願いします。
　当職宛に郵送していただきたいものは、
　1）権利証原本
　2）委任状及び解除証書原本
　3）確認書原本（1通のみ。1通はお手元に保管してください）

　貴社の債権についてお支払い致しますので、貴社のお振込み口座をお教えいただけますでしょうか。よろしくお願いします。

敬具

4 決　済

　決済日は平成24年11月20日、午前10時から、M銀行で行われた。
　通常、決済は買主が融資利用の場合には当該金融機関で行われる。たいてい通常の窓口がある上の階で、数人が座れる打合せ場所が用意される。
　決済は午前中に行い、遅くとも11時頃までには始めることが多いであろう。これは、決済終了後、その足で司法書士が移転登記のために書類を持ち込む必要があるためである。もし決済と別日に登記を行うことになると、その間に万が一差押え等が入ってしまったらとんでもないことになる。
　決済に要する時間であるが、大体1時間～2時間程度を要する。
　〈Case ⑤〉では、実際に立ち会ったのは、債務者であり売主でもあるA本人、代理人弁護士、買主本人、司法書士、不動産業者である。根抵当権者は、「弁護士さんが入っているのだったら、きちんと払ってくれるよね。10万円だし、立会いまではいらないよ。書類は事前に全部提出するからよろしく」と言って立ち会わなかった。まあ金額から考えても立会いまでは不要であろう。
　A社長は、初めての決済らしく落ち着かない様子である。買主本人も緊張した様子がうかがえる。挨拶もそこそこに、「では時間もないので早速書類を確認しますね」と、司法書士は事務的に書類を確認していく。弁護士も、準備した書類原本を司法書士に渡すと、特にやることがない。不動産業者が用意した、A側の代金領収書に、事前にAがサインしておく（が、まだお金はもらっていないので、買主には渡さず手元に置いておく）。買主側は振込送金票に必要事項を記入するなど、淡々と決済は進んでいく。
　書類の確認がすべて済んだ後、銀行担当者が「ではしばらくお待ちください」と告げて、席をはずした。売買代金をA口座に送金する手続をするのである。
　決済は、この送金手続から着金確認できるまでの待ち時間が長いのである。早ければ15分程度で着金まで完了するが、遅ければ1時間程度待つこともある。同席者はほぼ初対面だから、雑談といってもネタがすぐに尽きてしまう。

今日の立会司法書士は比較的若い先生であるが、自分からはあまり話をしない。こんなとき、話し好きな司法書士だと場がもつから助かるのだが。

　やや気まずい時間が過ぎると、銀行担当者がやってきて振込票の原本と写しを持ってきた。送金手続も無事に終了し、Aへの着金も確認できた。今回は、債務者Aの登記事項証明書上の住所と、現在の住所が異なるため、住所変更の登記をする必要がある。また、根抵当権抹消登記もしなければならない。抹消費用については、根抵当権者に負担させようと思ったのだが、古い契約書に「抹消費用は債務者の負担とする」などと書いてあるため、やむなくA側負担とする。したがって、これらの費用については、司法書士に支払う必要がある。司法書士への費用は、通常は当日現金で支払うことが多いため、買主から受領する売買代金は、現金支払いのために一部が現金化されている。このあたりは、不動産業者が仲介で入っている場合には、不動産業者が段取りを組んでくれるが、時々うっかりしている業者もあるため、注意が必要である。

　今回の決済は大きな問題もなく滞りなく終了した。終了時間は午前11時15分、こんなところだろう。弁護士もちょっと緊張していたようで、決済が終わるとほっとした。

VIII 申立て準備

　ここまでくれば、あとは申立てをするだけである。必要書類をあらためて整理し、X社と代表者Aの2件の申立書類を作成する（必要書類については、第3章、第4章を参照されたい）。

　今回は、売掛金の回収を行い、また、Aのマンションを売却していることから、これらの収支について明らかにする必要がある。Aの家族については、近隣の賃貸アパートに引っ越していたため、その引越費用を控除して計算した。また、売掛金の回収については、この間の役員報酬としてAのものとし、生活費としてあてたいところである。その分も控除しておくが、念のために

Aには「もしかしたら破産管財人から戻せと言われるかもしれない」と告げておく。回収のためにAも頑張ったのであるから大丈夫だとは思うが、破産管財人によってはまた違う考えもあるかもしれない。

　管財人をやったことがある弁護士は、管財業務を見据えて申立代理人業務を行うとよい。逆に、管財人に就任していない若手の弁護士は、管財人がどのような判断をするかわかりにくいかもしれない。

IX　申立当日

　平成24年12月12日、書類を一式揃え、午前9時30分に東京地方裁判所（以下、「東京地裁」という）民事第20部（東京家庭裁判所・簡易裁判所が入っている建物）に出向く。法人破産も同時にするため、提出する写しは結構な分量である。正直重い。自分の分の控えを入れると2倍である。キャリーケースで持ってくればよかったとちょっと後悔する。事務局に事前に提出してもらってもよかったかもとも思ったが、ここまで頑張ったのであるから、申立書類は何となく自分で提出したい。

　東京地裁民事第20部にて書類を提出しようとすると、「印紙を貼ってください」とのこと。ああ、そうだった、印紙は自分で貼らないといけないのだった（書記官は貼ってくれない）。即日面接を希望すると、待合室でしばらく待てとのこと。今日は午前中は時間があるからゆっくり待っていよう。

　即日面接とは、申し立てた当日か、または申立日から3日以内に、申立代理人弁護士が担当裁判官と面接をし、申立書類に基づいて、裁判官から疑問点や問題点等について説明を求められ、申立代理人がこれに回答するというものである。同時廃止の可能性があるものであれば、この面接により、同時廃止か少額管財事件にするかの振り分けがされるというものである。東京地裁では10年以上前からこの運用である。

　しばらく待つと、呼出しがかかり、裁判官と面接が始まる。

　裁判官から若干の質問を受け、引継予納金について確認される。今回は、

Aの自宅マンション売却代金から諸費用を控除し、さらに自由財産である99万円の現金を控除すると、残りは約550万円である。回収した売掛金からAの役員報酬相当額等を控除した残りも合わせて、約600万円が引継予納金であることを告げた。

その後、宛名シール等を提出し、官報掲載料も納付する。これで手続完了である。

X 破産管財人への引継ぎ

申立て後まもなく、裁判所から、破産管財人就任予定の弁護士が決まったとの連絡があった。開始決定は東京地裁の場合、翌週の水曜日午後5時である。それまでに、なるべく早めに管財人就任予定の弁護士に記録一式を送り、引継予定日を決めておく。通常は、代表者A本人と申立代理人が、管財人の事務所に出向く形で引継ぎを行う。

平成24年12月19日（水曜日）の午後5時、予定どおりX社とA社長合わせて2件の開始決定が出た。〈*Case* ⑤〉は、緊急に処理しなければならないということはないため、翌日木曜日の午前中に引継ぎを行うことにした。本当に緊急に着手してもらわなければならない場合には、開始決定前に事実上引継ぎを行い、開始決定と同時に速やかに管財人に着手してもらうこともある。

XI 管財業務の開始

引継ぎ後は、管財人が主導して業務が進んでいく。申立代理人としては、半分程度は肩の荷が下りた思いである。とはいえ、管財人から問合せ等があれば、いつでも対応できるようにしておかなければならないし、申立て以前の事情については申立代理人の責任である。〈*Case* ⑤〉については、X社が倉庫として使っていた借地権付建物の処理がされていなかったため、この点について経緯等の確認があった。管財人が最終的にどのように処理したのか

は不明である。

XII
第 1 回債権者集会と異時廃止

　平成25年 3 月、第 1 回債権者集会が開催された。同集会は開始決定時にすでに決まっているが、大体開始決定から 3 カ月後に 1 回目の集会が入ることになる。

　家庭裁判所と簡易裁判所が入っている建物の 5 階の大部屋で、X社とA社長の第 1 回債権者集会が開かれた。東京地裁の場合、出席予定債権者が多くなく、また、特段問題がないものについては、大部屋でいくつもの集会が同時進行で開かれることになる。初めてみると、非常に慌ただしく感じる。

　集会には、債権者は誰も来なかった。これもよくあることである。法人破産の場合、取引先など債権者が何名かは出席することもあるが、今回は申立て前に事情を説明してある程度理解してもらったので（納得はしていないだろうが）、誰も出席しなかった。管財人がこれまで形成した財団の内容等を説明し、すべて換価済みであること、配当をするまでの財団は形成できなかったことを告げた。裁判官は、これを受けてX社について異時廃止とすることを述べた。これでX社の破産手続は終了である。

　続いてA社長である。A社長についても同じく報告があったが、滞納税金がかなりあるとのことであり、一般債権者への配当原資はないことが告げられた。こちらについても同じく異時廃止が告げられた。個人の場合には法人と異なり、免責許可の問題があるため、管財人から免責についての意見が述べられた。〈*Case* ⑤〉は免責不許可事由はないことが告げられ、これを受けて裁判官は 1 週間程度で判断するとし、債権者集会は終了した。終わるまでに10分もかからなかったと思う。

XIII おわりに

　1週間後、A社長について、裁判所から無事に免責許可決定が出た。早速A社長に伝えると、A社長は本当に喜んでいた。弁護士になってよかったと思う瞬間である。
　その後の手続についてであるが、免責許可決定について官報に約2週間後に掲載され、掲載の翌日から2週間で確定する。これで本当にX社とA社長の破産事件は終了だ。

> 　本稿は、複数の事例を組み合わせるなどをして構成したものであり、実際の事例とは異なる。

第6章 民事再生──中小企業の再生事例

I 事案の概要

<Case ⑥>

　東京で飲食事業を営んでいるX社の決算書は、直近の売上げは約3億円であるが、負債総額は約5億円、債権者数は金融機関が5社でその他取引先等は40社程度である。3年前までは、営業利益が出ていたものの、今は赤字に転じてしまっている。また、年金事務所に対して約1000万円の滞納がある。

　このままだと月末に2000万円の資金がショートすることになってしまうことから、X社のY社長は弁護士に相談することとした。

II 法律相談

東京で飲食事業を営んでいるX社のY社長が、5月上旬に青白い顔をして法律事務所に来訪した。

Y社長：先生、私が代表を務めているX社ですが、今月末どうやりくりしてがんばっても、資金が2000万円ショートしてしまいます。

　　　　もはや取引先にも支払えなくなってしまう状況で、このままいくとお手上げです。でも約30名いる従業員（正社員）を路頭に迷わせたくないので、会社を潰したくありません。何とかなりませんか。

弁護士：社長、とにかく落ち着いてください。会社を潰さずに再建可能かどうかをまずは見極めなければなりません。まず決算書を拝見させてください。過去3期分お持ちですか。

Y社長：先生から事前に言われましたので持ってきました。こちらが決算書になります。

弁護士：現時点でのざっとした負債総額と債権者数を教えてください。

Y社長：負債総額は約5億円、債権者数は金融機関が5社でその他取引先等は40社程度かと思います。

弁護士：決算書での売上げは直近で大体3億円くらいですね。あれ、3年前まで営業利益が出ていたのに、今は赤字に転じてしまっていますね。今後も赤字のままだと会社を続けることは困難です。赤字となった原因は何ですか。

Y社長：3年前に新たに開店した2店舗の設備投資のために借入れをしましたが、結局新規店舗は大赤字といった状況です。

弁護士：それでは再建にあたり赤字店舗を閉鎖して黒字の店舗だけにする必要がありそうですね。

Y社長：そうですか……わかりました。せっかくお金かけたのになぁ。

弁護士：よくある話ですよ。でも赤字店舗を黒字化できる可能性があれば別ですが、改善の可能性はありますか。

Y社長：う〜ん、新しく駅ができることを見込んで店舗を開業したのですが、結局駅の開発が見送りになってしまったのです。周りに住宅街はありますが、皆隣の駅の繁華街に出向いてしまい、あまり人が集まらない所なのです。

弁護士：そうであれば、切るところは切らないといけませんね。決断が

重要です。
Y社長：わかりました。そのようにします。
弁護士：それから、現在滞納しているものはありますか。税金等公租公課、従業員に対する給与、金融負債はどのような状況ですか。
Y社長：年金事務所への支払いを滞納しています。金融機関に対しても約定どおり払えていなくて、現在遅滞しているので、担当者から1日何回も携帯に電話がかかってきます。留守電にしていますが……年金事務所からのプレッシャーも厳しいです。
弁護士：年金事務所に対する滞納はどのくらいですか。
Y社長：ざっと1000万円くらいです。
弁護士：民事再生を申請して債権カットをするにしても、公租公課は優先債権なので全額支払わなければなりませんからね。こちらは民事再生申立て後すぐに、分割弁済の打診をしましょう。
Y社長：従業員は解雇しないでやっていけますか。
弁護士：従業員を解雇したくないお気持はよくわかりますが、新規店舗を閉鎖して事業を縮小する以上、それに見合った数まで減少させるしかありません。会社を潰して全員解雇せざるを得ない状況になるよりはまだいいでしょう。
Y社長：そうですね……わかりました。
弁護士：では、民事再生の申立て同日をもって閉鎖する店舗は閉鎖することとしましょう。申立て後も赤字店舗を継続し続けるわけにはいきませんから。
Y社長：わかりました。

1　会社再建の相談申込みが入ったら

まず、会社を再建したいとの相談申込みが入ったら、日程調整のうえ、打合せの機会を設けるが、資金繰りが逼迫している等、会社の経営状況が差し迫っている可能性があるので、なるべく早い日程で打合せを入れる必要があ

る。また、打合せの際、会社の経営状況がわかる資料（決算書、試算表、資金繰表）を持参してもらう。決算書で売上げや負債状況、過去の利益状況、資産状況を大まかに把握しつつ、試算表や資金繰表で直近の状況を確認しながら、再建の可能性があるか否か検討することとなる。なお、決算書を粉飾している会社も少なからず存在するので、決算書を鵜呑みにせず、ヒアリングを通して実態を把握する必要がある。

2　再建できるかの見極め基準

　再建できるかどうかの基準として最も重要なのが、営業利益を黒字化できるか、という点である。

　現在は営業利益段階で赤字であっても、経費削減や不採算部門の閉鎖等により、黒字化できる見通しがあれば、再建の可能性があるといえるが、事業内容自体に社会的需要が乏しい等、今後の利益改善が見込めない場合には、再建を断念せざるを得ないケースもある。

　また、民事再生手続の申立てをしても、公租公課や労働債権は免除できないので、人件費を支払えるか、滞納分の公租公課を交渉で分割払いにするにしても将来的に全額弁済できる見通しを立てられるか、がポイントである。

　X社については、もともと営業していた3店舗は順調に利益が出ているので、赤字店舗である新規の2店舗を閉鎖し、3店舗で再建する計画は描けると判断した。

　さらに、債権者の理解を得られるか、についてもあらかじめ検討しておく必要がある。最終的に債権者から再生計画に対する賛成を得ることが要件となるから、債権者の納得いく再建の仕方を検討しなければならないし、債権者によっては経営陣の交代が計画賛成の必須条件となる場合もある。

　X社について、債権者がY社長についてどのような評価をしているか現時点ではわからないものの、Y社長自身がX社を手放す意向はないようなので、今後の債権者の反応をみながらどのように再建するかの方針を立てることとした。

3　民事再生手続を選択すべきか

再建の可能性がある場合であっても、民事再生手続の選択が妥当かどうかという点についても検討しておく必要がある。

民事再生手続の申立てを行った場合、公租公課や労働債権等を除き取引債権者も含めすべての債権者に対する負債がいったん棚上げになる。そのため取引債権を棚上げしてしまってはもはや取引先の協力を得られそうもないといった場合には、私的再建の可能性も検討してみる必要がある。また、法的再建手続の申立てを行う場合は一定の風評被害も覚悟しなければならないので、風評被害を最小限に抑えられるといった観点からも、私的再建の余地がないか（金融機関との交渉で急場を凌げないか等）、ひとまず検討してみる必要がある。

X社は、金融機関に交渉を重ねたうえでリスケジュールをしてもらっているにもかかわらず今なお資金繰りが改善していない状況とのことであり、また、資金ショートまでの時間がないという現状に鑑み、民事再生手続に踏み切ることとした。

4　申立てのタイミング

> Y社長：いつ申立てすることになりますか。
> 弁護士：申立てするには申立費用がかかります。資金繰りとの兼ね合いでいつ申立てするか、検討しなければなりません。月末支払いとのことですが、まとまった入金はいつになりますか。
> Y社長：25日に売掛金（カード支払い）のまとまった入金があります。
> 弁護士：それでは、25日の入金を確保したうえで、26日申立てを目途に準備していきましょう。入金確認後、どこにも支払いをせずに私の預り金口座に即入金してください。そのまま会社の預金口座に保管していると債権者からの差押え等のリスクもありますので。

> Y社長：わかりました。そうするとあと10日くらいしかありませんが、準備はできますでしょうか。
> 弁護士：もちろんやるしかないでしょう。この約10日間は社長も申立ての準備に集中してください。
> Y社長：わかりました。よろしくお願いします。

　申立てのタイミングは、会社によって諸事情があり一概にいえるものではないが、どの会社にもあてはまることとしては、「会社に資金が残るとき」に申し立てる必要があるということである。

　民事再生手続の申立て後は、しばらく通常取引が困難になること、申立費用（裁判所の予納金、弁護士費用等）がかかるので、一定の資金を確保したうえで申し立てることが必須となるのである。

5　資金の保全

　上述のとおり、民事再生手続を申し立てるには予納金等の申立費用や当面の運転資金を確保する必要があるが、債権者である金融機関に預金があっても、申立て後すぐにロックされて相殺されてしまうため、運転資金や申立費用が捻出できなくなる。そこで、申立て前に負債のない金融機関か弁護士の預り金口座に資金移動しておくことが重要である。

Ⅲ　申立ての準備

1　申立てに必要な疎明資料等

　申立てにあたって最低限必要な資料等は以下のとおりである（民事再生規則14条参照）。
- 民事再生手続開始申立書
- 会社の登記履歴事項証明書
- 定款

- 株主名簿
- 債権者一覧表
- 直近3期分の決算書
- 資金繰表
- 就業規則・賃金規程等
- 取締役会議事録（取締役会設置会社のみ）
- 保全処分申立書

2　申立書作成

　申立書の記載事項は、民事再生規則12条、13条に定められている。

　申立ての準備は、会社と弁護士が（場合によっては会社の顧問税理士・会計士も）協力してとりかからなければならない。特に、社長からは過去の経緯をヒアリングする必要がある。

　申立書の記載事項のうち、会社の基本情報は登記記録をみながら記載できるが、会社の沿革や民事再生に至った事情等、会社創立後現在までの経緯については、社長（または長年会社に勤めて会社のことをよく把握している人）にヒアリングしながら記載していく。

　申立書に記載すべき資産・負債の状況は決算書や会社作成の債権者一覧表から負債の状況を把握し、記載する。ただ、決算書を粉飾していたり、貸借対照表上の簿価と実態が異なることが多々あるので、実態評価がどのようなものか、明らかにしておく必要がある。

　債権者の状況などは、債権者一覧表と照らし合わせながら作成し、申立資料相互で相違ないように確認していく。

【書式 2-6-1】　再生手続開始申立書（《Case ⑥》）

再生手続開始申立書

平成○年○月○日

東京地方裁判所民事20部　御中

　　　　　　　　　　　　　申　立　人　株式会社　　　　X
　　　　　　　　　　　　　上記代表者代表取締役　　　　Y

　　　　　　　　　　　　　上記申立人代理人　弁護士　○○○○
　　　　　　　　　　　　　同　　　　　　　　弁護士　○○○○

当事者の表示　別紙当事者目録記載のとおり
再生手続開始申立事件
貼用印紙額　金○○円

　　　　　　　　　申　立　の　趣　旨

　株式会社Xについて再生手続を開始するとの決定を求める。

　　　　　　　　　申　立　の　理　由

第1　株式会社X（以下「申立人」という。）の概要
　1　申立人の概況
　　(1)　商号（疎甲第1号証）
　　　株式会社X
　　(2)　申立人の目的
　　　疎甲第2号証記載のとおり
　　(3)　株式及び資本金（疎甲第1号証）
　　　ア　発行可能株式総数　○○株
　　　イ　発行済株式総数　　○○株
　　　ウ　資本金の額　　　　金○○万円
　　(4)　株主（疎甲第3号証）
　　　Y　　　○○株（100％）
　　(5)　設立年月日（疎甲第1号証）
　　　昭和○年○月○日
　　(6)　申立人の役員（疎甲第1号証）
　　　代表取締役　　Y

(7)　本店所在地
　　本店　　　東京都○○
　(8)　従業員の状況（疎甲第7号証参照）
　　申立日現在、従業員数は30名である。労働組合は存在しない。また、退職金制度は存在しない。

　2　申立人の経歴（疎甲第4号証参照）
　　昭和○○年○月　　　創業　○○店舗開業
　　昭和○○年○月　　　○○店舗（2店舗目）開業
　　昭和○○年○月　　　○○店舗（3店舗目）開業
　　平成○○年○月　　　○○店舗（4店舗目）開業
　　平成○○年○月　　　○○店舗（5店舗目）開業
　　　　　　　　　　　　　　　　　　　　　　現在に至る
　3　関連会社
　　申立人と直接資本関係にある関連会社はない。

第2　業務の状況
　1　事業内容
　　申立人は、飲食店舗として以下の5店舗を運営している。
　　①　○○店（所在地）
　　②　○○店（所在地）
　　③　○○店（所在地）
　　④　○○店（所在地）
　　⑤　○○店（所在地）

　2　主要仕入先、取引先
　　申立人の主たる仕入先及び各社との平成○○年○月期における年間取引金額は、大要、以下のとおりである。
（上位3社）
　　①　○○株式会社　　　約金○○円
　　②　○○株式会社　　　約金○○円

③　○○株式会社　　　約金○○円

3　業績推移

申立人の直近3事業年度の業績の推移は、以下のとおりである。

単位：円

	第○期 （H○～H○）	第○期 （H○～H○）	第○期 （H○～H○）
売上高	○	○	○
売上総利益	○	○	○
営業利益	○	○	○
経常利益	○	○	○
当期利益	○	○	○

第3　資産・負債の状況

1　資産・負債の推移（疎甲第8号証）

申立人の直近3事業年度末の業績の総資産額、総負債額等の推移は以下のとおりである。

単位：百万円

		第○期	第○期（H○期）		第○期（H○期）	
		金額	金額	前年比増減	金額	前年比増減
資産の部	【流動資産】	○	○	○	○	○
	【固定資産】	○	○	○	○	○
	資産合計	○	○	○	○	○
負債の部	【流動負債】	○	○	○	○	○
	【固定負債】	○	○	○	○	○
	負債合計	○	○	○	○	○
資本の部		○	○	○	○	○

2　負債の状況（疎甲第11号証の1乃至3）

申立人の本申立日現在の債権者総数は約○名、負債総額は約金○億円であ

り、その主なものは以下のとおりである。
  (1) 金融機関債権者

    申立日現在の金融債権者は○名、債権金額は○円である。

    (上位3行)

    ① ○銀行   金○円

    ② ○銀行   金○円

    ③ ○銀行   金○円

  (2) リース債権者

    申立日現在のリース債権者は○名、債権金額は○円である。

    (上位3社)

    ① ○リース   金○円

    ② ○リース   金○円

    ③ ○リース   金○円

  (3) 一般取引債権者

    申立日現在の一般取引債権者は約○名、債権金額は約○億○円である。

    (上位3社)

    ① ○○株式会社   約金○○円

    ② ○○株式会社   約金○○円

    ③ ○○株式会社   約金○○円

  (4) 公租公課

    申立日現在の未払い公租公課は、総額○円であり、内訳は以下のとおりである。

    ① 消費税   金○円

    ② 社会保険料   金○円

  (5) 労働債権者

    未払い労働債務はない。

3 会社財産に対する他の手続または処分

  本申立日現在、申立人の財産に対する訴訟、仮差押、仮処分、強制執行等は存在しない。

第4　再生手続開始の原因たる事実及びこれが生じるに至った経緯
  1　再生手続開始の原因たる事実
    (1)　債務超過
      申立人の平成○年○月末日付貸借対照表によれば、帳簿上、純資産（資産－負債）が約○円となっているが、負債総額は約○円であり、大幅な債務超過状態となっている。
    (2)　事業の継続に著しい支障を来すことなく弁済期にある債務を弁済することができないこと
      申立人は、……であることから、著しい支障を来すことなく弁済期にある債務を弁済することができない状態にある。
    (3)　したがって、申立人には、民事再生法第21条1項に定める再生手続開始の原因たる事実があることが明らかである。
  2　再生手続開始の原因が生じるに至った経緯
    (1)　創業、設立
      申立人は昭和○年○月に現社長であるＹの父親が創業した株式会社である。
    (2)　事業の拡大
      申立人は、平成○年までは3店舗の運営を手堅く営み、安定的に利益を出していたが、平成○年～平成○年にかけてあらたに2店舗開店し、その開店資金として○円の金融負債を負うことになった一方、……といった事情から新規2店舗は開店直後から大幅に損失を出すこととなり、人員削減等試みたものの改善できないまま今日に至っている状況である。
      このような損益悪化の積み重ねは資金繰りに影響し、これを解消するため、更に金融機関からの借入金の調達を膨らませることとなり、これがさらに元利金負担の増額による損益及び資金繰りへの悪化に繋がるという悪循環に陥っていった。
    (3)　資金繰り破綻
      申立人は、資金繰りが逼迫したことから一般の仕入先への支払いも一時滞る事態に陥ったため信用不安が生じ、またいよいよ金融機関に対する元利金払いも滞り始め、現状のままでは今月末に資金ショートを来すことが明らかになったことから、本申立てに至ったものである。

第5　再生計画案の作成方針についての申立人の意見
 1　赤字店舗の閉鎖
　申立人の飲食事業における店舗において、赤字が恒常的になっている新規2店舗については、民事再生申立て後に閉鎖し、キャッシュアウトを防ぐ予定である。
 2　再生計画案の方針
　再生手続における財産状況の洗い直し、損益実態の確認等を経て、利益を出しうる店舗を確定し、これをもって事業計画、資金計画、弁済計画が立案可能かどうかの見極めを進める予定である。

第6　結論
　以上のとおり、申立人には再生手続申立て要件及び再生手続開始要件が存在し、かつ再生の見込みもあることから、本申立に及んだ次第である。
以上

疎　明　方　法

別紙疎明方法一覧のとおり

添　付　書　類

1	疎甲号証（原本又は写し）	各1通
2	現在事項全部証明書	1通
3	再生手続開始申立てについての同意書	1通
4	委任状	1通

（別紙）

当　事　者　目　録

〒○○○-○○○○
　　東京都○○○○○○

申　立　人　　株式会社Ｘ
　　　上記代表者代表取締役　　　Ｙ
〒○○○-○○○○
　東京都○○○○○○
　　　○○法律事務所　　電　話　○○（○○○○）○○
　　　　　　　　　　　　ＦＡＸ　○○（○○○○）○○
　　　　　　　　　　上記申立人代理人　弁護士　○○○○

（別紙）

　　　　　　　　　疎　明　方　法

疎甲第１号証　　　　　商業登記簿謄本
疎甲第２号証　　　　　定款
疎甲第３号証　　　　　株主名簿
疎甲第４号証　　　　　会社パンフレット
疎甲第５号証　　　　　組織図
疎甲第６号証　　　　　店舗一覧表
疎甲第７号証　　　　　就業規則
疎甲第８号証の１　　　第○期決算報告書
　　　　　の２　　　　第○期決算報告書
　　　　　の３　　　　第○期決算報告書
疎甲第９号証　　　　　担保設定状況一覧表
疎甲第10号証　　　　　清算貸借対照表
疎甲第11号証の１　　　債権者一覧（租税公課）
　　　　　の２　　　　債権者一覧（金融機関・リース債権者）
　　　　　の３　　　　債権者一覧（一般取引先ほか）
疎甲第12号証の１　　　資金繰り表（実績）
　　　　　の２　　　　資金繰り表（保全後の予想）

3　債権者一覧表の作成

債権者の状況は会社でしかわからないことなので、債権者一覧表を会社で

作成してもらう必要がある。あらかじめ債権者一覧表のエクセルフォーマットを会社側に送付し、債権者名・連絡先・負債総額を入力してもらう。

> 弁護士：現時点の債権者をすべてエクセルで一覧にしてください。少額債権者の漏れがないようにしてくださいね。
>
> Y社長：わかりました。ところで債権者一覧表の作成ですが、私より経理の担当者が把握しているので、当該担当者に対応してもらうしかないのですが、民事再生の申立ての話をしても大丈夫でしょうか。
>
> 弁護士：経理の方に協力いただく必要はあるでしょう。ただこのことは社長と私、税理士（会計士）、そして経理の方だけで秘密裏に進めていく必要があります。少しでも外部、債権者に漏れると、取付け騒ぎが起こり、もはや再建困難ということになりかねません。
>
> Y社長：わかりました。経理の者には口外しないよう口を酸っぱくして言っておきます。でも長年私が信頼して経理を任せてきた人間ですので、大丈夫だと思います。

　民事再生手続の申立ては多くの場合、秘密裏に行わなければならない。外部に漏れて債権者に預金を差し押さえられたり、取付け騒ぎが起こってしまっては混乱の基であり、再建も困難となってしまう可能性が高い。

　したがって、役員、社長の側近等信頼できる人間に限り申立ての協力を仰ぐようにし、その他の従業員には申立て後裁判所から監督命令・保全処分が発令された後に伝えることとする。

4　資金繰表の作成

　資金繰表については、会社で作成してあればベストであるが、そうでない場合は、債権者一覧表と同様に、まずは資金繰表のフォーマットを送付し、

会社側で入力してもらう必要がある。ただ、誤って入力されることや不明確なものも多いので、入力後、弁護士が収支の内訳を個別にヒアリングし、内容を修正・把握していかなければならない。

5　債権者説明会会場の予約

通常は民事再生手続の申立て直後に債権者説明会を開催することになるため、出席見込みの債権者数＋αの人数を収容できる会場もあらかじめ確保する必要がある。

民事再生手続の申立て直後に債権者説明会を開催するため、申し立ててからの会場手配では会場が空いていない場合もあることから、申立て前に会場を手配する必要があるのである。

この場合、たとえば「X社会社説明会」等の会社名で会場をおさえると事前に情報が漏れてしまうか、そうでなくてもこの会社に何かが起こるということが推測され、騒ぎになるリスクがあるので、法律事務所名で会場を予約するなど、決して具体的な会社名を出さないよう注意が必要である。

X社についても、「(仮)○○法律事務所説明会」で予約した。

IV　申立て

X社は本店が東京都23区内にあり管轄が東京地方裁判所（以下、「東京地裁」という）なので、東京地裁民事第20部に申立てをするが、申立ての数日前までに書記官室に申立て予定であることの連絡メモや申立書のドラフトをFAXで送ることになっている。事前に裁判所に連絡することにより、裁判所から監督委員の選任や保全処分を速やかに（申立て後すぐに）出してもらうことができるのである。

申立書を東京地裁民事第20部の再生係に提出し、控えの申立書に受付印を押してもらう。その後、予納金を納付する。

しばらくすると、裁判所より保全処分と監督命令が出される。

また、裁判官、監督委員との第1回打合せ期日も定められる。

　裁判所との打合せは、原則、申立て後の第1回、財産評定提出後の第2回、再生計画案提出後の第3回の計3回開催される。再生計画が伸長する場合や、緊急な場合などに打合せが入ることもある。

V 民事再生手続のスケジュール

　再生計画案提出期限等の再生手続における具体的な日程は、裁判所、監督委員との打合せの際に決定されるが、おおむね民事再生手続の申立てから認可まで、約半年間の期間と考えるとよい。もっとも、再生計画案提出期限伸長の可能性もあるので、債権者からの問合せには、早くて半年、状況によってはさらに数カ月かかる可能性があると伝えておいたほうがよい。

〈表2-6-1〉　民事再生手続のスケジュール（〈*Case* ⑥〉）

5月23日	・裁判所に「再生事件連絡メモ」をFAX
5月26日	・民事再生申立て・予納金納付 ・申立て後、申立て当日に裁判所より監督命令（民再54条）・保全処分（民再30条）が発令される ・従業員に対する民事再生申立ての説明 ・債権者宛てに民事再生申立ての連絡書一斉FAX（本日から数日間、債権者対応に追われるため本社常駐）
5月27日	・監督委員と面談 ・共益化の承認申請（民再120条1項・2項）
5月29日	・債権者説明会開催 ・裁判所・監督委員との打合せ（第1回）
5月30日	・裁判所より開始決定が発令される
6月30日	・債権届出期限（債権者による相殺期限）

7月30日	・財産評定（124条報告書）・125条報告書・計画案草案提出 ・裁判所・監督委員との打合せ（第2回）
8月7日	・債権認否書提出期限
8月14日〜21日	・一般調査期間 ・この頃金融機関（大口債権者）に計画案の方向性を説明
8月30日	・再生計画案提出期限 ・裁判所・監督委員との打合せ（第3回）
9月7日	・監督委員意見書提出期限
9月8日	・裁判所による付議決定（民再169条1項）
9月10日	・債権者に再生計画案・監督委員意見書・議決票送付
9月10日〜10月30日	・債権者に賛成票を投じてもらえるようお願いする（大口先には直接訪問・その他は電話）
10月22日	・書面投票期間終了
10月30日	・債権者集会・認可決定
11月1日	・債権者宛てに認可決定となった旨の連絡書・弁済金の振込先通知書（要返送）を送付
11月30日	・認可決定確定
12月〜	・再生計画に基づき随時弁済

＊本スケジュールはあくまでも5月26日に申立てを行った場合の一例である（鹿子木康編『民事再生の手引』（以下、「手引」という）118頁参照）。

VI 申立てから開始決定までにすべきこと

1 従業員への説明

まず、申立て後すぐにとりかかるべきこととして、従業員に民事再生手続

の申立てを行ったことを周知すること、そして債権者にもFAX等で連絡する必要がある。

　従業員には集まってもらい、民事再生手続の申立てを行ったこと、民事再生とはどのような手続になるか、今後何をしていかなければならないか、を説明する。

　従業員は「会社が倒産した」と思い、不安になることだろうから、民事再生がいわゆる破産・清算と違い、再建するための手続であり今後も会社は継続すること、特に従業員の給与はこれまでどおり優先的に支払われることをしっかりと説明し、安心して業務を遂行してもらえるようにしていかなければならない。

　もっとも、X社のように閉鎖する店舗があり、閉鎖対象店舗の従業員を解雇せざるを得ない場合は、解雇するに至ってしまった事情を十分に説明し少しでも理解を求める必要がある。また、解雇する従業員とそうでない従業員を分けて店舗ごとに説明する必要がある。

　X社においても、閉鎖する店舗の従業員については各店舗に招集し、民事再生手続を申し立てたことと本日から2店舗を閉鎖することを説明するとともに、解雇通知（1カ月後に解雇する旨の通知）を渡した。なるべく従業員の雇用を維持しつつ再生することが望ましいが、やむを得ずリストラをせざるを得ないケースもあり、この場面が一番つらいところであるものの、代理人としては感情移入せず淡々と対処せざるを得ない。

　従業員にひととおり説明した後は、裁判所から監督命令、保全処分が発令されるのを待って、再生債務者側で作成した「民事再生申立ての御通知」、「裁判所発令の監督命令」、「保全処分」、「債権者説明会の案内」を送付する（「保全処分の決定」例は、手引・47頁、「監督命令の決定」例は、手引・57頁参照）。

　迅速に対応する必要があるので、従業員に対する説明を行う（会社で待機する）弁護士や裁判所に申立てを行い保全処分や監督命令を受け取る弁護士など、弁護士ごとの役割分担をあらかじめ決めておく必要がある。必要とな

る弁護士の人数は、会社の規模や債権者数によって異なるが、少なくとも申立てから開始決定までは助っ人要員として数名の弁護士を確保しておく必要があるだろう。

2 債権者対応
(1) 民事再生手続申立てに関するFAXの送付

まず、従業員への説明後、従業員の協力により全債権者に民事再生手続を申し立てた旨の連絡書をFAXで送る（【書式2-6-2】参照）。

債権者からの問合せの電話や訪ねて来る債権者への対応に数日間は追われるので、この間は弁護士も本社や支店に常駐する必要がある。

基本的な応対、今後の流れなど基本的なことはQ&Aなどの問答集をつくり、従業員に配っておくとよい。従業員ではわからないことや手に負えない場合には、弁護士が対応する。

特に、従業員が認識違いで債務について「払えます」などと言わないよう、わからないことは「わからない」と答えて弁護士につないでもらう必要がある。わからないことを無理に答えないよう、従業員に周知しておく必要がある。

【書式2-6-2】 債権者宛て民事再生手続申立てのご連絡（《*Case* ⑥》）

平成〇年〇月〇日

債 権 者 各 位

株式会社　　Ｘ
代表取締役　　Ｙ
上記民事再生申立代理人
弁護士　　〇〇〇〇
同　　　〇〇〇〇

民事再生手続開始申立のご報告

謹啓　平素より、株式会社Ｘ（以下「弊社」と申します。）に格別なご高配を

賜り、厚く御礼申し上げます。

　この度、弊社は、本日付にて東京地方裁判所民事20部に対し、民事再生手続開始の申立を行いましたことを、ここにご報告申し上げます。

　本申立により、債権者の皆様に対しましては多大なご迷惑をお掛け致しますことを、心より、深くお詫び申し上げます。

　弊社は、昭和〇年創業以来、東京都〇区を中心に飲食事業を営んで参り、「地域のお客様に愛される店であること」をスローガンに、堅実に事業を営んで参りました。

　また、……等を施し、事業の維持・発展を図って参りました。

　ところが、平成〇年、新規2店舗を開業したことに伴い、新たな設備投資資金のための負債が膨らんだこと、……の原因により当初の計画どおり利益を出すことができず、開業後も恒常的に赤字運営が続きました。

　このような状況下、弊社は、売上向上に向け……を施し、経費削減の努力を惜しまず講じて参りましたが、新規店舗の赤字状態を回復できず今日を迎えたうえ、金融負債返済の負担が大きく資金繰りが逼迫し、運転資金の確保もままならない事態に陥ってしまいました。その結果、今般、本申立に至りました次第です。

　弊社は、今後、民事再生手続の中で、債権者の皆様のご理解・ご納得を得られるような再生計画を策定して参りたいと考えております。

　債権者の皆様におかれましては、多大なご迷惑をお掛けしたうえで大変恐縮ではございますが、何卒、弊社の民事再生手続にご理解・ご協力くださいますよう、よろしくお願い申し上げます。

　なお、債権者の皆様に対し、民事再生の申立に至った事情、今後のスケジュール等のご説明をさせていただくため、平成〇年〇月〇日午前〇時より、〇〇会館（住所：〇〇）にて債権者説明会を開催させて頂く予定でおります。

　ご多忙のことと存じますが、何卒ご出席くださいますよう、併せてお願い申し上げます。

謹白

【お問い合わせ先】　株式会社X再生係
本社　03-〇〇〇〇-〇〇〇〇〇

(2) 取引債権者

　債権者説明会まではある程度債権者からの問合せ・苦情が殺到することを覚悟しておく必要がある。

　また、債権者に対してはいったん債権を棚上げしてもらうほか、今後の取引継続をお願いしなければならないという点が破産と異なる点であり難しいところでもある。

　「踏み倒しておいてまた取引とは何だ.!!」と怒り狂う債権者もいるだろうし、当然債権を踏み倒された相手にまた踏み倒されるのではないかという不安があり、なかなかすんなりと取引に応じてくれるわけではない。

　こういった場合、取引サイトを今まで月末締め翌月末払いであったものを15日サイトに縮めるなど、なるべく債権者のリスクのないように取引方法を変更することも重要である。それでも応じてくれない場合、取引先を変更するか、代替性がなければキャッシュオンデリバリー（現金払い）でお願いするなどして、何としてでも事業継続しうるようにお願いしていくしかない。特にX社のように飲食事業で仕入れができなければ、事業の継続もしようがないので、取引先には丁重に対応していく必要がある。

取引債権者：踏み倒してこれからも取引をお願いしますって、おっしゃっていることが非常識だってことくらい弁護士さんなんだからわかるでしょう。

弁護士：ええ、お怒りはごもっともです。でも、われわれ弁護士はX社の再建の可能性を見出したからこそ再生手続に踏み切ったのであり、そうでなければこれ以上皆様にご迷惑をお掛けしないようさっさと破産を検討しています。X社は店舗拡大によって赤字店舗を増やし、事業が行き詰まった結果、今回のようなことになってしまいましたが、創業からある店舗は今でも利益があがっています。この利益を今後も維持しつつ、収益から可能な限り皆さんの弁済にあてたいと考えています。今破産してしま

> えば、債権者の方へ弁済することもできません。どうかご理解
> いただき、再建にご協力ください。
> 取引債権者：でもこれ以上ひっかかるのはごめんだね。
> 弁護士：今後は、今までと違い、15日サイトでお支払いさせていただき
> ます。何よりも申し立ててすぐ取引債権を引っかけるようなリ
> スクのある申立てはいたしませんし、そのようなリスクがある
> ようであれば裁判所も開始決定を出さないでしょう。とにかく
> 明後日債権者説明会も開催しますので、ぜひご出席いただき、
> ご理解いただきたいと思います。
> 取引債権者：まあ、債権者説明会に出たうえで検討するよ。社長にはい
> ろいろと世話になったところもあるから協力したい気持はある
> のだけれどさ……。
> 弁護士：ぜひとも、よろしくお願いします。

(3) リース債権者

次に、リース債権者対応であるが、厨房機器やコピー機などのリース物件については、必要なものは、監督委員の同意を得たうえで、残リース価値相当の額を支払うことでリース物件そのものを買い取る旨の合意（別除権協定）を締結し、不必要なものはリース会社に撤去してもらう必要がある。申立て直後にリース物件を強引に撤収しようとするリース会社側担当者が稀に存在するが、たとえば、「今後撤収いただくかどうかも含め、慎重に検討してからでないとお引渡しできません。混乱の中での撤収行為はさらなる混乱を招きかねないのでひとまずお待ちください」等と伝え、まずは現状維持を確保する必要がある。もっとも、最近ではほとんどのリース会社が民事再生手続に慣れており、あまり無理な要求をしてくるリース会社はほとんど存在しない。

(4) 銀行等金融機関

また、銀行等の金融機関は、おおむね債権額が高額な大口債権者であり、金融機関が民事再生手続に協力するか否かで再生計画が認可されるかが決ま

るといっても過言ではない。そこで、金融機関には申立て直後、担当者宛てに電話連絡し、申し立てた旨の報告や今後の予定などを説明し個別に丁重にケアしていく必要がある。

3 申立てから開始決定までの支払い

　まず、裁判所の発令する保全処分によって申立て後の弁済行為等は禁止されるが、例外として数万円以下の債権については弁済し得る旨定められることが多い。この定めは、数万円以下の日常的な小口取引まで制限されては事業に支障を来すことから例外として認められたものであるが、申立て後開始決定までの混乱時の支払いは、なるべく必要最小限（事業継続上欠かせないもの）に限定するのが無難である。同じ債権者であっても取引がいくつかあり、一取引は数万円以下だったものの他の取引もあり合計すると数万円を超えるといったこともあり、誤って少額債権者ではないのにもかかわらず支払ってしまう事態が生じかねないからである。

　すぐに支払わないと取引・事業継続に影響があるなど緊急性があるものを除いて、いったん支払いを留保し、精査のうえで支払うと伝えることも1つの方法である。

　X社においても、保全処分によって5万円以下の債権への支払いは弁済禁止処分から除かれたが、原則として小口から必要なもの以外は待ってもらう方向で説明した。もっとも、少額の債権者には「今は混乱の中で支払えませんが、少額債権総額等をリストアップした後、なるべく全額払えるように考えています」と伝えることで、安心してもらえたようである。

4 共益債権化の承認申請

　民事再生手続の申立て後から開始決定までの取引により発生した債権は開始決定前の債権にあたるため、再生債権となってしまう。しかし、再生債権として棚上げされることが確実であるにもかかわらず取引先が取引に応じてくれるわけがない。

そこで、監督委員に対し、共益債権化の申請をしておく必要がある。開始決定前に忘れず申請するよう注意しなければならない。

5 債権者説明会

債権者説明会は申立てから2～3日後に開催するケースが多い。場合によっては債権者からの混乱が予測されるときなどは申立て翌日に開催することもあるが、翌日開催の場合は予定がつかず出席できない債権者もいるので、数日後に開催することが多い。

なお、債権者説明会は会社主催で行うものであり、裁判所主催の債権者集会とは異なる。もっとも、民事再生手続で会社を監督してもらう監督委員には出席してもらうことが望ましいので、申立て後の早い段階で債権者説明会の出席をお願いしておく。

債権者説明会では、冒頭まずは社長が迷惑をかけた旨を謝罪し、その後、弁護士が民事再生手続に至った経緯と今後の手続の流れを淡々と説明し、最後に質疑応答、といった流れで進行する。

X社においても、申立てから3日後に債権者説明会を開催した。

司　会：本日はご多忙の中、お集まりいただきありがとうございます。これよりX社の債権者説明会を開催したいと思います。

（出席者の紹介）

Y社長：皆様、このたびは、わが社が民事再生手続の申立てをしたことにより多大なご迷惑をおかけして誠に、誠に申し訳ございません。わが社は……（民事再生手続に至った経緯を説明）。

弁護士：今後のご説明です。民事再生手続とは……（民事再生手続・今後のスケジュールについての説明）。

司　会：それではご質問のある方は挙手いただき、会社名、氏名をおっしゃっていただいたうえでご質問ください。

（質疑応答）

司　会：以上をもちまして債権者説明会を閉会したいと思います。ご多忙の中、債権者説明会にご出席賜り、誠にありがとうございました。

Ⅶ　開始決定

　債権者説明会の状況を裁判所に報告し、裁判所からは申立代理人からの報告と監督委員の意見を踏まえた結果、債権者説明会の同日夕方に開始決定が出された。

　開始決定後は申立て直後と比べるとだいぶ債権者も落ち着く。先ほどの苦情を言っていた取引債権者からも、無事今後の取引を継続してもらえることとなった。

Ⅷ　債権の種類

　ここで、民事再生手続における主な債権の分類について簡単に説明する。

1　再生債権

　再生債権とは、再生手続開始前の原因に基づく債権であり、まさに再生計画の中で弁済方法、弁済率が定められる債権である。再生債権は、再生手続によらず弁済することができない（民再84条、85条）。

　再生債権か否かの基準は、取引の発生原因が開始決定日前か否かであり、支払日が開始決定より前であろうと後であろうと関係ないので、間違えないように留意しなければならない。

2　共益債権

　共益債権とは、民事再生法119条に列挙されている請求権であり、共益債

権の発生原因が再生債務者のみならず全債権者の利益にも資するものであることから、再生債権に優先して弁済しうる債権である。

たとえば、再生手続開始後に取引先が取引を継続することは、再生会社の事業価値の維持につながり、ひいては会社の再建・再生債権の弁済へとつながるため、開始後の取引債権は共益債権となるのである。

3 一般優先債権

一般優先債権とは、再生債権に優先して再生手続によらず随時弁済しうる債権であり、共益債権を除くものをいう（民再122条）。たとえば、開始決定前の労働債権は開始決定前である点で再生債権と共通するが一般の先取特権（民306条2号）に該当するため、一般優先債権となる。

4 別除権付再生債権

別除権付再生債権とは、再生債務者の財産に担保権を設定している再生債権をいい、再生手続によらず行使しうる債権である（民再53条）。たとえば、債権者がX社所有の不動産に抵当権を設定していた場合、抵当権を別除権として、不動産に対し競売等の権利行使をして債権の弁済にあてることができる。もっとも、通常は再生債務者側で当該不動産が事業継続上必要であれば不動産評価額相当を債権者に支払って受け戻すことの合意をし（別除権協定）、当該不動産が不要の場合には、なるべく高く不動産が売れるように任意売却を実施し、再生債権額が圧縮されるように努力することが多い。

IX 月次報告書の提出

毎月決められた日までの間に、毎月（前月）の会社の事業状況・民事再生手続の進捗状況等を報告する月次報告書を裁判所に提出しなければならない。「月報」と略して称されることが多い。

X社においては、毎月10日までに前月の月次報告書を提出しなければなら

ないと定められたので、たとえば7月10日には6月の月次報告書を提出することとなる。

X 債権認否

　債権者が届出期間内に届け出た債権届出書が、会社の把握している負債額と一致しているか、について調査する。

　債権額が一致していれば届出額として認め、一致していなければ一致していない部分について差違が生じた理由を調査し、それでも金額が一致しなければ否認する（書式例については、手引・155頁参照）。

　届出期間内に届出がなされなかった場合、民事再生法95条1項によれば原則期間後の届出は認められないことになっているが、実際にはよほどのことがない限り認否書提出期限であれば届出を受け付けて認否の対象としていることが多い。仮に期限後の届出を認めなかったとしても、会社が把握している債権であれば自認する必要があるため（民再101条3項）、他の債権者の弁済額に影響を及ぼすものでもない。

　もっとも、届出期間経過後に債権者が再生債務者に対して有する債権を再生債権と相殺することは認められないことに注意が必要である（民再92条）。したがって、再生債権者に対し再生債務者が債権を有していた場合、再生債権者が債権届出期間内に相殺しなかった場合は、再生債務者は再生債権者に対する債権を回収しなければならない。このことを理解していない債権者も多数存在するので、申立て直後に開催する債権者説明会において債権者に周知徹底を促す必要がある。

XI 財産評定

　X社は、7月30日までに財産評定を作成する必要がある（民再124条）。財産評定とは、平たく説明すると、開始決定日時点での会社の資産・負債を実

態に即して評価するものである。

　これにより、再生手続の開始決定時点で清算した場合に債権者にどれだけ配当されるのかが判明することから、清算価値保障原則によって、再生計画案においてはそれより上回る配当率を提示する必要がある。

　財産評定においては、あくまでも会社が再生手続の開始決定時点で清算（破産）したことを想定するため、通常会社が健全であった場合と比べて資産の回収率は下がることが想定される。たとえば売掛金の回収も100％を見込むことが難しい場合が多いし、在庫も食品であればほとんど評価できない場合もある。店舗の敷金などは原状回復費用に充当されることが想定できるためかなり減額されると考えられる。

　申立代理人の立場からすれば、財産評定における配当率が低いほうが、再生計画における弁済率のハードルが下がるため、低めであることはありがたいが、あまりあからさまに現実から乖離した財産評定は裁判所・監督委員から容赦なくつっこまれるところであるので加減は注意しなければならない。

　会社に資金力がなく財産評定を弁護士と税理士で作成する場合もあるが、余裕があれば会計専門家に依頼するとよい。民事再生手続は会計知識（特に免除益課税対策など）が要求されるので、できれば片腕として信頼できる再生手続に強い会計士を探しておくとよい。

　X社は、飲食事業であり在庫も食品が多く、また、店舗の敷金が主な資産であり清算時の回収を見込めない一方で、公租公課の負担が大きく、清算配当率は0％となった。

XII　125条報告書の提出

　再生債務者は、民事再生法125条に定める事項を財産評定と同時期に提出しなければならない。

　民事再生法125条に定める事項のうち、1号の再生手続開始に至った事情については、申立書が参考になり、2号の再生債務者の業務および財産に関

する経過および現状については、毎月作成している月次報告書を参考にしながら作成するとよい。

XIII 再生計画案草案の提出

　再生計画案の草案（再生計画で予定している方向性を示す書面）も、財産評定、125条報告書と同時期に提出することとなっている。

　X社は、もともとY社長の意向でスポンサーをつけず収益弁済による自主再建型を望んでいたため、再生計画案草案には自主再建型を予定している旨記載した。

XIV 再生計画案

1　再生計画案とは

　再生計画案とは、これから再生会社はどのような事業計画をもって、債権者にいつ、どれくらい返すのか、ということを記載する書面である。本文と別表からできており、本文には文章によって計画の内容を記載し、別表では債権者ごとの債権額や免除額、弁済額、弁済方法が一覧となっているものである（再生計画の書式については、手引・309頁以下参照）。

　X社については、Y社長自身が続投する意向が強く、事業譲渡等第三者に譲り渡すことは考えておらず、自主的に再建することを強く望んでいた。

　一方で、各店舗ごと個別に譲受けを希望する企業同業者などは存在したものの、すべての継続店舗を引き受けるスポンサーも見当たらなかったので、X社については自主再建型で計画案を作成することとした。

> Y社長：先生、私は店舗拡大で一度は失敗しましたが、今回の教訓を活かし、この自分の手で再建していきたいと思っています。第三者に手放すことは考えられません。

弁護士：社長はご依頼当初からその意向が変わっていらっしゃいませんね。申立て後の債権者の反応からしても、Y社長の退陣要求などはなくむしろ応援してくれている債権者も多いですし、今回のことで社長自身も破産の申立てを行っていますから、現状をもって経営責任を果たしていると理解してもらうよう説得しましょう。次に、自主再建での弁済に経済合理性があるかですね。今のところ利益は出ているものの、この状況で10年間などと計画を立てたら、債権者としては10年後はどうなっているかわからない、実現可能性がないのではないかという不安が生じるでしょう。自主再建としてもなるべく早期に弁済できる計画を立てたいところですね。債権者からすると、金額にもよりますが長期の収益弁済よりさっさとスポンサーに出資してもらって回収したいという気持もあると思うのです。

Y社長：私の知人で再建のために1000万円程度なら貸してもいいと言ってくれている人がいますので、それを弁済にあてるということではどうでしょうか。

弁護士：それは有難いですね。それでは、監督委員の同意を得て1000万円の借入れをし、それでは足りないので3年間の収益を弁済原資とする計画を検討しましょうか。

Y社長：ぜひそのようにお願いします。

弁護士：もっとも、その知人の方への借金は再生債権に劣後させるしかないので、返済は再生債権弁済後、すなわち今から4年目以降となりますがそれで理解していただけそうですか。

Y社長：大丈夫です。返済は軌道に乗ってからいつでもいいと言われていますし、説明すればわかってもらえると思います。

弁護士：ではそのように進めましょう。

2　再生計画案の経済合理性

　債権者の一番の関心事は自己の再生債権に対する弁済額（弁済率・免除率）および弁済時期であり、再生計画案に定める弁済内容・方法に経済合理性があるか（もっとも債権者の弁済に資する計画なのか、もっと弁済額等増やせる計画はないのか）、という観点が重要視される。

　X社においては、Y社長の知人からの借入金1000万円、3年間の収益から2000万円の計3000万円の弁済を計画に盛り込むこととした。

　X社の負債総額が5億円であるから、3000万円の弁済となれば約6％の弁済率である（94％の免除率）。財産評定における配当率が0％であるから、経済合理性は十分にあるといえよう。

　再生計画案における弁済率は、再生会社の状況や債権者の理解度によってまちまちであり、筆者の過去の経験では再生計画案を認可してもらった事例として弁済率1％の事案もあれば弁済率40％の事案もある。もっとも、経験的に10％を超える事案はあまり多くない。

3　再生計画案の実現可能性

　再生計画案においてどれだけ高い弁済率を定めていても、計画どおり弁済できる実現可能性がなく絵に描いた餅であっては何の意味もない。債権者に実現可能性についても納得してもらえる計画を策定しなければならない。

　X社は、継続3店舗はもともと利益が出ていた店舗であり、3店舗の利益から3年間で2000万円の返済は十分実現可能と判断した。

4　経営責任

　また、必ずしも再生計画案自体に関連するものではないが、債権者としては経営者がきちんと経営責任を果たしているか、という観点も重要である。民事再生手続を申し立てて債権を大幅カットしたあげく、経営者はのうのうと暮らしている、というのでは債権者からの理解は得られない。

　Y社長はX社の負債の連帯保証をしていたため本件民事再生が一段落した

後破産し自宅も手放す予定であるため、その点を強調して経営責任を果たしたものと判断してもらうこととした。また、X社はY社長あっての会社であり取引先も今回の新規店舗に関する失敗はあったとはいえ、Y社長を信頼している節がある等を伝え、経営続行についても一定の理解を求める必要があろう。

5 再生計画案提出前からの金融機関まわり

先にも述べたとおり、金融機関が債権額の大半を占めていることから、まず金融機関が賛成してくれるような再生計画を立案する必要がある。

再生計画案の提出後に金融機関から注文をつけられて計画案を何度も修正することにならないよう、提出前に再生計画の説明を行い担当者の顔色・反応をうかがっておく必要がある。

金融機関の場合、まず担当者が稟議をあげるため、担当者に賛成の稟議をあげてもらうことがまず第一歩なのである。

X社においても、代理人弁護士で手分けして金融機関との打合せを緊密に行った。

XV 債権者集会

再生計画案提出後、監督委員の意見書が提出され、裁判所より付議決定が下された。

債権者集会は10月30日と定められた。債権者集会は、裁判所主催の集会であり、債権者説明会と異なり会社や申立代理人側が会場設定等行う必要はない。司会進行も裁判所が行う。

債権者集会において、書面投票も含め、出席債権者数の過半数の賛成と議決権者の債権総額の半額以上の賛成との両方の条件をクリアした場合、可決される（民再172条の3）。

再生計画案提出後、債権者集会までの間は、債権者に賛成票を投じてもら

えるよう、地道に債権者に連絡をして再生計画の説明や賛成してもらえるようお願いしていく必要がある。

　特に大口債権者（大体の場合が金融機関）に対しては、直接アポイントメントをとって説明に行くことが望ましい。前述のとおり、金融機関はまず担当者に賛成の稟議を書いてもらい、上層部の決済を得る手続がある（会社の規模によっては役員決済までいく場合もある）ので、担当者に納得してもらったうえで、賛成の稟議書を書けるような情報提供をしていく必要がある。

　取引債権者などに対しても、取引先と懇意にしている会社従業員に電話等してもらい、賛成のお願いの一報を入れておく。特に金融機関以外の債権者はあまり手続の流れがわからない債権者もいるほか、額が少ないことから関心がない債権者もおり、議決票などを開封せずに放っておくケースも少なくないので、何とか賛成の票を投じてもらえるようまめにお願いしておく必要がある。頭数過半数の認可要件を満たすには少額債権者の賛成票も不可欠だからである。

　また、各債権者には書面投票をお願いするとよい。書面投票で事前に票読みができ、過半数を獲得しておけば債権者集会当日にひやひやすることはない。書面投票を行っても債権者集会に出席することは可能なので、債権者にとって書面投票を行うデメリットはないのである。

　X社においては、社長・従業員・弁護士が手分けして債権者に賛成のお願いをしていたため、書面投票の段階で圧倒的多数（頭数、議決権額共に90％以上）の賛成を得ており、安心して債権者集会に出席できた。もちろん、債権者集会において無事再生計画案が可決された。

　なお、万が一債権者集会において可決要件を満たさなかった場合も、期日の続行を申し立てて再チャレンジできる可能性はある（民再172条の5）。もっとも、続行期日までは2カ月しかなく（同条2項）、その間に債権者に納得されるような大幅な計画変更は困難であることが多いため、続行期日は期待すべきでなく、最初の集会で可決要件を満たすつもりで臨むべきである。

　また、申立代理人の立場では、50％ぎりぎりの可決よりも90％レベル、で

きれば100%の可決をめざして頑張りたいものである。申立て当初は文句を言っていた多くの債権者に、最終的には再生計画案を理解してもらい、債権カットするにもかかわらず大多数の債権者から賛成を獲得できた時の快感は、民事再生手続に携わる者の醍醐味ともいえよう。

XVI 認可決定～確定後まで

1 認可決定

　特段問題がない限り、再生計画案が債権者集会で可決された場合、債権者集会と同日に（場合によっては集会の場において）認可されることがほとんどである。

　債権者集会に出席しない債権者も多数いるので、認可決定が出たら、速やかに全債権者に認可決定が出たことの報告書兼協力のお礼の文書を送付することが望ましい。

2 認可決定確定

　認可決定後、官報公告期間を経て、約1カ月で認可決定が確定する。

3 認可決定確定後

　認可決定確定後は、再生計画の記載のとおり弁済を実施し、随時裁判所・監督委員に支払いをした旨の報告書を提出する。

　X社においても、3年間にわたる弁済を終了し、無事再生計画が終結した。

　なお、仮に再生計画の内容が10年間にわたる弁済であったとしても、再生手続は認可決定確定後3年間で終結する（民再188条2項）。

XVII 民事再生手続において弁護士に求められるもの

　民事再生手続において弁護士に求められる最も重要な要素は、判断力・決

断力であろう。民事再生手続を余儀なくされる会社の社長は、自信を喪失していたり判断力が乏しくなっていたり、憔悴した状態で相談に来られることが多く、また、会社に思い入れがあるため思いきった判断ができないことも多々ある。このような場面においては、弁護士に経営判断が任されているといっても過言ではない（といっても実際に弁護士が経営責任をとれるわけではないので、最終的には社長が正しい方向に決断するようアドバイス、後押しするにとどまる）。〈*Case* ⑥〉においても、早期に新規2店舗を閉鎖するよう社長に決断を促すことで、ぎりぎりのところで再建の途が開けたのである。

また、経営者のコントロールは難しい。経営者を叱るときは自信をもって、時には辞任・解任も覚悟して叱る必要があり、決して経営者の言いなりになってはいけない。民事再生手続を申し立てる前までは、弁護士に対して「全面的に先生にお任せします」と言っていた経営者も、民事再生手続の申立て後、債権者が落ち着いてきた頃には、「喉元過ぎれば熱さを忘れる」ではないが、私利私欲のために会社を利用しようとする等反旗を翻すような行動に出ることがままある。このような経営者をいかにコントロールしていくか、が代理人弁護士にとっては民事再生手続を成功させる重要なポイントとなろう。

そのためには民事再生手続に限らず会社再建の豊富な知識・経験を積み、弁護士自身の自信をつけておかなければならない。

　本稿は、複数の事例を組み合わせるなどをして構成したものであり、実際の事例とは異なる。

第7章 個人再生──再生委員なし・住宅資金特別条項付きの事例

I 事案の概要

―〈*Case* ⑦〉――

　サラリーマンの甲野太郎氏は現在独身。妻女とは死別し子供はいない。そのような境遇のため再婚は考えておらず一生1人で生きて行く決意をしている。そのため、終の棲家となる自宅は何とか残したいとの強い希望がある。

　住宅ローンは30年近く残っている。自宅にはローン会社の抵当権が設定されており、後順位に仮差押えの登記がある。

　甲野氏の負債総額は、住宅ローンを除いて、本人申告で6社から約500万円ほどである。信販会社と消費者金融あるいは銀行系カードローン会社のみであり、ヤミ金からの借入れはない。

　収入は、給与所得が手取りで月約31万円くらいであり、うち支払原資としては3万円出せるかどうかというところである。

　また、甲野氏は足が少し悪く車が通勤や日常生活に不可欠であるが、現在使っている車もローンで買ったものであり、ローンが残っている。車を引き上げられると仕事にも支障が出るので何とか残す方向で検討する必要がある。

Ⅱ 問題点の把握

　乙弁護士の下に、最近独立した後輩の若弁護士から債務整理事件を紹介したいとの電話があった。

若先生：今日、甲野太郎さんという方が債務整理について相談に来たのですが、ちょっと私の手に余るので先生に紹介し、受任いただければと思って電話しました。私は破産が相当ではないかと思うのですが、甲野さんとしては何とか**自宅を残したいという意向が強くて（問題点①）**、そうすると小規模個人再生だと思うのですが、私には経験がないので先生にお願いできないかと思うのですが……。

乙先生：自宅は、ローン付きですか。

若先生：はい。住宅ローンがまだ30年近く残っていて、当然、ローン会社の抵当権が設定されています。

乙先生：**住宅ローン抵当権のほかに抵当権とかはないですか。（問題点②）**

若先生：ちょっと登記簿謄本（不動産全部事項証明書）まではみていなかったです……ネットでとって、あとで相談票（【書式2-7-1】）と一緒にFAXで送ります。

乙先生：負債総額と甲野さんの収入はどのくらいですか。

若先生：負債総額は、住宅ローンを除いて、本人申告で6社から約500万円ほどです。信販会社と消費者金融あるいは銀行系カードローン会社のみです。ヤミ金とかはありません。また、個人からの借入れも本人申告によればないです。収入ですが、サラリーマンで、給料は手取りで月約31万円くらいとのことです。うち**支払原資としては3万円出せるかどうかというところです。**

(問題点③)

乙先生：過払いは出そうですか。

若先生：取引期間がそれほど長くないので、出ないと思います。引直し計算すれば負債額は若干減るとは思いますが、よくても400万円くらいではないかと思います。そうすると任意整理でやった場合、完済までに133カ月＝11年以上かかってしまいます。

乙先生：そんな長期では業者が和解に応じるとは思えないから、任意整理は無理だね。

若先生：それで破産では、と思ったのですが、先ほどのとおり、甲野さんとしては自宅を残したいという希望がありまして……。

乙先生：わかりました。とりあえず甲野さんに話を聞いてみましょう。それで個人再生でいけるかどうか判断します。

若先生：ありがとうございます。それで、もう1点お話しておくことがあるのですが、甲野さんは足が少し悪くて車が通勤や日常生活に不可欠なのですが、現在使っている車もローンで買ったもので、まだローンが残っています。**車を引き上げられると仕事にも支障が出るので何とか残す方向でお願いしたいとのことなのです。**(問題点④)

乙先生：そうですか、意向はわかりました。その車の車検証もFAXで送ってください。

若先生：了解です。

　その後、若先生から相談票、不動産登記簿謄本および車検証が送られてきた。

　不動産登記簿謄本をみると、住宅ローンの抵当権の後順位にS社の仮差押登記がなされていた（**問題点②**）。また、自動車には、C社の所有権留保がつけられていた（**問題点④**）。

【書式 2-7-1】　相談票（《Case ⑦》）

相　談　票

平成25年4月1日
弁護士　　　若

1　依頼者　甲野　太郎　昭和52年12月X日生　35歳
　　住所　　P県V市在住

2　設計会社勤務　給与所得手取り31万円　ボーナスなし

3　負債額（本人申告）
　　　　C社　　　　　　　187万円
　　　　R社　　　　　　　98万円
　　　　S社　　　　　　　66万円
　　　　M社　　　　　　　60万円
　　　　I社　　　　　　　72万円
　　　　E社　　　　　　　10万円
　　　　X銀行（住宅ローン）　2200万円

4　自宅は持ち家
　　住宅ローンあり、35年ローン　ローン残29年　残ローン2200万円
　　月の支払額　10万円　ボーナス払いなし。
　　自宅の査定額1400万円　固定資産評価額1000万円

5　自動車ローンあり（Cの一部）、残15万円　毎月3万円払い。

6　生命保険有り　月1万円　解約返戻金30万円

7　家計収支

給料手取り31万円	住宅ローン	10万円
	自動車ローン	3万円
	生命保険料	1万円
	食費	5万円
	生活雑費	3万円
	交通費（ガソリン代）	3万円
	医療費	1万円
	滞納税支払い	2万円
	返済原資	3万円
	（1000円以下切り捨て）	

（＊筆者注　説明の便宜のため、ポイントのみ抽出し箇条書きした）

III 方針の検討（大筋の方向性と問題点の検討）

1　方針決定のメルクマール

〈*Case* ⑦〉の任務目標は、自宅を残しつつ、負債の整理をすることにある。自宅を残すということは、住宅ローンの支払いを継続し続けるということであるが、そのための方法としては、任意整理か住宅資金特別条項付きの個人再生しかない。破産すれば、一切の弁済は禁止され自宅も確実に処分（担保不動産競売もしくは任意売却）されるので、〈*Case* ⑦〉では適合性がない。しかし、任意整理も個人再生も駄目となった場合、最終的な法的負債処理の方法としては破産しかないのも事実であり、この点は甲野氏にも腹を据えてもらう必要がある。

任意整理は、返済原資（月3万円）に比して負債総額（引直し前の元金ベースで500万円）が大きすぎる。任意整理を行う場合、通常返済期間は3年、5年でぎりぎり金融業者が承諾するかどうかというラインであるが、仮に5年で返済するとしても月8万円の返済原資が必要であり、全く適合性がない。

住宅ローンは支払いつつ、金融業者からの借入れを支払可能な額に圧縮して分割弁済する必要があるが、住宅資金特別条項付個人再生がそのための制度であって〈Case ⑦〉に適合性がある。問題は、住宅資金特別条項付個人再生の要件を満たすかどうかであるが、そもそも住宅資金特別条項の要件を満たさないのであれば、個人再生をすること自体に意味はない。住宅資金特別条項の要件を満たすかどうかが方針決定の最大のメルクマールとなる。

2　問題点①：自宅を残す――住宅資金特別条項の要件充足性

住宅資金特別条項（民再198条1項）を定めることができるのは、以下の場合である。

① 住宅の建設・購入に必要な資金等の貸付けに係る分割払いの定めのある再生債権であること（民再196条3号）
② ①の債権またはこれの保証債務に係る債権を被担保債権とする抵当権であること（民再196条3号）
③ ②の抵当権が「住宅」に設定されていること（民再196条1号）
④ 「住宅」に民事再生法53条1項に規定する担保権が存在しないこと（民再198条1項ただし書）

④の意味は、住宅に住宅ローン抵当権以外の担保権（通常は抵当権）が設定されていては駄目だということである。これは、住宅に住宅ローン以外の別除権（抵当権等）が設定され、これが実行されれば、結局、再生債務者は住宅を失うことになるので住宅資金特別条項を定めても意味がないという理由による。

この要件は、不動産登記簿謄本を調査すれば、ほぼ一見して判明する事実であるから、住宅資金特別条項を検討する際は、まず最初に不動産登記簿謄本をチェックすることが肝要である。

〈Case ⑦〉では、甲野氏の住宅に担保権こそ設定されていないが、仮差押登記が存在する。これが民事再生法53条1項の担保権と同列に論じられるかは1つの問題である。

3　問題点②：仮差押登記——住宅資金特別条項の阻害要因となるか

　仮差押登記が民事再生法53条1項の担保権と同視できるというのであれば、同法198条1項ただし書により、〈*Case* ⑦〉では住宅資金特別条項を定めることはできない。そうであれば個人再生申立自体が任務目標との関係で無意味であり、破産申立てをなすべき事案となる。

　仮差押えが本執行に移行した場合、強制競売により再生債務者は住宅を失うのであり、その意味では、担保権が設定された場合と変わりはない。

　しかし、担保権は、別除権として再生手続によらないで権利行使できるのに対し（民再53条1項・2項）、仮差押え、（本）差押えの被保全債権（請求債権）は、再生手続が開始された場合であっても、再生債権（同法84条）にすぎない。再生計画の定めるところによらなければ権利行使はできず（同法85条1項）、強制執行もできない（同法39条1項、184条）。再生計画が認可され確定すれば、この被保全債権（請求債権）は、再生計画どおりに権利変換され（同法232条2項、156条）、再生債務者が再生計画どおり履行を行っている限り強制執行されることはない。

　つまり、再生手続が開始され、再生計画どおりに履行を行っている限り、仮差押えによって再生債務者が住宅を失うおそれはない。別除権たる担保権とは同列に論じ得ないのであり、住宅資金特別条項の阻害要因とはならないであろう。

　ただし、住宅資金特別条項を定めた再生計画の**不認可要件**として、住宅の所有権等を失うこととなると見込まれる場合がある（民再202条2項3号）。上述のとおり、再生計画どおり履行できれば所有権を失う見込みはないのであるが、履行可能性に疑問符がつくような場合は、この要件がクローズアップされるおそれがある。履行可能性があることをきちんと示すことがより重要になる。

　住宅資金特別条項の問題とは別の問題として、弁護士が受任通知を債権者に送付することにより、仮差押債権者が本執行（強制競売）に及ぶおそれがある。もっとも、本執行されたとしても、再生開始決定により強制執行手続

は原則として中止し、再生計画認可の確定によって失効するのであるから（民再39条1項、184条）、本質的な問題とはならないが、本執行をされないに越したことはないので、受任通知発送後、開始決定までにあまり時間をかけないで迅速に進める必要がある。

4　問題点③：再生計画の履行可能性

〈*Case* ⑦〉は再生債権の総額が5000万円以下であることは問題なく、甲野氏はサラリーマンで反復して収入を得る見込みもあるから、小規模個人再生（民再221条）を選択できることに疑いはない。

給与所得者等再生（民再239条）の要件も満たしそうだが、給与所得者等再生の申立てを行うか、単純な小規模個人再生の申立てを行うかは、メリット・デメリットを勘案しての判断になろう（詳細はⅤ2以下で検討する）。

〔図2-7-1〕　再生事件の構造

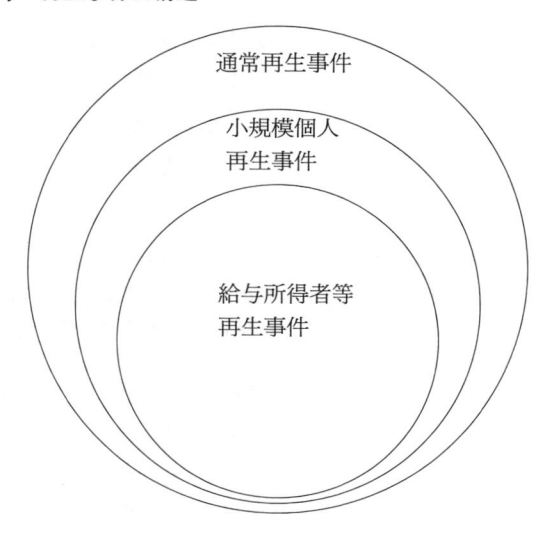

通常再生事件
小規模個人再生事件
給与所得者等再生事件

小規模個人再生事件の再生計画の**不認可要件**としては、「再生計画が遂行される見込みがないとき」（民再231条1項、174条2項2号）がある。つまり、遂行される見込みがあれば再生計画は認可される。
　これに対して、住宅資金特別条項の定めをした再生計画の**不認可要件**は、「再生計画が遂行可能であると認めることができないとき」（民再202条2項2号）であり、遂行可能であると認められて初めて再生計画は認可されることになる。その意味で、住宅資金特別条項付きの再生申立ては、遂行可能性＝履行可能性のハードルが高く、再生開始決定の審理段階で厳重に吟味される。履行可能性に問題がある場合、再生委員が選任されるか、場合によっては取下げを勧告されることもありうる。
　〈Case ⑦〉では、若先生の話と相談票をみる限り、1カ月あたりの支払原資が3万円しか捻出できない状況である。一方、基準債権総額を500万円と仮定してみると、再生計画による計画弁済総額は100万円（民再231条4号）となり、これを原則である3年間で支払うとすると、月額2万7777円になる。送金手数料を考えると1カ月あたり約3万円となり、支払原資ぎりぎりで、何か突発的な出費があったら、たちどころに履行が頓挫しそうではある。仮差押えの問題とも絡んで、履行可能性のある再生計画を作成できるか、その前提となる事実状況を作出できるかがポイントになろう。

〈表2-7-1〉　**最低弁済額基準──民事再生法231条2項4号**
＊基準債権─無異議債権および評価済債権のうち一定の債権（住宅資金貸付債権の額、別除権カバー部分の額および再生手続開始後の利息や費用）を除いたもの
＊計画弁済総額─再生計画に基づいて基準債権に対して弁済する総額
＊最低弁済基準債権額─再生計画で、債務者が弁済しなければならない最低額

基準債権総額	最低弁済基準額
100万円未満	基準債権総額（満額）
100万円以上～500万円未満	100万円
500万円以上～1500万円未満	基準債権総額の5分の1

| 1500万円以上～3000万円未満 | 300万円 |
| 3000万円以上～5000万円 | 基準債権総額の10分の1 |

5　問題点④：自動車の確保

〈*Case* ⑦〉の自動車にはC社が所有者として登録され、所有権留保がなされている。対抗要件を具備した所有権留保は、再生手続において別除権（民再53条）として扱われる（最判平成22・6・4民集64巻4号1107頁）。通常、弁護士が受任通知を債権者に送付すれば、別除権（担保権）の行使として自動車が引き上げられる。

しかし、甲野氏は足が悪いとのことで、自動車がないと通勤すらままならなくなり、経済生活に支障を来してしまう。新しい車を買うにしても、返済原資が3万円しかない中で購入できる資金もない。弁護士介入によりいわゆるブラックリスト（信用情報機関への事故情報の掲載）に掲載されるから、新たなローンを組むこともできない。何とか現有する自動車を活かす方向で考えたい。

手段として担保権消滅許可申請（民再148条）を行う方法もあるが、目的物件の価額を一括で支払えるか（同法152条）は微妙である。最後の手段であろう。別除権者（C社）と別除権協定を締結し、担保権の実行（引き上げ）を保留してもらう方法がベストである。

小規模個人再生でも別除権協定の締結自体は禁止されていない。問題は、C社が別除権協定に応じてくれるかである。別除権協定とは、平たくいえば、担保の客観的価値（目的担保物の評価額部分）を受け戻して（民再41条1項9号）、その受戻代金を共益債権（同法119条5号）として随時支払い（同法121条1項）、その支払いが完了するまでの間、別除権の行使を留保してもらう契約であるが、担保の客観的価値が被担保債権を下回っている場合、つまり、自動車の転売価額が残自動車ローンを下回っている場合、別除権者にとって別除権協定を締結するインセンティブに乏しく、別除権協定の締結は相当に

難しい。逆に、自動車の価値が残ローン額を上回っていれば、別除権者は自動車の換価手続を経ないで残ローンを全額回収できる見通しが立つのであるから、別除権協定を締結することへのインセンティブが働く。無論、協定締結する・しないは別除権者の判断であり拒絶の可能性も高いので、基本的に甲野氏には自動車は残せないという方向で腹を括ってもらうが、別除権協定の申入れをやってみる価値はあるのでその方向で動くことにする。

IV 依頼者からの聴取り

若先生から電話があった数日後、乙弁護士は甲野氏と面談し、事実関係の聴取と意向の確認を行った。

概要は以下のとおりである。

1　問題点①関係——住宅資金特別条項

- 甲野氏は現在独身。妻女とは死別し子供はいない。そのような境遇のため再婚は考えておらず一生1人で生きていく決意。そのため、終の棲家となる自宅は何とか残したいとの強い希望がある。「住宅資金特別条項付小規模個人再生で自宅を残せる可能性があるのであればぜひお願いしたい。駄目だった場合は破産でやむを得ない。了承する」とのこと。
- 住宅ローンは、現在延滞なし。
- 個人再生がうまくいく場合、甲野氏のケースでは、住宅ローンの支払いを70歳まで伸ばし、月々の返済を減少させることも視野に入れられるが（民再199条2項2号）その点はどうか、との問いに対して、甲野氏は、「現在のところ定年が65歳であり、その後まで住宅ローンの支払いを続けるのは厳しいし、金利負担も増えるので、現在の支払条件を続けたい」とのことであった。
- 自宅の価値につき査定書がある。査定では1400万円。固定資産税評価額は1000万円。一方、住宅ローンの残債は、約2200万円あり、オーバーローン状態（剰余価値なし）。

2　問題点②関係——仮差押登記

- この仮差押えは、父親の借金（消費者金融からの借入れ）を連帯保証したこ

とによるもの。甲野氏が連帯保証した事実関係に争いはない。父親は数年前に自己破産し、そのために仮差押えとともに訴訟提起された。訴訟上の和解が成立し、月3万円ずつ返済する内容になっている。この返済のために、業者から借入れを行っている面もある。先々月からは支払っておらず、督促がうるさい。
- 父親の借金を肩代わりしていることになるが、父親に求償する意思はない。父親も年金暮らしでそのような余裕はない。

3　問題点③関係――履行可能性
- そもそも負債が増大した理由として、直接的には亡妻女の医療費の補てんであったが、当時の給料では何とか返済はできていた。しかし、リーマンショック後の不況で、給料が減額されたことと、先ほどの仮差押えの件で収支が赤字になり、返済のために借入れを起こすようになった。しかし新たな借入れもできなくなり、進退極まって弁護士に相談した。
- 勤務している会社は、従業員7名の零細企業。景気の動向を受けやすい。給料は、手取りで31～32万円。ボーナスはない。また退職金の支給もない。良い時は手取りで38万円ほどであった。景気が若干上向いているので、今後、給料が上がる可能性は高いが、今現在確定した話ではない。
- 固定資産税の滞納がある。V市の資産税課と協議して、毎月2万円を分割で支払うことで合意できている。現在もこれはきちんと支払っている。残額は14万円ほどなのであと7回で終わる。
- 月々の支出を減らすため、生命保険を解約してはどうか、との問いについて、甲野氏は、「足が悪く亡妻女のこともあり、将来が不安なので継続したい」とのこと。
- 親族等の援助は、期待できない。
- 自動車との絡みもあるが、現在のところ返済原資としては3万円がぎりぎりのライン。

4　問題点④――自動車
- 自動車は、中古を買った。これがないと足が悪いので通勤もできなくなり本当に困る。買い換えるだけの余裕はない。
- 残ローンは15万円ほど。あと5回で終わる。
- 自動車の価額としては、20～30万円ほどではないかと思う。

5　その他

- 取引履歴が浅く、過払金は発生しない公算が高い。多少の負債の圧縮はできるので、再生債権の負債額は、500万円を切ることは確実。したがって、小規模個人再生申立ての場合、最低弁済基準額は100万円。
- 資産価値のあるものとしては、生命保険の解約返戻金が30万円ほど、預貯金は数万円のレベル。その他、出てくるかもしれないが、最低弁済額100万円を超えることはなさそうである。

　　　清算価値＜最低弁済基準額（100万円）
　　　計画弁済総額＝最低弁済基準額（100万円）

- 通常の再生計画案（3年分割弁済）を基礎に考えれば、月あたりの返済額は、2万7777円となる見込みで、ぎりぎり返済原資の枠内に収まる。甲野氏としては、その金額であればきちんと支払っていけるであろうとのことであった。ただし、返済期間については、あまり長期間にはしたくないとの意向であった。

V　方針の決定（依頼者との面談中の構想）

1　個人再生申立自体

　再生債権の総額は、本人申告によっても500万円であるところ、これが、今後の債権調査によって小規模個人再生事件の要件である5000万円を超えるという事態は想定しがたく、小規模個人再生の申立てを行う。また、仮差押登記（問題点②）は、住宅資金特別条項を定めるにあたり阻害要件とはならないと解されるので、当然、住宅資金特別条項付きの小規模個人再生申立てとする。

2　給与所得者等再生の可否

　甲野氏は給与所得者であることから、手続としては、給与所得者等再生の特則の適用を求めることも考えられる。
　給与所得者等再生手続によるメリットとしては、再生計画案につき、債権

者の決議がいらないという点がある（民再240条1項）。単なる小規模個人再生手続の場合、再生計画案の可決要件として不同意と回答する債権者が議決権者総数の2分の1を超えず、かつ、その議決権の額が議決権の総額の2分の1を超えないことが必要となるので、過半数の反対が見込まれるような場合、このメリットは大きな意味があるが、一般的には、債権者が小規模個人再生事件の再生計画案に不同意の回答を行う例は乏しく、相対的にメリットとしてそれほど大きな意味を有するものではない。一方デメリットとしては、**計画弁済総額が可処分所得の2年分以上の額でなければならないという点がある**（同法241条2項7号）。2年分の可処分所得が最低弁済基準額未満である場合は、最低弁済基準額で済むので（同項5号）、単なる小規模個人再生と変わりはないが、そうでない場合、計画弁済総額が相対的に増加し、再生債務者の負担となる場合がままある。特に所得が比較的多い場合や、単身者の場合はその傾向がある。

〔図 2-7-2〕　負債額500万円を想定したケース（《Case ⑦》）

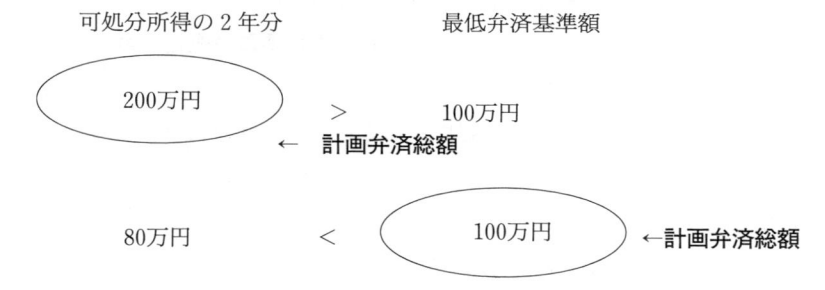

可処分所得の2年分　　　　最低弁済基準額

200万円　　＞　　100万円
　　　　　　← 計画弁済総額

80万円　　＜　　100万円　←計画弁済総額

　債権者が不同意の回答をする可能性が乏しく、2年分の可処分所得の額が最低弁済基準額より多いような場合、一般的には、給与所得者等再生ではなく、単なる小規模個人再生の申立てを選択することが多い（鹿子木康＝島岡大雄編『個人再生の手引』（以下、「手引」という）368頁）。
　甲野氏のケースで、給与所得者等再生による可処分所得額をシミュレーションしてみたところ（インターネットでシミュレーション用のソフトが公開され

ている)、1年間の可処分所得額は、約167万円。2年分だとその倍の334万円。これを3年で弁済するとなると、毎月の支払額は、9万2700円。支払える金額ではない。一方、最低弁済基準額は100万円。再生計画案に反対しそうな債権者も見当たらないので、給与所得者等再生の特則の適用を求めても甲野氏を苦しめるだけでデメリットしかない。特則の適用を求めない小規模個人再生の申立てを行うこととする。

3 管轄と再生委員の選任

東京地方裁判所での個人再生事件の運用では、全件再生委員を選任することとなっている。そのため、通常の申立費用（手数料、郵券代、官報公告費用）のほかに、再生委員の報酬として、別途15万円（平成31年2月現在）の予納を求められる。

それ以外での裁判所では、申立人に代理人が選任されている場合、**原則として再生委員は選任しない**取扱いがほとんどである。債務者面接もせず、書面による照会・回答のみで発令する裁判所も多い。

ただし、問題のあるケースでは、**例外的に再生委員が選任される**ケースもある。具体的には、申立代理人の調査不足・能力不足が認められる場合、破産手続における否認対象行為が認められる場合、特殊な判断を求められる場合、そして履行可能性に問題がある場合等である。

再生委員が選任されるとなると、裁判所によって金額は異なるが、15万円～20万円ほどの再生委員の報酬を予納しなければならなくなる。通常は、履行テストとして計画弁済月額を再生委員に送金して積み立て、再生手続終了時に精算する方法がとられるが、再生債務者にとって負担が大きい。可能な限り、再生委員の選任がない方向で申立代理人として知恵を絞り尽力する必要がある。

〈*Case* ⑦〉では、甲野氏はP県V市在住なので、P地方裁判所V支部が管轄裁判所となる。同裁判所では、再生委員を選任しない運用なのでその点はよいが、仮差押えの問題（問題点②）、履行可能性の問題（問題点③）、そ

して別除権協定の問題（問題点④）と、裁判官が判断に迷いそうな問題が目白押しであり、手ぬるい申立てでは再生委員選任コースとなってしまう。

　裁判官が安心して開始決定と認可決定を出せるよう、問題点について十分な説得材料と（疎明）資料が必要である。

4　再生計画素案と問題点②および③の解決策

　〈*Case* ⑦〉の基準債権総額は、引直し計算による減額と債権申告漏れによる増額分を考慮したとしても、100万円から500万円のレンジに収まることはほぼ確実なので最低弁済基準額は、100万円と想定する。甲野氏の希望でもあるので、原則どおり3年間の毎月分割とすると月額弁済額は2万7777円。送金手数料込みで3万円と見積もることができることは今まで検討してきたとおりである。

　これに対して、別除権協定を締結した前提で考えれば毎月3万円の自動車ローンの返済は想定しておく必要がある。これに滞納税金の支払いを加味すると、返済原資1カ月3万円では、極めてタイトであることは間違いない。

　ただし、現在の支払いのうち、滞納税金はあと7回で終了であり、支払いを継続すれば（共益債権なので随時支払いができる）、今月（4月）を含めて10月には支払いが完了し、2万円が返済原資に加わる。今月に受任通知を送付し、再生債権については支払いを止めて、返済原資3万円分はプレ履行テストを兼ねて弁護士報酬として支払ってもらう。自動車ローン分の3万円は、とりあえず支払いは停止するがプールしてもらい、8月を目途に別除権協定を締結し、プール金（3万円×5カ月＝15万円）でローン残金15万円を一括で支払う。それによりローン代金3万円も返済原資に加わる。

　P地方裁判所V支部の再生手続のスケジュールは【書式2-7-2】のとおりであるが、申立てから再生計画認可まで約5カ月かかる。実際の弁済は、**認可決定が確定した月の翌月**からスタートするので（民再229条2項2号により、認可決定確定日から3年後の日が属する月が最終弁済月となるが、そうするとスタート月は確定月の翌月になる）、申立てから再生計画に基づく支払いスター

トまでは約6～7カ月の猶予がある。この間に滞納税金と自動車ローン（別除権協定が締結できることが前提）を完済してしまえば、2万円＋3万円＝5万円が返済原資に上積みされるのであり、もともとの返済原資3万円を加えて、8万円になる。これならば履行可能性は高いであろう。

申立ての段階で、再生計画案も添付し、上記の旨を上申書にまとめ、さらにプレ履行テスト（受任後、申立てまでの間の弁護士報酬分割支払金）の結果を報告すれば、履行可能性の点はひとまずクリアできるであろう。

【書式 2-7-2】 個人再生手続進行予定表（《Case ⑦》）

```
平成　年(再イ)第　　号　小規模個人再生事件
　再生債務者　　　　甲野　太郎
　代理人弁護士　　　乙
　電話　03-xxxx-xxxx　FAX　03-xxxx-xxxx
```

個人再生手続進行予定表

P地方裁判所V支部

手　　　続	日　　　程
申立て・予納金納付	平成25年6月3日
開始決定	平成25年6月17日
債権届出期間	平成25年7月8日
規則120条に定める書面の提出期限	平成25年9月9日
報告書（法124Ⅱ、125Ⅰ）の提出期限	平成25年7月22日
一般異議申述期間の始期	平成25年7月22日
一般異議申述期間の終期	平成25年8月5日
評価申立期限	平成25年8月26日
再生計画案提出期限	平成25年9月9日
書面による決議に付する旨の決定	平成25年9月24日（予定）
回答書提出期限	平成25年10月15日（予定）
再生計画の認可・不認可決定	平成25年10月29日（予定）

＊再生計画案の提出期限、書面決議付議決定は、異議の申述や評価の申立が行われた場合には、伸長されます。

5 スケジュール感

再生計画の履行可能性を考えた場合、個人再生の申立ては、むしろ可能な限り遅らせたほうがよい。しかし、〈*Case* ⑦〉では、仮差押えが本執行に移行されるおそれ、すなわち、和解調書を債務名義として甲野氏の自宅に強制競売の申立てがなされるおそれがある。もっとも、そのこと自体が直ちに再生手続や住宅資金特別条項に影響を与えないことは検討したとおりであるが、差されないに越したことはなく、また、差されると強制執行中止のための手続（民再26条1項）を求める手間も増える。

そうすると、仮差押え債権者が本執行をする前に迅速に申立てをしなければならないというジレンマを抱えることとなる。

業者の取引履歴の開示に2カ月はかかるとみておかなければならないが、さすがに弁護士介入を受けて、かつ、個人再生申立てをするといっているのに、2カ月待てずに本執行を行う業者もいないであろう。2カ月後を目途に申立てすれば、受任から申立てまで2カ月、申立てから認可決定まで5カ月、認可決定から支払いスタートまで2カ月、合計9カ月の猶予期間がもらえる。これだけの期間があれば、滞納税と自動車ローンの完済に持ち込めるであろう。

6 住宅資金特別条項のタイプ（問題点①の解決策）

現在住宅ローンは延滞していない。甲野氏もローン期間の延長を望んでいないので、当初約定どおり支払いを続ける、いわゆる「そのまま型」（民再199条1項）で住宅資金特別条項を定めることにする。

受任通知送付後も住宅ローンの支払いは継続し、その旨は、ローン会社への受任通知【書式2-7-3】にも記載する。「そのまま型」の場合、これで事前協議は十分であろう。

個人再生申立て後は、弁済禁止効が働くので、住宅ローンを支払い続け、付遅滞効が発生しないように、弁済許可決定の申立て【書式2-7-4】も忘れずに行う。

【書式 2-7-3】 住宅ローン債権者宛て受任通知（《Case ⑦》）

株式会社Ｘ銀行　御中

平成25年4月3日

債務整理開始通知兼再生計画ご協力のお願い

〒100-0000
東京都○区○町○丁目○番○号
乙法律事務所
tel 03-xxxx-xxxx　fax 03-xxxx-xxxx
債務者代理人弁護士　　　　乙

（債務者の表示）
Ｐ県Ｖ市○○町○－○－○
甲野　太郎（男：昭和52年12月Ｘ日生）

　冠省　貴社におかれましては益々ご清栄の段大慶に存じます。
　さて、当職は、債務者の代理人として貴社に対し、受任の通知を行うと共に、民事再生における再生計画へのご協力を賜るため、ご通知申し上げる次第です。
　ご高配のとおり、債務者は、貴社から住宅ローンを借り入れておりますが、その他 貴社以外に信販会社及び消費者金融会社6社に対し約500万円の債務を負っております。
　上記負債に関しましては、個人再生手続（住宅資金特別条項付）の申立てを行い、負債の圧縮を行います。予想では、弁済総額は金100万円、これを3年間の分割払いとする再生計画を考えており、その場合、月の支払いは約2万8000円程度に圧縮できます。
　債務者の月額手取収入は約31万円ほどであり、再生計画が認可されれば、貴社に対する住宅ローンの支払を勘案しても、無理のない支払計画となります。
　貴社に対する住宅ローンに関しましては弁済許可決定を得た上で今後も継続し、**約定どおりの返済を継続する形（いわゆるそのまま型）で別途住宅資金特別条項**を策定致しますので、ご協議させて頂ければと存じます。

貴社に誠にご迷惑をおかけすることになりますが、債務者の窮状をご賢察くださり、ご協力のほどお願いする次第です。

　また、個人再生申立の為に住宅ローンの契約書のコピーが必要となりますので、恐縮ですが、当職宛てにFAXないし郵送頂ければ幸いです。

不一

【書式 2-7-4】　弁済許可決定の申立書（《Case ⑦》）

本申請を許可する。
平成25年6月17日
Ｐ地方裁判所Ｖ支部
裁判官　某

弁済許可申立書

平成25年6月3日

Ｐ地方裁判所Ｖ支部民事部　御中

申　立　人　　　甲　野　太　郎
　上記代理人弁護士　　　　乙

第1　申立の趣旨
　申立人が、再生手続開始後、再生計画の認可決定確定までの間、下記住宅資金貸付債権につき、下記の通り弁済することを認可する。

記

1　住宅資金貸付債権の表示
　　平成〇年〇月〇日付金銭消費貸借約定書に基づき、株式会社Ｘ銀行が申立人に対して有する貸金債権（住宅ローン）。
2　弁済方法
　　前記約定書記載の支払い方法のとおり。

第2　申立の理由
　1　申立人は、再生計画につき住宅資金特別条項を定める旨の申述をしている。
　2　再生手続開始後に上記弁済をしなければ、申立人は約定により住宅資金貸付債権の全部または一部について期限の利益を失う可能性がある。
　3　申立人が提出を予定している住宅資金特別条項を定めた再生計画案は、本日提出の再生手続開始申立書記載のとおりであり、御庁によって認可される見込みである。
　　　また、住宅資金特別条項の内容としては、約定弁済をそのまま継承する方法による。
　4　よって、上記許可を求める。

添付書類

　　　　　申立書副本　　　　　1通

以上
これは謄本である。
平成25年6月17日
P地方裁判所V支部
裁判所書記官　某

7　所有権留保自動車の別除権協定（問題点④の解決策）

　甲野氏の自動車の価格は、20～30万円程度とのことであり、残ローン額である15万円を上回っている。複数の業者に査定してもらい、最終的に客観的価値を確認するが、そのとおりであるとしたら、残ローンを全額支払うことが可能であり、別除権者が別除権協定に応じてくれる可能性が高い。

　別除権協定を締結すること自体、個人再生手続でも何ら禁止されておらず、東京地方裁判所の運用では、裁判所の許可事項とされていない（手引・247頁）。P地方裁判所V支部でも同様である。

　したがって、再生手続とはかかわりなく、業者と交渉し、別除権協定を締結したとしてもそれ自体、手続的に違法となるものではないが、一般的には、

受任通知発送時に業者宛てに別除権協定を締結したい旨の通知を行い(【書式2-7-5】)、担保権の実行(物件引き上げ)を留保してもらい、個人再生申立ての際に、上申書(【書式2-7-6】)を申立書に添付し、開始決定発令後に交渉・協定を締結し、その旨を裁判所に報告する形態がとられている。〈Case ⑦〉でもそれに準じることとする。

【書式2-7-5】 別除権協定締結業者向け受任通知(〈Case ⑦〉)

```
C株式会社　管理センター　御中
                                        平成25年4月3日

                再生計画ご協力のお願い

                    〒100-○○○○
                    東京都○区○町○丁目○番○号
                    乙法律事務所
                    tel 03-xxxx-xxxx  fax 03-xxxx-xxxx
                    債務者代理人弁護士　　　乙


(債務者の表示)
P県V市○○町○-○-○
甲野　太郎(男:昭和52年12月X日生)


冠省　貴社におかれましては益々ご清栄の段大慶に存じます。
　当職は、債務者の代理人として貴社に対し、民事再生における再生計画へのご協力を賜るため、ご通知申し上げる次第です。
　頭書債務者に関しましては、平成25年6月又は同年7月を目処に個人再生手続を申立てする予定となりました。
　貴社の立替払金(自動車ローン)につき、貴社は、下記物件に所有権を留保しており、貴社は、別除権付債権者としての地位を有する事になると存じます。
　債務者は、足が悪く、通勤あるいは買い物等の日常生活の為に自動車が欠かせず、下記物件は、債務者が経済生活を営む上で不可欠の物件です。
```

つきましては、個人再生の開始決定後、別除権協定を締結させて頂き、その上で、下記物件の客観的価値相当額（立替金全額になると予想されます）を共益債権として支払う計画を考えておりますので、何卒、ご理解頂き、下記物件の引き上げを留保頂ければと存じます。
まずは、申立前のご連絡まで。

記

会員番号　　ＸＸＸＸＸＸＸＸＸＸ
契約日　　　平成Ｘ年Ｘ月Ｘ日
物件名　　　普通自動車
メーカー　　○○○
車　種　　　ＸＸＸ
形　式　　　○○○

不一

【書式 2-7-6】 別除権協定を締結する旨の上申書（《Case ⑦》）

上　申　書

平成25年○月○日

Ｐ地方裁判所Ｖ支部　御中

再生債務者　　甲　野　太　郎
上記代理人弁護士　　乙

別除権（所有権留保自動車）の取扱いについて

　本件個人再生申立事件の債権者番号○債権番号○の債権は、再生債務者が平成○年○月○日に購入した、下記物件（以下「本件物件」という。）に関する立替払債権であり、同債権者は本件物件に所有権を留保しており、別除権付債権である。
　債務者は、足が悪く、通勤あるいは買い物等の日常生活の為に本件物件が欠

かせず、経済生活を営む上で不可欠のものである。

その為、本件開始決定発令後、上記債権者（別除権者）との間で、別添（省略）の別除権協定を締結し、本件物件の受戻しを受けた上で、本件物件の客観的価値の範囲で受戻代金（立替金）を共益債権（民事再生法119条5号）として支払う予定である。

　　　　　　　　　　　記

　　　　　物件名　　普通自動車
　　　　　メーカー　○○○
　　　　　車　種　　ＸＸＸ
　　　　　形　式　　○○○

　　　　　　　　　　　　　　　　　　　　　　　　　　　　以上

8　清算価値の把握

　小規模個人再生の場合、原則として最低弁済基準額を支払うこととなるが、清算価値保障原則（民再174条2項4号、231条1項）により、清算価値が最低弁済基準額を上回る場合は、清算価値の金額を支払うこととなる。

　清算価値を把握する際に注意すべき事項として、財産の範囲と算定時期の問題がある。

　財産の範囲として、清算価値保障原則の趣旨が破産配当以上の利益を債権者に与えることにあることから、破産手続における自由財産を除外して算定することが適切であると考えられるが、**裁判所によっては、破産手続における自由財産を考慮せず、所有する全財産を清算価値として算定する所もあるので、事前に確認をしたほうがよい。**

　算定時期として、通常再生事件であれば、開始決定時と考えられるが、小規模個人再生の場合、再生計画の取消事由として、再生計画認可の決定があった時点で計画弁済総額が破産手続が行われた場合における配当の総額を下回る場合も規定されている（民再236条）ことから、再生計画の認可決定時が清算価値の算定時になると解される。したがって、再生手続開始決定後に財

産の増殖が予想される場合、この点も織り込んで再生計画を作成する必要がある。

〈*Case* ⑦〉で甲野氏の資産として考えられるものは、現金、預金、不動産、自動車、生命保険解約返戻金、退職金、保証債務を履行したことによる父に対する求償権である。

現・預金は数万円のレベルであり、今後大幅に増殖する事態は想定できない。不動産である自宅は、オーバーローン状態（無剰余）であり清算価値としてはゼロ円である。自動車は、査定した金額から別除権部分（残ローン15万円）を控除した額を清算価値として計上する。解約返戻金はその額をそのまま計上する。退職金はないとのことなので、勤務する会社の就業規則あるいは給与規程等を取り寄せてもらい疎明資料とする。若干問題になるのは求償権であるが、父親の状態からして回収見込みはなく、父親の資力に関する疎明資料を付加して清算価値ゼロ円として計上する。

現時点で清算価値を算定しても最低弁済基準額である100万円を超える見込みはほとんどなく、想定した再生計画案に修正は必要なさそうである。

VI 依頼者への指示・説明事項

乙弁護士は、聴取りの結果と方針決定を踏まえて、甲野氏に対し、以下のとおり指示と説明を行った。

① 方針として、P地方裁判所V支部に住宅資金特別条項付小規模個人再生の申立てを行う。再生委員の選任がないように努力するが、場合によっては選任され、分割ではあるが、15万円（同裁判所での予納金額）の予納を求められる場合もありうる。

② 本日、受任通知を債権者に発送する。これにより取立ては止まると思うが、もし問合せや督促があれば、「乙弁護士に依頼した」と言えばよい。本日以降、新たな借入れや返済は絶対にしないこと。ただし、住宅ローンと税金はきちんと支払うこと。

③　仮差押えがついているので、早めに申立てを行う。2カ月から3カ月後に申し立てる予定。

　　再生がうまくいけば、平成25年の12月か平成26年の1月から業者への返済がスタートする。月額3万円を予定している。その間に滞納税金と自動車ローン、弁護士費用も支払ってしまい、住宅ローンは、リスケジュール等せず、今後も今の返済計画のまま支払い続ける。余裕をもって支払う計画である。

④　自動車は、ローン会社と交渉し、残ローンを全額支払って所有権留保を解除してもらうことを考えているが、確実とはいえないので、覚悟はしてほしい。自動車の価額が重要になってくるので、2業者ほどから査定書をとってきてもらいたい。

　　うまくいった場合は、当然残ローンを支払うことになるので、最低でも毎月3万円を家計とは別枠でプールしてもらいたい。

⑤　今月から弁護士費用として毎月3万円ずつ支払っていただく。これは再生計画をきちんと履行できるかのテストを兼ねているので絶対に遅れたりしないように。

Ⅶ　実行（オペレーション）

1　受任から申立てまで

(1)　平成25年4月3日（受任日）

甲野氏からの聴取りを終えると、乙弁護士は直ちに債権者に対し、受任通知を送付した。住宅ローン会社と自動車ローン会社には、一般的な受任通知ではなく、それぞれ【書式2-7-3】と【書式2-7-5】の受任通知を送付した。

(2)　同年4月15日

甲野氏から自動車の査定書2通が届いた。査定額は、それぞれ32万円と28万円であった。その平均値である30万円を自動車の客観的価値と考える。

(3)　同年4月16日

住宅ローン会社（株式会社Ｘ銀行）から契約書等が送付されてくる。連絡文書に、「弁済許可が出たらFAXで送ってほしい」旨の記載のほか要望事項等はなかったが、一応事前協議を、と思い、担当者に電話する。担当者からは、延滞なく支払ってもらえれば特に問題ないと言われる。

　　⑷　同年4月20日
　S社より「仮差押えをどうしたらよいか」との問合せがあった。「2カ月後には個人再生を申し立てる予定であるが、その場合どういう効果が発生するかお考えいただきご判断ください」と回答する。

　　⑸　同年4月22日
　C社より、自動車引き上げ依頼の文書がFAXで送信される。良いタイミングなので、担当者に電話し、別除権協定締結の依頼をする。

弁護士：自動車は、必要なものなので、引き上げは勘弁してもらいたい。もちろんただでというわけにはいかないであろうから、別除権協定を結び、残ローンはお支払いする。

担当者：そうですか、すみません。ちょっと今、上司に聞いてみます。（保留音）お待たせしました。いくら支払えますか。

弁護士：査定してみたところ30万円くらいの価値がありそうですので、残ローン15万円全額支払えます。

担当者：弊社でもそれくらいの価値はみておりまして……回収に不足はないかなと思っているのですが……。

弁護士：実行をお考えなのですね。でも甲野さんは足が悪くて車は移動に不可欠なのです。どうしてもということであれば、担保権消滅請求を考えなければなりませんが……。

担当者：お待ちください（保留音）お待たせしました。とりあえず、協定書の案と、甲野さんの診断書をFAXで送ってもらえますか。それで検討してみます。

乙弁護士は、別除権協定書案（【書式2-7-7】）と甲野氏の同意を得たうえで診断書をＣ社にFAXで送った。

【書式2-7-7】　別除権協定書案（《*Case ⑦*》）

別除権協定書（案）

平成　　年　　月　　日

甲：Ｃ株式会社
乙：甲野　太郎

　甲と乙は、乙のＰ地方裁判所Ｖ支部平成25年（再イ）第〇〇〇号小規模個人再生手続開始決定申立事件（以下「本件個人再生事件」という。）に関連して、甲の有する別除権の取扱い等につき、本日、以下のとおり合意した。

第１条（乙の現状の確認）
　甲と乙は、本件個人再生事件につき、現在、Ｐ地方裁判所Ｖ支部において、平成〇〇年〇〇月〇〇日付けをもって小規模個人再生手続開始決定がなされたことを確認する。

第２条（乙の債務の確認）
　甲と乙は、本件再生事件の開始決定日現在において、乙が甲に対し、立替金債務として金150,000円（税込み）の債務を負担していることを確認する。

第３条（担保権の確認）
　乙は、甲を権利者として、乙が甲に対して負担する債務を担保するため、下記物件（以下「本件担保物件」という。）の所有権を留保していること及び本件担保物件が乙の経済生活に必要不可欠のものであることを確認する。

記

　　　　　契約日　　平成X年X月X日
　　　　　物件名　　普通自動車
　　　　　メーカー　○○○
　　　　　車　種　　ＸＸＸ
　　　　　型　式　　○○○

第４条（別除権付き債権の確認）
　甲と乙は、本件担保物件の評価額を金300,000円とすることに合意する。

第５条（別除権付債権の弁済方法）
　乙は、甲に対し、前項の別除権付き債権を共益債権として、（平成25年８月30日）限り下記口座（略）に振込送金（送金手数料は乙の負担。）して支払う。

第６条（担保権実行の停止）
　甲は、乙が、本件担保物件を従前どおり継続して使用することを承認する。但し、第５条に定める支払を怠った時は、甲からの請求により、乙は本件担保物件を甲に引き渡す。

第７条（原契約の効力）
　甲と乙は、原契約は、本契約成立後も、本契約に抵触しない限り当然にその効力を有することを確認する。

　上記のとおり合意が成立したことの証として、本契約書２通を作成の上、各自記名押印し、各１通を保有する。

　　　　　　　　　　　　　　　　　　　　　　　　　　　　　以上
　　　　　　　　　　　甲：Ｃ株式会社

　　　　　　　　　　　乙：再生債務者　甲野　太郎
　　　　　　　　　　　乙代理人弁護士　乙

(6) 同年5月1日

　C社より別除権協定の締結を了承するとの回答がくる。再生事件の開始決定が出た段階で協定書2通を送ってほしいとのことである。甲野氏にその旨を伝えるとともに、ローン残金の支払いができるようきちんとプールすべきことを念押しする。

(7) 同年5月16日

　全業者からの取引履歴が開示される。引直し計算の結果、やはり過払金は出なかったが、負債は減って、元金ベースで約390万円ほどであった。

(8) 同年5月20日

　債権調査も終了し、負債額が確定したので申立ての準備を始める。

　甲野氏に必要な書類のリスト（【書式2-7-8】）を送り、揃えてもらったうえで最終の打合せをしたいと告げる。

【書式2-7-8】　再生手続開始申立書の添付書類一覧表（〈*Case* ⑦〉）

再生手続開始申立書の添付書類一覧表

提出するものには□に✓印を付けてください（あるいは■にする。）。

【申立書の添付書類】

■委任状
□戸籍謄本
■世帯全員についての住民票の写し（3か月以内のもの）
■債権者一覧表（2部＋債権者数分）
□

【陳述書の添付書類（①〜④）】

① 収入	裁判所使用欄
■申立人の給与明細書（3か月分） ■申立人の源泉徴収票（2年分）	

□申立人の課税証明書（2年分） □申立人の確定申告書（2年分） □児童手当受給証明書 □児童扶養手当受給証明書 □公的年金受給証明書 □公的給付受給証明書 □以前の就業先での給与証明書 □	

② 家族関係	裁判所使用欄
□同居人（　　　　　　　）の給与明細書 □同居人（　　　　　　　）の源泉徴収票 □	

③ 住居の状況	裁判所使用欄
□賃貸借契約書、住居使用許可書（自宅分） □賃貸借契約書、住居使用許可書（別居家族分） □	

④ 債権者との訴訟の状況	裁判所使用欄
□支払督促（支払命令）正本 ■調停（和解）調書正本 □判決正本 □差押命令正本 ■仮差押命令正本 □仮処分命令正本 □	

【財産目録（兼清算価値チェックシート）の添付書類（⑤から⑬）】

⑤ 預金・貯金	裁判所使用欄
■通帳（4冊）＊過去1年間の取引が記載された頁の写	

□残高証明書 □	

⑥　貸付金・売掛金	裁判所使用欄
□契約書（　　　通） ■父親の破産開始決定・免責決定写し ■父親の課税証明書	

⑦　積立金	裁判所使用欄
□積立額証明書 □	

⑧　退職金制度	裁判所使用欄
□退職金見込額証明書 ■退職金支給規程及び計算書 □	

⑨　保険	裁判所使用欄
■保険証券 　内訳　生命保険（　1通） 　　　　損害保険（　1通） 　　　　その他　（　　　通） ■解約返戻金に関する証明書 □	

⑩　有価証券等	裁判所使用欄
□証券のコピー（　　　通） □証券の時価が分かる資料（　　　通） □	

⑪　自動車、二輪車等	裁判所使用欄
■車検証 □登録事項証明書 □車両の時価が分かる資料 □	

⑫　高価な品物	裁判所使用欄
□ □	

⑬　不動産	裁判所使用欄
■土地登記簿謄本（登記事項証明書）（1物件分） ■建物登記簿謄本（登録事項証明書）（1物件分） ■固定資産評価額証明書（2物件分） ■不動産業者の査定表 □ ＊当該不動産が担保権の目的物となっている場合 □被担保債権の残額を示す資料 □	

【その他の添付書類等（⑭〜⑯）】

⑭　その他	裁判所使用欄
□可処分所得額算出シート（給与所得者等再生のみ） □ □	

⑮　住宅資金特別条項の利用を予定している場合	裁判所使用欄
■住宅ローン契約書 ■償還表 □保証委託契約書	

| □建物・敷地以外にも抵当権が設定されている場合、その不動産登記簿謄本
□居住部分の床面積が分かる資料
□代位弁済日が分かる資料
□ | |

⑯　手数料等	裁判所使用欄
■手数料（収入印紙1万円分）（申立書に貼付） □予納金（原則として　11,928円） ■郵便切手（申立時） 　　500円切手×3枚、80円切手×10枚、10円切手×10枚 ■宛名を書いた封筒 　　債権者通知用（債権者分）　1組（郵券90円貼付） 　　代理人宛用　6通（郵券貼付不要）	

(9)　同年5月27日

　甲野氏が来所し、申立て前最終の打合せと聴取りを行う。大きな変動はなく、自動車ローンの積立ても行っており、4月、5月分の弁護士報酬もきちんと支払われた。

　甲野氏は、基本的にまじめな人なので今後の履行も大丈夫そうである。

2　申立てから再生計画案提出まで

(1)　平成25年6月3日

　郵送で小規模個人再生手続を申し立てる。

　申立書（【書式2-7-9】）、債権者一覧表（【書式2-7-10】）、財産目録、陳述書のほか、【書式2-7-8】記載の必要書類を添付する。

　さらに〈Case ⑦〉では、弁済許可申立書（【書式2-7-4】）のほか、履行可能性があることを説明するために、再生計画素案、再生計画素案に関する上申書、プレ履行テスト報告書を、別除権協定を締結するため、事前アナウンスとして別除権協定に関する上申書、甲野氏の診断書を添付した。

【書式2-7-9】　再生手続開始申立書（〈*Case ⑦*〉）

電子納付希望
弁護士○○　○○　登録番号 xxxxxxx

再生手続開始申立書（小規模個人再生）

P地方裁判所　V支部　御中

印　紙

10,000円

平成25年6月3日

ふりがな　　こうの　　たろう
申立人氏名　甲　野　太　郎
　　　　　　生年月日　昭和52年12月X日　　年齢　満35歳

現　住　所　〒343-00XX
　　　　　　P県V市○町○丁目○番○号
住民票上の住所（現住所と異なる場合に記載）

連絡先　　電話番号000（XXX）00XX　　■自宅　□勤務先　□その他
申立代理人　弁護士　○　○　○　○　　　印
　　事務所住所　〒105-00XX
　（送達場所）　東京都○区○町○丁目○番○号
　　　　　　　　電話番号　03(xxxx)xxxx　FAX番号 03(xxxx)xxxx

申立ての趣旨等

1　申立人について、小規模個人再生による再生手続を開始する、との決定を求める。
2　小規模個人再生を行うことが相当と認められない場合には、
　　□　通常の再生手続の開始を求める。

申立ての理由等

申立人は、添付の債権者一覧表に記載したとおりの債務を負担しているが、

申立人の資産、収入状況は、添付の陳述書に記載したとおりであり、申立人には、破産の原因となる事実の生ずるおそれがある。

再生計画案の作成の方針についての意見

　各再生債権者に対する債務について、相当部分の免除を受けた上、法律の要件を充たす額の金銭を分割して支払う方針である（なお、再生計画の素案は別添のとおり）。

　なお、民事再生法124条2項の財産目録及び125条1項の報告書としては、添付の財産目録等を援用する（ただし、開始決定後これらの記載内容に変動が生じた場合には、あらためて提出する。）。

■　住宅資金特別条項（※住宅ローンについて再生計画で特別な条項を定める予定がある場合には、□に✓印を記入）
　　なお、申立人所有の住宅に関する住宅資金貸付債権については、債権者と協議の上、住宅資金特別条項を定める予定である。

添　付　書　類

別添の「再生手続開始申立書の添付書類一覧表（＊筆者注【書式2-7-8】）」のとおり

受付印		貼用印紙	円
		予納郵券	円
		担当者印	

【書式 2-7-10】 債権者一覧表（《Case ①》）

債 権 者 一 覧 表【再生債務者： 甲 野 太 郎】　　1／2枚

債権者番号	債権者の氏名	債権番号	再生債権の現在額	異議の留保チェック
	債権者の住所		発生原因	その他の記載事項
	債権者の電話番号			
1	C 〒XXX-XXXX 東京都○区○丁目○番○号 TEL（　略　）	1	￥212,702 平成○年○月○日契約 □貸金 ■立替金 □保証 □その他（　　　）	異議の留保：■あり　□なし □住宅資金貸付債権　□住宅条項 □別除権　□債務名義あり ■別紙記載のとおり
1	C 〒XXX-XXXX 東京都○区○丁目○番○号 TEL（　略　）	2	￥572,572 平成○年○月○日契約 ■貸金 □立替金 □保証 □その他（　　　）	異議の留保：■あり　□なし □住宅資金貸付債権　□住宅条項 □別除権　□債務名義あり ■別紙記載のとおり
1	C 〒XXX-XXXX 東京都○区○丁目○番○号 TEL（　略　）	3	￥150,000 平成○年○月○日契約 □貸金 ■立替金 □保証 □その他（　　　）	異議の留保：■あり　□なし □住宅資金貸付債権　□住宅条項 □別除権　□債務名義あり ■別紙記載のとおり
1	C 〒XXX-XXXX 東京都○区○丁目○番○号 TEL（　略　）	4	￥284,700 平成○年○月○日契約 ■貸金 ■立替金 □保証 □その他（　　　）	異議の留保：■あり　□なし □住宅資金貸付債権　□住宅条項 □別除権　□債務名義あり ■別紙記載のとおり
2	R 〒XXX-XXXX 東京都△区△丁目△番△号 TEL（　略　）	1	￥92,522 平成○年○月○日契約 ■貸金 □立替金 □保証 □その他（　　　）	異議の留保：■あり　□なし □住宅資金貸付債権　□住宅条項 □別除権　□債務名義あり ■別紙記載のとおり
2	R 〒XXX-XXXX 東京都△区△丁目△番△号 TEL（　略　）	2	￥888,707 平成○年○月○日契約 ■貸金 □立替金 □保証 □その他（　　　）	異議の留保：■あり　□なし □住宅資金貸付債権　□住宅条項 □別除権　□債務名義あり □別紙記載のとおり
3	S 〒XXX-XXXX 東京都▽区▽丁目▽番▽号 TEL（　略　）	1	￥647,725 平成○年○月○日契約 ■貸金 ■立替金 □保証 □その他（　　　）	異議の留保：■あり　□なし □住宅資金貸付債権　□住宅条項 □別除権　■債務名義あり ■別紙記載のとおり

4	M	1	￥220,381	異議の留保：■あり　□なし
	〒XXX-XXXX 東京都◎区◎丁目◎番◎号		平成○年○月○日、平成○年○月○日、平成○年○月○契約 ■貸金　■立替金　□保証 □その他（　　　　　）	□住宅資金貸付債権　□住宅条項 □別除権　□債務名義あり ■別紙記載のとおり
	TEL（　略　）			
債権者一覧表（1枚目）記載の再生債権の合計額			￥3,069,309	

債　権　者　一　覧　表【再生債務者：　甲　野　太　郎】　　2／2枚

債権者番号	債権者の氏名	債権番号	再生債権の現在額	異議の留保チェック
	債権者の住所		発生原因	その他の記載事項
	債権者の電話番号			
5	I	1	￥216,219	異議の留保：■あり　□なし
	〒XXX-XXXX 東京都○区△丁目□番▽号 (回収受託者) 〒XXX-XXXX △県△市△区△－△－△ △△債権回収㈱		平成○年○月○日契約 □貸金　■立替金　□保証 □その他（　　　　　）	□住宅資金貸付債権　□住宅条項 □別除権　□債務名義あり ■別紙記載のとおり
	TEL（　略　）			
5	I	2	￥505,740	異議の留保：■あり　□なし
	〒XXX-XXXX 東京都○区△丁目□番▽号 (回収受託者) 〒XXX-XXXX △県△市△区△－△－△ △△債権回収㈱		平成○年○月○日契約 ■貸金　□立替金　□保証 □その他（　　　　　）	□住宅資金貸付債権　□住宅条項 □別除権　□債務名義あり ■別紙記載のとおり
	TEL（　略　）			
6	E	1	￥109,876	異議の留保：■あり　□なし
	〒XXX-XXXX 東京都□区□丁目□番□号		平成○年○月○日契約 ■貸金　□立替金　□保証 □その他（　　　　　）	□住宅資金貸付債権　□住宅条項 □別除権　□債務名義あり ■別紙記載のとおり
	TEL（　略　）			
	X 銀行		￥22,000,000	異議の留保：□あり　■なし

7	〒XXX-XXXX　○県○市○丁目○番○号　TEL（略）	1	平成○年○月○日契約　■貸金　□立替金　□保証　□その他（　　）	■住宅資金貸付債権　■住宅条項　□別除権　□債務名義あり　■別紙記載のとおり
債権者一覧表（2枚目）記載の再生債権の合計額			¥22,831,835	
債権者一覧表記載の再生債権の合計額　(A)			¥25,901,144	

別紙
表-1（住宅資金特別条項を定めた再生計画案を提出する予定のある住宅資金貸付債権）

	住宅資金特別条項を定めた再生計画案を提出する予定のある住宅資金貸付債権		保証会社による代位(年月日)
1	債権者番号7番の債権番号1番の債権	¥22,000,000	□あり→平成　年　月　日
2	債権者番号　番の債権番号　番の債権		□あり→平成　年　月　日
3	債権者番号　番の債権番号　番の債権		□あり→平成　年　月　日
	住宅資金貸付債権の額の合計(B)	¥22,000,000	

（※）　表-1に記載した住宅資金貸付債権については，表-2（別除権付債権等）に記載する必要はありません。住宅資金特別条項を定めた再生計画案を提出する予定のない住宅資金貸付債権については，表-2（別除権付債権等）に記載してください。

表-2（別除権付債権等）

	別除権付債権　別除権の目的	別除権の行使により弁済が見込まれる額	担保不足見込額
1	債権者番号1番の債権番号3番の債権　自動車購入ローン	¥150,000	¥0
2	債権者番号　番の債権番号　番の債権		
3	債権者番号　番の債権番号　番の債権		
	合計額	¥150,000 (C)	

再生債権の総額(D)	¥3,751,144
計算方法：(D)＝(A)−(B)−(C)	

その他の事項

	債権の特定	特記事項
1	債権者番号1番の債権番号1番の債権	旧○○カード会員分クレジット債権（会員番号****-****-****-*）
2	債権者番号1番の債権番号2番の債権	旧○○カード会員分クレジット債権（会員番号****-****-****-*）

Ⅶ 実行（オペレーション）　265

3	債権者番号1番の債権番号3番の債権	○×カード自動車購入ローン（会員番号＊＊＊＊-＊＊＊＊-＊＊＊＊-＊）。別除権付債権（所有権留保あり）。別除権協定締結予定。
4	債権者番号1番の債権番号4番の債権	○×カード分会員番号＊＊＊＊-＊＊＊＊-＊＊＊＊-＊＊＊＊、一部過払金があり、立替金と貸付金を分けて記載できないためまとめて記載
5	債権者番号2番の債権番号1番の債権	会員番号＊＊＊＊-＊＊＊＊-＊＊＊＊-＊＊＊＊
6	債権者番号3番の債権番号1番の債権	自宅に仮差押あり。裁判上の和解（○○地裁○○支部平成○年(ｳ)第○○号和解調書あり）
7	債権者番号4番の債権番号1番の債権	会員番号＊＊＊＊-＊＊＊＊-＊＊＊＊-＊＊＊＊、＊＊＊＊-＊＊＊＊-＊＊＊＊-＊＊＊＊、＊＊＊＊-＊＊＊＊-＊＊＊＊-＊＊＊＊、一部過払金があり、立替金と貸付金を分けて記載できないためまとめて記載
8	債権者番号5番の債権番号1番の債権	会員番号＊＊＊＊-＊＊＊＊-＊＊＊、回収受託者、△△債権回収㈱
9	債権者番号5番の債権番号2番の債権	会員番号＊＊＊＊-＊＊＊＊-＊＊＊、回収受託者、△△債権回収㈱
10	債権者番号6番の債権番号1番の債権	㈱□□債権回収が受託会社から外れるため、直接Ｅに送付されたいとのこと。電話番号は変更なし。
11	債権者番号7番の債権番号1番の債権	Ｈ○．○．○付住宅ローン

(2)　同年6月7日

　担当書記官から追完事項や訂正事項等を記載したFAXが送信されてくる。かなり細かい指摘が多いが、本質的な問題はなさそうである。指示書に従って必要な処理を行う。

(3)　同年6月17日

　予告なく、開始決定（【書式2-7-11】）、弁済許可決定（【書式2-7-4】）と個人再生手続進行予定表（【書式2-7-2】）等が送付されてきた。再生委員は選任されなかった。

　平成25年6月7日以降、しばらく裁判所から連絡がなかったので、債務者面接を行うのかもしれないと思っていたが、すんなり開始決定が発令された。

　これでひと山越えた。あとはスケジュールに従い、粛々と手続を進め、甲野氏がきちんと履行テストとしての支払いを継続してくれれば、まず認可決定されるであろう。

【書式2-7-11】　再生手続開始決定（〈Case ⑦〉）

平成25年（再イ）第○○号　小規模個人再生事件

決　　　定

　　　P県V市○町○丁目○番○号

　　　申　　立　　人　　　甲野　太郎
　　　申立人代理人弁護士　　　　乙

主　　文

1　申立人甲野太郎について、小規模個人再生による再生手続を開始する。
2(1)　再生債権の届出をすべき期間
　　　　　　　　平成25年7月8日まで
 (2)　届出のあった再生債権に対する一般異議申述期間
　　　　　　　　平成25年7月22日から平成25年8月5日まで
 (3)　再生計画案の提出期間の終期
　　　　　　　　平成25年9月9日まで
 (4)　財産目録（民事再生法124条）、報告書（同法125条）の提出期限
　　　　　　　　平成25年7月22日まで

理　　由

　疎明及び債権者一覧表等の一件記録によれば、申立人は、再生手続開始の申立てに加えて、小規模個人再生を行うことを求める旨の申述をしているが、申立人には、破産の原因となる事実の生ずるおそれがあることが認められ、かつ、民事再生法25条各号に該当する事由及び同法221条7項により申立てを棄却すべき事由はないことが認められる。
　よって、主文のとおり決定する。
　　　　　　　平成25年6月17日午後5時
　　　　　　　　P地方裁判所V支部
　　　　　　　　　　裁　判　官　　　某

　　　これは正本である。
　　　　　同日同庁
　　　　　　裁判所書記官　　　某

(4) 同年6月18日

住宅ローン会社（X銀行）に弁済許可書をFAXで送る。また、自動車ローン会社（C社）に別除権協定書を送付する。

(5) 同年6月20日

自動車ローン会社（C社）から押印済みの別除権協定書が返送される。これで別除権協定が締結できた。あとは8月30日の残ローン支払いをきちんと履行するのみである。甲野氏に不測の事態が起きないことを祈る。

念のため、協定を締結できた旨の報告書と協定書の写しを裁判所に送付した。

(6) 同年7月19日

平成25年7月8日が債権届出期間であった。担当書記官から「S社、M社およびR社から債権届出がなされたので、債権届書を送付する」との連絡が事前にあり、本日、債権届出書が送付されてきた。

再生事件の場合、再生債権のみなし届出（民再225条）の制度があり、債権者が債権届出をしない場合、債権者一覧表（【書式2-7-10】）の内容と同一内容で債権の届出をしたものとみなされる。

注意を要すべき点として、実際より債権者一覧表の金額を大きく記載してしまっても、債権者から実際の金額の届出がなければ、大きい金額のまま基準債権（民再231条2項3号）となってしまい、実際よりも多い金額を弁済しなければならないという不利益を被ることになるので、債権者一覧表の作成はより慎重にしなければならないという点がある。

債権届書の内容をチェックしたが、S社およびR社の分は、債権者一覧表（【書式2-7-10】）の金額に申立て後の遅延損害金を付加しただけで本質的に争いがないので特段異議を出さないことにする。

M社の債権届出は、大きく金額が異なり、単なる遅延損害金付加の有無ではない。精査したところ、以下の事実がわかった。

M社の債権は複数口あるところ、1つの口には過払金が出ていたが、その他の口の金額がそれ以上のため、相殺した残額を債権者一覧表に記載した。

この点の処理につきM社との間で争いはないのであるが、当方は過払金に5％の利息（民法704条の不当利得の悪意の受益者に対する利息）を付加して計算しているのに対し、M社は過払金に利息をつけずに計算しているため、金額に大きな差違が生じるに至ったものであった。

　貸金業者であるM社は、悪意の受益者と推定されるのであるから（最判平成19・7・13民集61巻5号1980頁）、過払金に5％の利息をつけることは当然であり、M社に悪意の推定を覆す特段の事情を主張・立証してもらわなければならない。

　M社に対しては異議を出すこととする。

　なお、債権者一覧表（【書式2-7-10】）提出時に、異議を留保する旨を記載しておかないと（異議留保の欄に○をつければよい）、債権届出に対し、異議を述べられなくなるので（民再226条1項ただし書）、特段の事情がない限り異議留保欄には○印をしておくべきである。

(7) 同年7月22日（報告書の提出期限および一般異議申述期間の始期）

　スケジュール上、報告書（民再124条2項、125条1項）の提出期限であるが、申立ての時に申立書（【書式2-7-9】）に「民事再生法124条2項の財産目録及び125条1項の報告書としては、添付の財産目録等を援用する」と記載し、財産目録を提出してあれば、その後に変動がない限り、新たに財産目録や報告書を提出する必要はない。〈*Case* ⑦〉でもその後特段の変動はない。

　ただし、東京地方裁判所の運用では、申立て時に財産目録等の添付を求めていないので、報告書の提出期限までに財産目録等を提出する必要がある。

　一般異議の申述期間が始まったので、早速、異議書（【書式2-7-12】）を裁判所に提出する（裁判所によっては、異議書を債権者に直送するように指示される場合もある）。

　M社の債権は無債務名義債権であるので、M社が異議に不服がある場合は、一般異議申述期間の終期から3週間以内に再生債権の評価を申立てすることになる（民再227条1項）。同期間内に評価の申立てがなされなかった場合、無異議部分が再生手続内で確定し、無異議部分が基準債権額となる（同法

231条2項4号)。異議のある部分は、実体法上失権することはないので、訴訟等により権利関係を確定させ、請求することは可能である。ただし、再生計画の一般的基準に従って権利変更を受け、再生計画に定められた弁済期間中は、弁済を受けられないという劣後的な取扱いを受ける(同法232条3項)。

【書式2-7-12】 異議書(《Case ⑦》)

平成25年(再イ)第○○号個人再生申立事件

異　議　書

P地方裁判所V支部　破産再生係　御中
　　　　平成25年7月　日
　　　　再生債務者　　　　　　　甲　野　太　郎
　　　　再生債務者代理人弁護士　　　　　乙

　頭書事件について、再生債務者は、届出のあった再生債権について、次のとおり異議を述べます。
1　相手方
　　再生債権者　　M
2　異議を述べる事項
　　相手方が平成25年7月△日付債権届出書により、御庁に届出をした再生債権の金額398,295円のうち、177,914円について異議がある。
3　異議の理由
　　相手方届出の債権届出書13丁目、14丁目に記載されている立替金及び手数料合計320,099円は認め、同書面10丁目記載の残元金及び利息損害金の合計195,394円並びに19丁目記載の残元金-117,198円については、いずれも取引期間中に発生している過払金について、民事法定利率5％の利息を付加して計算されていないため、5％の利息を付加して、計算した結果では、それぞれ、126,440円、-226,604円となる。よって、これらの差額である68,954円及び-109,406円の合計、178,360円の差額が生じるため、債権者一覧表記載の金額を超える部分である177,914円の範囲で異議がある。

(8) 同年8月27日（評価申立期限の翌日）

評価申立期限の翌日になったので、裁判所にM社から評価の申立てがなされたか否か聞いてみたところ、出ていないとのことであった。

これで再生手続的には、M社の債権は無異議部分で固まった。異議がある部分は約18万円ほどであるが、訴訟になってもM社に勝ち目はないであろうから、事実上、この部分を請求されることはないであろう。

(9) 同年8月30日

別除権協定における受戻代金（自動車ローン残金）の支払日である。事前に甲野氏に返済原資はあるか聞いておいたところ、大丈夫との返事であったが、念のために甲野氏に確認するときちんと支払ったとのことである。これで自動車を確保することができた。

裁判所に、別除権協定を履行した旨を報告しておく。また、再生計画案の提出期限は9月9日であるが、約1週間前になったので、再生計画案の下書きを作成し、あわせて書記官にFAXで送り、チェックしてもらうことにする。

先ほど甲野氏に連絡した時に聞いてみたところ、滞納税金の支払いもきちんと行い、あと2回分（4万円）を残すのみとのことであった。履行テスト（弁護士への分割支払い）も順調であり、当初の計画どおり履行できそうである。

(10) 同年9月9日

書記官から指摘を受けた事項を修正したうえで、履行テストの結果報告書とともに、正規の再生計画案（【書式2-7-13】）を提出した。

〈*Case* ⑦〉では、基準債権総額（確定債権額）は、376万3197円であった。したがって、最低基準弁済額（再生計画による返済総額）は、約100万円（端数金額の処理のため、100万円を若干超える）。これを毎月1回、3年間で弁済する計画となった。

これでまたひと山越えた。実質的な作業はこれで終了である。あとは認可され、確定することを待つのみ。

【書式2-7-13】　再生計画案（《Case ⑦》）

P地方裁判所V支部　平成25年（再イ）第××号

再 生 計 画 案

平成25年9月9日
　　再 生 債 務 者　　　　　　甲 野 太 郎
　　再生債務者代理人　　弁護士　　乙　　　印

第1　再生債権に対する権利の変更（一般条項）
　1　一般条項の対象となる再生債権
　　下記第2の住宅資金特別条項の対象となる再生債権を除いた全ての再生債権である。
　2　権利の変更
　　再生債務者は、各再生債権者がそれぞれ有する再生債権について、再生債権の元本及び再生手続開始決定の日の前日までの利息・損害金のうち25.50パーセントについて支払い、その余及び再生手続開始決定の日以降の利息・損害金については、全額について免除を受ける。
　3　弁済方法
　　再生債務者は、各再生債権者に対し、2の権利の変更後の再生債権について、次のとおり分割弁済をする（別添の再生計画による返済計画表（案）を参照）。
　　再生計画認可決定の確定した日の属する月の翌月から
　　■【毎月払いの条項】
　　　　各債権については、3年0か月間は毎月末日限りの均等分割弁済（36回払い）（ただし、端数金額等については、最終回に調整する。）
　　　　ただし、民事再生法229条1項に基づき、権利変更後の再生債権の額が3万円未満の場合は、再生計画認可決定の確定した日の属する月の翌月から12か月間は、毎月末日限り、12分の1の割合による金額を支払う（弁済期日ごとに生ずる100円未満の端数は切り捨て、最終弁済期で調整する。合計12回）。
　　□【隔月等払いの条項】

　　　　　返済額全体の_____パーセントについては、___年___か月間は
　　　　月ごと___日限りの均等分割弁済
　　　　（___回払い）（ただし、端数金額等については、調整する。）
　　　□【ボーナス払いの条項】
　　　　返済額全体の_____パーセントについては、___年___か月間は、
　　　　毎年___月及び___月の___日限りの均等分割弁済
　　　　（___回払い）（ただし、端数金額等については、調整する。）
　＊　5年を超えない範囲内で3年を超える弁済期間を定めた場合の「特別な事情」
　　　_____
　　　_____
　　　_____

第2　住宅資金特別条項
　　別紙物件目録記載の住宅及び住宅の敷地に設定されている別紙抵当権目録記載の抵当権の被担保債権である住宅資金貸付債権について、別紙のとおり住宅資金特別条項を定める。
　　＊　住宅資金特別条項によって権利の変更を受ける者の同意（民事再生法199条4項により権利の変更を受ける者の同意が必要な場合）
　　□　上記の住宅資金特別条項を定めることについて、これらの条項により権利の変更を受けることとなる債権者は同意している（同意書添付）。

第3　共益債権及び一般優先債権の弁済方法
　　債権者番号1－3　　株式会社C　　別除権付再生債権　　金150,000円
　　上記金額並びに再生計画案提出後に発生する共益債権及び一般優先債権は、随時支払う。

第4　別除権付再生債権に関する定め
　1　別紙別除権目録記載の別除権付再生債権については、別除権が行使されていない。
　2　不足額が確定したときは、再生債権の弁済方法の定めを適用する。

3 再生債権者から不足額が確定した旨の通知を受けた日に既に弁済期が到来している分割金については、当該通知を受けた日から2週間以内に支払う。

以　上

(別紙)

別除権付再生債権と目的物

別除権付再生債権
　債権者番号1－3　株式会社C
　　現在額　　　　　　　　　　　　　　　　　　　金150,000円
　　別除権の行使により弁済が見込まれる額　　　　　金150,000円
　　担保不足見込額　　　　　　　　　　　　　　　　　　金0円

　別除権の目的物
　　車　両　番　号　　〇〇　へ　〇〇〇〇
　　車　台　番　号　　〇〇〇〇〇〇〇
　　車　名　及　び　型　式　　〇〇〇－〇〇〇

以　上

(別紙)

物　件　目　録

1　住　宅
　　所　　在　　V市〇町1234番地××
　　家屋番号　　1234番
　　種　　類　　居　宅
　　構　　造　　木造亜鉛メッキ鋼板葺2階建
　　床　面　積　　1階　〇〇.〇〇平方メートル
　　　　　　　　　2階　〇〇.〇〇平方メートル
2　住宅の敷地
　　所　　在　　V市〇町

地　　番　　1234番
　　　地　　目　　宅　地
　　　地　　積　　○○.○○平方メートル

　１及び２の所有者　甲野太郎（再生債務者）

　　　　　　　抵　当　権　目　録

１　債権者株式会社Ｘ銀行が有する抵当権
　　平成○年○月○日金銭消費貸借約定書により同日設定した抵当権
　　登記簿上の債権額　　○○○○万円
　　損害金　年14パーセント（年365日の日割計算による。）
　　債務者　甲野太郎
　　登　記　Ｐ地方法務局Ｖ支局
　　　　　　平成○年○月○日受付第○○○号

（別紙）

（民事再生法199条１項）

債権者（氏名又は名称）株式会社Ｘ銀行についての住宅資金特別条項

１　対象となる住宅資金貸付債権
　　平成○年○月○日付金銭消費貸借約定書（以下「原契約書」という。）に基づき、上記債権者が再生債務者に対して有する貸付債権
　　☐　上記債権者は、この再生計画を認可する決定が確定した場合には、これまでになされた保証会社の保証債務の履行がなかったものとみなされ、上記の住宅資金貸付債権を有することとなる。

２　住宅資金特別条項の内容
　　上記１の住宅資金貸付債権の弁済については、再生計画認可の決定の確定した日以降、原契約書の各条項に従い、それぞれ支払うものとする。
　　　　　　　　　　　　　　　　　　　　　　　　　　　　　以　上

【書式2-7-14】 再生計画による返済計画表(案)(《case⑦》)

P地方裁判所V支部 平成25年(再イ)第××号
再生債務者の氏名 甲野 太郎

照会先
申立人代理人 弁護士 乙

照会先の電話番号 03-××××-××××

※その返済計画表に関する問い合わせは、上記の照会先に直接連絡をしてください。

1 再生計画による弁済率 → 確定債権総額の26.58パーセントに相当する額を弁済
2 返済期間 ■3年 □5年
3 再生計画による返済方法 4 返済金の支払方法
  ■毎月の返済 → 返済日:毎月末日限り ■振込送金 (振込先口座は再生債権者が指定、振込手数料は再生債務者が負担)
  □ボーナスによる返済 → 返済時期:毎年 月と 月の □持参払い
  □か月に1回の返済 → 返済時期:当該月の 日限り ( )
  □その他 ( ) □その他 ( )

債権者番号	再生債権者名	確定債権額(注1)	再生計画による返済総額(注2)	各回の返済額				最終回の額
				毎月(回)の額(注3)			ボーナス時の額	
				1～11回	12回	13～35回	36回	
1	C	1,069,974	284,400	7,900	7,900	7,900	7,900	0
2	R	988,489	262,741	7,300	7,300	7,300	7,241	0
3	S	652,518	173,440	4,820	4,820	4,820	4,740	0
4	M	220,381	58,578	1,630	1,630	1,630	1,528	0
5	I	721,959	191,897	5,340	5,340	5,340	4,997	0
6	E ※1	109,876	29,206	2,400	2,806	—	—	—
7	X銀行	※2 別途住宅資金特別条項に定めるとおり、支払う。						
合計		3,763,197	1,000,262	29,390	29,796	29,796	26,990	26,406

	1～11回	12回	13～35回	36回	最終回分
毎月(回)の返済額合計	29,390	29,796	29,796	26,990	26,406
ボーナス時の返済額合計	—	—	—	—	—

(注1) 確定債権額欄に記載された金額は利息、損害金を含む(元金、利息、損害金を別に記載する必要がある場合には、その欄内に種別を明示して記入する)。
(注2) 返済総額1円未満の端数は切り上げた。
(注3) 各回の返済額1円未満の債権額が分離の上げ、端数金額は最終回で調整した。
※1 権利変更後の債権額が分離額で、1回分離の場合、36回分割であり、毎月末日限り、12分の1の割合による金額を支払う(ただし、再生計画認可決定の確定日の属する月の翌月から。合計12回)。民事再生法229条1項に基づき、再生計画ごとに弁済期日ごとに生する100円未満の端数額は切り捨て、最終弁済期で調整する。
※2 住宅資金特別条項の適用に基づく再生計画による(別紙住宅資金特別条項)。

3 認可決定から弁済スタートまで

(1) 平成25年9月26日

9月24日が書面による決議に付する旨の決定（いわゆる付議決定）の予定日であったところ、本日、付議決定書が届いた。

これによって、再生計画案が債権者の決議に付されることになる。決議は、書面で行われるが、再生計画案に異議のない債権者は、回答する必要はない。同意しない債権者が、回答書提出期限までにその旨を回答することとなり（民再230条4項）、債権者の頭数の過半数または議決権総額の過半数の不同意回答がなければ、再生計画の可決があったものとみなされる（同条6項）。

(2) 同年10月16日

回答書の提出期限の翌日になったので、書記官に回答書の状況を聞いてみたところ、Ｓ社のみから不同意の回答がなされたとのことであった。債務名義をもっているから同意したくない気持はわかる。

(3) 同年10月31日

めでたく再生計画認可決定が送付された（【書式2-7-15】）。認可決定に対して債権者は即時抗告ができる（民再175条）ので、即時抗告期間経過後に認可決定が確定することになる。即時抗告期間は認可決定の官報公告（同法10条3項）から2週間である（同法9条）。認可決定から大体1週間後くらいで官報公告がなされる。

〈*Case* ⑦〉では、官報公告がなされるのは11月上旬頃、そこから2週間で確定するので確定時期は11月下旬頃、したがって支払いスタートは、翌月の12月からとなる見込みである。

【書式2-7-15】 認可決定（〈*Case* ⑦〉）

平成25年（再イ）第○○号　小規模個人再生事件

　　　　　　　　決　　　　定

　　　Ｐ県Ｖ市○町○番○号
　　　再生債務者　甲野　太郎

```
                主　　文
        本件再生計画を認可する。
                理　　由
  可決された本件再生計画には、民事再生法202条2項及び231条2項に該当す
る事由はない。
        平成25年10月29日
            P地方裁判所V支部
              裁　判　官　　某

        これは正本である。
            同日同庁
              裁判所書記官　　某
```

(4) 同年11月14日

インターネットで官報を検索したところ、11月7日付けで認可決定が官報公告されていた。確定予定日は、11月22日となる。

再生計画に基づく支払いに向けて、債権者に対し、送金口座の照会を行う。

(5) 同年12月10日

認可決定も確定し、債権者から送金口座の回答も出揃ったので、甲野氏用の返済計画表（【書式2-7-16】）を作成しておいた。

甲野氏に来てもらい、最終の報告と返済計画表を渡し、以後の弁済方法や注意点などを説明する。

甲野氏曰く、滞納税金の支払いも終わり、自動車のローンも片付いたので、ずいぶん楽になった。月3万円程度の支払いであれば、大丈夫。きちんと支払っていける。家も車も諦めねばならないかと思い暗澹たる気分であったが、何とかしてもらった。感謝します。とのことであった。

　本稿は、複数の事例を組み合わせるなどをして構成したものであり、実際の事例とは異なる。

【書式 2-7-16】返済予定表（〈case ⑦〉）

返済予定表

債権者番号		1	2	3	4	5	6	
債権者名		C	R	S	M	I	E	
振込口座	銀行名	○○銀行	○○銀行	××銀行	□×銀行	○△銀行	△△銀行	当月の返済額合計
	支店名	××支店	○×店	○×店	×○支店	○○支店	△△営業部	
	口座種類	普通	普通	普通	普通	普通	普通	
	口座番号	12345XX	67890XX	3456XX	7890XX	5678XX	01234XX	
	口座名義人	C	R	S	M	I	E	
	備考	振込時にご契約者様名をご記入ください	—	振込時にご契約者様名をご記入ください	—	—	—	※振込手数料は、ご負担ください。
	連絡先	（略）	（略）	（略）	（略）	（略）	（略）	合　計
返済額		¥284,400	¥262,741	¥173,440	¥58,578	¥191,897	¥29,206	¥1,000,262
1	H25.12.31	7,900	7,300	4,820	1,630	5,340	2,400	29,390
2	H26.1.31	7,900	7,300	4,820	1,630	5,340	2,400	29,390
3	H26.2.28	7,900	7,300	4,820	1,630	5,340	2,400	29,390
4	H26.3.31	7,900	7,300	4,820	1,630	5,340	2,400	29,390
5	H26.4.30	7,900	7,300	4,820	1,630	5,340	2,400	29,390
6	H26.5.31	7,900	7,300	4,820	1,630	5,340	2,400	29,390
7	H26.6.30	7,900	7,300	4,820	1,630	5,340	2,400	29,390
8	H26.7.31	7,900	7,300	4,820	1,630	5,340	2,400	29,390
9	H26.8.31	7,900	7,300	4,820	1,630	5,340	2,400	29,390
10	H26.9.30	7,900	7,300	4,820	1,630	5,340	2,400	29,390
11	H26.10.31	7,900	7,300	4,820	1,630	5,340	2,400	29,390
12	H26.11.30	7,900	7,300	4,820	1,630	5,340	2,806	29,796
13	H26.12.31	7,900	7,300	4,820	1,630	5,340		26,990
14	H27.1.31	7,900	7,300	4,820	1,630	5,340		26,990
15	H27.2.28	7,900	7,300	4,820	1,630	5,340		26,990
16	H27.3.31	7,900	7,300	4,820	1,630	5,340		26,990
17	H27.4.30	7,900	7,300	4,820	1,630	5,340		26,990
18	H27.5.31	7,900	7,300	4,820	1,630	5,340		26,990
19	H27.6.30	7,900	7,300	4,820	1,630	5,340		26,990
20	H27.7.31	7,900	7,300	4,820	1,630	5,340		26,990
21	H27.8.31	7,900	7,300	4,820	1,630	5,340		26,990
22	H27.9.30	7,900	7,300	4,820	1,630	5,340		26,990
23	H27.10.31	7,900	7,300	4,820	1,630	5,340		26,990
24	H27.11.30	7,900	7,300	4,820	1,630	5,340		26,990
25	H27.12.31	7,900	7,300	4,820	1,630	5,340		26,990
26	H28.1.31	7,900	7,300	4,820	1,630	5,340		26,990
27	H28.2.29	7,900	7,300	4,820	1,630	5,340		26,990
28	H28.3.31	7,900	7,300	4,820	1,630	5,340		26,990
29	H28.4.30	7,900	7,300	4,820	1,630	5,340		26,990
30	H28.5.31	7,900	7,300	4,820	1,630	5,340		26,990
31	H28.6.30	7,900	7,300	4,820	1,630	5,340		26,990
32	H28.7.31	7,900	7,300	4,820	1,630	5,340		26,990
33	H28.8.31	7,900	7,300	4,820	1,630	5,340		26,990
34	H28.9.30	7,900	7,300	4,820	1,630	5,340		26,990
35	H28.10.31	7,900	7,300	4,820	1,630	5,340		26,990
36	H28.11.30	7,900	7,241	4,740	1,528	4,997		26,406
合計金額		¥284,400	¥262,741	¥173,440	¥58,578	¥191,897	¥29,206	¥1,000,262

第8章

個人再生──個人事業主の小規模個人再生の事例

I 事案の概要

―〈*Case* ⑧〉―

　不動産取引業を営む甲野太郎氏は、元本約2000万円の債務を4年以上にわたって滞納している。一方で、今後も不動産取引業に携わるためには、宅地建物取扱主任資格を失うわけにはいかないことから民事再生手続を希望している。

【法律相談カードの記載】

相談者	甲野太郎
生年月日	昭和40年〇月〇日
現住所	東京都大田区〇〇町〇-〇-〇　△△ハイツ201
月収入	手取り315,000円
資産の有無	土地　無　建物　無　自動車　無
	家賃を除く毎月の生活費　150,000円
	家賃　130,000円
	預金　0円
	生命保険　有（解約返戻金なし）
家族構成	妻　甲野花子　40歳　別居
	子　甲野次郎　15歳　別居

	子　甲野陽子　13歳　別居
借金の概要	消費者金融からの借金　3社　合計500万円
	商工ローンなど事業上の借金　合計1500万円

II 依頼者との面談

1　再生の希望

　弁護士会の法律相談に、1件の予約が入った。依頼者である甲野氏は、個人再生を希望するということであった。

> 甲野氏：私、借金がかなりありまして、民事再生を希望しています。
> 弁護士：どうして再生を希望するのですか。住宅ローンがあるのですか。
> 甲野氏：今、私は個人事業主として、不動産取引をやっているので、破産はできないのです。
> 弁護士：宅地建物取引業法上の資格の問題ですか。（注）
> 甲野氏：はい、破産は、宅地建物取引業免許の欠格事由に該当しますし、宅地建物取引主任者の欠格事由にも該当するので、時期によっては免許の更新ができなくなりますから、避けたいのです。
> 弁護士：なるほど。しかし、民事再生は欠格事由ではないのですか。
> 甲野氏：そうだと思います。
> 弁護士：わかりました。後で条文を確認しておきます。ところで住宅ローンはないのですか。
> 甲野氏：はい。それはありません。
> 弁護士：そうすると、住宅を確保する必要性はないものの、資格の関係で破産はできないから再生を希望するということですね。では、再生手続を検討しましょう。
> 甲野氏：よろしくお願いします。

(注) 宅地建物取引業法（参考）
（免許の基準）
第5条 国土交通大臣又は都道府県知事は、第3条第1項の免許を受けようとする者が次の各号のいずれかに該当する場合又は免許申請書若しくはその添付書類中に重要な事項について虚偽の記載があり、若しくは重要な事実の記載が欠けている場合においては、免許をしてはならない。
　一　成年被後見人若しくは被保佐人又は破産者で復権を得ないもの
（取引主任者の登録）
第18条　試験に合格した者で、宅地若しくは建物の取引に関し国土交通省令で定める期間以上の実務の経験を有するもの又は国土交通大臣がその実務の経験を有するものと同等以上の能力を有すると認めたものは、国土交通省令の定めるところにより、当該試験を行った都道府県知事の登録を受けることができる。ただし、次の各号のいずれかに該当する者については、この限りでない。
　三　破産者で復権を得ないもの

2　引き続きの事情聴取

> 弁護士：まずは、債権者数からうかがいましょうか。債権者は何名ですか。
> 甲野氏：全部で……10社か、もう少しあるかもしれません。
> 弁護士：正確には覚えていないということですか。
> 甲野氏：ええ。
> 弁護士：おまとめローンのような借り換えをしてわからなくなったのですか。
> 甲野氏：いいえ、違います。古い話なのですが、ずいぶん払っていないので最近はカード会社から請求もこなくて、どうなったかわからないのです。
> 弁護士：そうすると、とにかく今請求がこないにしても、覚えている債

権者をすべて教えてください。
甲野氏：はい。
弁護士：この相談カードには、カード会社の残債務額が500万円で、事業上の貸付債権が1500万円という債権がありますが、これは元本の金額ですか。
甲野氏：はい。
弁護士：そうすると、ずいぶん支払っていないということですから、遅延損害金が加算されて、かなり増加しているのではないですか。
甲野氏：はい、もう4年くらい返していませんので、相当かさんでいると思います。
弁護士：小規模個人再生は、再生債権の総額が、5000万円以上あると手続が利用できませんが、それを上回ってはいませんか。
甲野氏：いや、よくわかりません。
弁護士：最後の返済はいつでしたか。
甲野氏：もうずいぶん前です。確か、平成21年11月頃ではないかと思います。実は、その頃に別の弁護士さんに破産手続を依頼したのですが、私が連絡を怠ったので、辞任してしまいました。
弁護士：資料はないでしょうか。
甲野氏：あります。自分でこれまでの経緯を簡単にまとめたものを持っています。

－時系列－

平成18年5月　　株式会社〇〇都市開発　設立
平成21年10月　　同社事務所を閉鎖して営業を停止
　　　　　　　　弁護士へ債務整理を委任する
　　　11月　　△△不動産株式会社　入社
平成22年11月　　同社　退職
　　　　　　　　弁護士との委任契約解除

| 平成23年〜 | 個人事業主として、不動産取引業を開始 |

弁護士：平成21年10月に前の弁護士に対して債務整理を依頼して、翌年委任契約を解除されたのですね。委任契約の解除については、前の弁護士から債権者に対して通知は出していますか。

甲野氏：はい。出していると聞いています。

弁護士：わかりました。負債の原因は何ですか。

甲野氏：やはり、以前やっていた会社で、会社が借りたお金が原因ですね。

弁護士：代表者としての保証債務でしょうか。

甲野氏：はい、そうです。

―債権者一覧―

	債権者名	最初の利用月	最初の利用額
1	○○公庫	平成19年9月	460万円
2	△△保証	平成21年7月	750万円
3	Aクレジット	平成20年頃	200万円
4	Bローン保証	同上	200万円
5	Cカード	同上	120万円
6	D債権回収	同上	138万円
7	Eカードジャパン	同上	111万円
8	株式会社G	同上	100万円
9	知人（2人）		
10	区民税		

弁護士：この債権者一覧表はどうして作成されたのですか。

甲野氏：前の弁護士に依頼していたときに作成したのを持ってきました。私の記憶なので不正確なところもあるかもしれません。

弁護士：わかりました。○○公庫と△△保証の債権額が大きいのですが

これが事業資金の連帯保証債務ですか。
甲野氏：はい、そうです。
弁護士：△△保証の件は、前の債務整理の直前の借入れですが、これは代位弁済ですか。
甲野氏：はいそうです。△△信用金庫の代位弁済分です。
弁護士：そうですか。そのほかのカードローンは、連帯保証ですか。それとも生活費等の借入れですか。
甲野氏：生活費などの借入れだったと思います。
弁護士：この知人というのはどなたですか。
甲野氏：いえ、この人については、もういいです。
弁護士：もういいというと、どういうことですか。
甲野氏：もう長年連絡をとっていないので、もういいと思うのです。
弁護士：いや、一部の債権者について漏れがあると再生計画における最低弁済額が変わってきますから、連絡がないからといって債権者から除くというわけにはいきません。
甲野氏：そうですか。蒸し返したくないと思ったのですが、わかりました。
弁護士：会社のほうは、整理しなくていいのですか。
甲野氏：はい。会社はもう休眠している状態なので、お金をかけて整理する必要はありません。
弁護士：わかりました。借入れについてはすべて弁済をストップしているのですか。
甲野氏：はい。
弁護士：区民税についてはどうですか。
甲野氏：これは支払っています。
弁護士：わかりました。租税は、一般優先債権ですので、再生計画とは別にこのまま支払っていただいてかまいません。
甲野氏：はい。

Ⅲ 手続の選択～個人事業主の再生

1 個人再生における債務者要件

個人再生には、小規模個人再生と給与所得者等再生とがあり、それぞれを申し立てられる債務者の要件は、以下のとおりである。

① 小規模個人再生（民再221条1項）
　ⓐ 個人である債務者のうち、将来において継続的にまたは反復して収入を得る見込みがあること
　ⓑ 再生債権の総額が5000万円を超えないこと（ただし、住宅資金貸付債権（住宅ローン債権）の額、別除権の行使によって弁済を受けることができると見込まれる再生債権の額および再生手続開始前の罰金等の額を除く）

② 給与所得者等再生（民再239条1項）
　ⓐ 小規模個人再生の2要件を満たすこと
　ⓑ 給与またはこれに類する定期的な収入を得る見込みがあること
　ⓒ その額の変動の幅が小さいと見込まれること

2 〈Case ⑧〉におけるふさわしい手続と問題点

〈Case ⑧〉における甲野氏は、不動産仲介業者で個人事業主であるため、小規模個人再生の申立てがふさわしい。

もっとも、不動産仲介業は、不動産が売却できたときに仲介手数料が入ってくる業務形態であるから、毎月の定期的な収入がない。収入の状況によっては「将来において継続的にまたは反復継続して収入を得る見込みがある」といえない場合もありうると考え、確認することとした。この点、一定期間をならせば安定的な収入を見込めれば、小規模個人再生の要件を満たすと考えられている。

3　聴取り調査

甲野氏の収入の状況を把握するため以下のとおり聴取調査を行った。

> 弁護士：収入の状況について詳しく教えてください。
> 甲野氏：はい。物件が売れるのはやはりばらつきがあるのですが、3カ月に一度くらいに1件はあるような感じです。収入はその時にあるような状況ですね。
> 弁護士：今後も、3カ月に一度くらい定期的に収入がある予想はありますか。
> 甲野氏：そうですね。大体そんな感じだと思います。
> 弁護士：仕事はどのように入ってくるのですか。ご自身で営業するのですか。
> 甲野氏：いや、営業ではなく、前に勤めていた会社から仕事を回してもらっています。
> 弁護士：ああ、なるほど。では定期的に仕事を回してもらっているような感じですか。
> 甲野氏：はい、簡単に言うとそうですね。
> 弁護士：いつからですか。
> 甲野氏：前の会社を退職してからですね。
> 弁護士：ではもう2年以上は同じ状況が継続しているのですね。
> 甲野氏：はい。
> 弁護士：去年と一昨年の確定申告書を確認させてもらっていいですか。これまでの収入状況から、今後も継続して収入を得る見込みがあるということを裁判所に示したいと思います。
> 甲野氏：はい、わかりました。

IV 個人再生手続の手続費用

依頼者には、申立てまでの間に裁判所に対する予納金や、個人再生委員が選任された場合の手続費用を準備しておいてもらうよう依頼する。

なお、東京地方裁判所（以下、「東京地裁」という）では、履行可能性のチェックのため、全件、再生委員が選任されるのが原則となっている。以下は、東京地裁に申し立てる場合の例である。

① 個人再生の予納金等について（平成25年時点）
 ・ちょう用印紙額　10,000円
 ・予納金　　　　　11,928円
 ・予納郵便切手　　 1,600円
 　（内訳　80円×15枚　20円×20枚）
② 個人再生委員費用
 ・金15万円（申立てまでに準備できなければ、分割納付が可能）

V 最低弁済額

民事再生においては、収入を基に原則3年で分割弁済することを内容とする再生計画案を作成し、裁判所の認可を受けて履行することにより残債務が免除される。

小規模個人再生の最低弁済額については、下記のとおり基準が設けられている。

まず、最低弁済額要件（民再231条2項3号・4号）について〈表2-8-1〉のとおりとされている。

〈表 2-8-1〉　最低弁済額要件

①無異議債権等が3000万円以下の場合	基準債権額が100万円以下	→基準債権額
	基準債権額が100万円超500万円以下	→100万円
	基準債権額が500万円超1500万円以下	→基準債権額の2割
	基準債権額が1500万円超3000万円以下	→300万円
②無異議債権等が3000万円を超え5000万円以下の場合	→無異議債権等の1割	

　次に、清算価値保障原則（民再231条1項、174条2項4号）からの基準がある。

　清算価値とは、破産手続が開始された場合、債権者に分配される総額のことである。再生計画における弁済総額は、この清算価値を下回ってはならない。

VI　申立ての準備〜申立書等の作成

1　提出書面

個人再生手続を申し立てるにあたって提出する書面は以下のとおりである。

① 　申立書　　　　　　正副各1通
② 　主要財産一覧表　　2通
③ 　債権者一覧表　　　2通＋債権者数
④ 　住民票の写し　　　2通
⑤ 　委任状
⑥ 　添付書面　　　　　2通
　・確定申告書または源泉徴収票その他、再生債務者の収入の額を明らか

にする書面（直近1年分）
- 不動産登記事項証明書（不動産がある場合）
- 財産目録および清算価値チェックシート
- 家計の状況（直近2カ月分）

⑦　その他（申立て後速やかに提出）
- 再生委員が提出を要求した書類
- 再生債務者代理人宛ての封筒（80円切手貼付）　　3通
- 債権者宛ての封筒（120円切手貼付）　　　　　　各1通

2　申立書作成時の注意点

申立書には、申立て時点での計画弁済予定額を記載する欄がある。

そして、この金額は再生計画の履行可能性のテストとして、申立て後1週間以内の日を第1回として、以後毎月末までに個人再生委員の銀行口座に同額の金銭を入金しなければならない。

そこで、依頼者と打合せを行い、再生債権の額と弁済予定額を確認し、また毎月いくらであれば、現実に弁済が可能かを依頼者と打ち合わせておく必要がある。

弁護士：今回の件で利息を含めて私のほうで計算しました。再生債権の合計額は3391万6910円になりますね。遅延損害金の計算で齟齬があるかと思うので、最低弁済額は、10％の約340万円～約350万円の範囲内と考えておいてください。

甲野氏：はい。

弁護士：原則として、3年で返済しなければなりません。350万円だとして、1カ月9万7000円の返済は可能ですか。

甲野氏：はい。何とかします。

弁護士：難しければ、難しいと言ってください。3年で返済が難しい場合には、特別の事情があることを疎明して、5年に延ばしても

>らうことができます。また、申立て後、計画弁済予定額を半年間、再生委員の口座に入金しなければなりません。これは再生計画の履行可能性のテストで、この支払いを継続できなければ、再生計画も履行可能性がないと判断されて、裁判所が手続を廃止する旨の決定がなされる場合もありますから、現実的に可能な額を言ってください。
>
>甲野氏：5年の場合は、毎月いくらになりますか。
>
>弁護士：5万9000円ですね。
>
>甲野氏：それなら何とかなります。
>
>弁護士：わかりました。

【書式2-8-1】 再生計画案（〈*Case* ⑧〉）

平成○年（　）第○○号

再 生 計 画 案

平成25年○月○日

再生債務者　甲　野　太　郎

弁護士　　　　X　　　　㊞

第1　再生債権に対する権利の変更

　再生債権の元本及び開始決定前に発生している利息・損害金の合計額の10%を後記第2の弁済方法のとおり弁済し（各弁済期日ごとに生ずる1円未満の端数は切り捨てる。）、残元本及び開始決定前の利息・損害金の残額ならびに開始決定後の利息・損害金の全額について免除を受ける。

第2　再生債権に対する弁済方法

　再生債務者は、各再生債権者に対し、第1の権利の変更後の再生債権について、次のとおり分割弁済をする。

　（分割弁済の方法）

再生計画認可決定の確定した日の属する月の翌月から
　　☑60か月間は、毎月末日限り、免除前の再生債権元本及び開始決定前の利息・損害金の合計額の10％の割合による金員を支払う。（弁済期日ごとに生ずる100円未満の端数は切り捨て、最終弁済期日で調整する。）（合計60回）

第3　共益債権及び一般優先債権の弁済方法
　　共益債権及び一般優先債権は、随時支払う。

3　債権者一覧表の作成時の注意点

　債権者一覧表には、再生債権のみを示せばよく、再生債権ではない共益債権または一般優先債権は記載する必要はない。

　再生債権とは、再生債務者に対し、再生手続開始前の原因に基づいて生じた財産上の請求権をいう（民再84条1項）。

　個人再生手続においては、「みなし届出」（民再225条）制度が採用されており、債権者から届出がない場合には、債権者一覧表に記載した金額が届出債権となる。したがって、債権者一覧表には、確定した債権額を記載する必要がある。

　また、再生手続開始決定後は、債権者一覧表の記載を訂正できないので注意を要する。

(1)　遅延損害金等の記載

　遅延損害金や利息も再生債権となるので、開始決定日の前日までの利息、損害金部分も計算し、元本に加算する。

(2)　婚姻費用等

　〈*Case* ⑧〉の甲野氏には、別居中の妻子がいるところ、婚姻費用の支払いをきちんと行っていない時期もあるとのことであった。

　婚姻費用は、債務の減免ができないものであるが、弁済禁止効が及び、また5000万円要件や最低弁済額の要件を算定する必要があるので、債権者一覧表に記載する必要がある（民再229条3項）。

養育費や、扶養義務に基づく請求権、悪意で加えた不法行為に基づく損害賠償請求権なども非減免債権であって同様である。

なお、これらの債権のうち、発生済みのものは、再生計画の履行に支障を来すおそれがあるので、非減免債権のうち、債権調査手続で確定した金額については再生計画に定められた期間中に再生計画に従って弁済することで足り、残額は弁済期間満了時に全額を弁済することとなる。

将来の婚姻費用については、共益債権として、随時の弁済が可能である。

(3) 租税債権

また、〈Case ⑧〉における甲野氏にあった租税の滞納についても、租税債権は再生債権とはならないため、債権者一覧表には記載する必要はない。

(4) 異議の留保の要否

正確な債権者一覧表を作成したと思われても、債権者が届け出た債権の額や担保不足見込み額に問題がある場合は、異議を出す必要がある。また、債権者一覧表に誤記がある場合もあるので、原則として、すべての債権について、異議を留保しておく必要がある（具体的には、債権者一覧表の異議留保欄に〇印を付す）。

【書式2-8-2】　債権者一覧表（〈Case ⑧〉）

債 権 者 一 覧 表

再生債務者　【甲野太郎】

債務合計額　33,916,910円（申立後の利息・損害金を除いた額）

異議を留保する再生債権は、異議留保欄に〇を付した。

債権者番号	債権者名	債権者住所	備　　考	異議留保
	債権の種類	債権の金額		
	株式会社〇〇公庫	〒104-×××× 東京都中央区〇-〇-〇 △△ビル　階	申立日以降の利息については割合で記載した（以下同じ）。	

1	■貸付金 □立替金 □	金7,487,287円及びうち金4,600,000円に対する 平成25年10月15日から完済まで年14.6%の金員		○
2	△△保証	〒104-×××× 東京都中央区○-○-○ △△ビル　階	【原債権者】 △△信用金庫○○支店	○
	■貸付金 □立替金 □	金11,975,065円及びうち金7,456,327円に対する 平成25年10月15日から完済まで年14.6%の金員		
3	Aクレジット株式会社	〒102-×××× 東京都千代田区富士見○-○-○ △△ビル　階	金額は利息制限法に基 づく法定金利の計算に よる(引直し計算済み)	○
	■貸付金 □立替金 □	金 2,752,534円及びうち金1,653,008円に対する 平成25年10月15日から完済まで年21%の金員		
4	Bローン保証株式会社	〒100-×××× 東京都千代田区大手町○-○-○ △△ビル　階	金額は利息制限法に基 づく法定金利の計算に よる(引直し計算済み)	○
	■貸付金 □立替金 □	金 1,809,782円及び金900,345円に対する 平成25年10月15日から完済まで年18.9%の金員		
5	Cカード株式会社	〒541-×××× 大阪府中央区○-○-○ △△ビル　階		○
	■貸付金 □立替金 □	金 1,270,360円及びうち金652,136円に対する 平成25年10月15日から完済まで年27%の金員		
6	D債権回収株式会社	〒951-×××× 新潟県新潟市中央区○-○-○ △△ビル　階	債権者はHクレジット 左記会社は業務代行者	○
	■貸付金 ■立替金 □	金 1,348,934 円及び金622,125円に対する 平成25年10月15日から完済まで年14.6%の金員		

7	○○法律事務所 弁護士　E ■貸付金 ■立替金 □	〒102-×××× 東京都千代田区一番町○-○-○ △△ビル　階 金　1,119,835円及びうち金636,955円に対する 平成25年10月15日から完済まで年14.6％の金員	【原債権者】 Eカードジャパン株式会社	○
8	F山F美 ■貸付金 ■立替金 □	〒173-×××× 東京都板橋区○-○-○ 金　4,000,000　円及び金3,800,000円に対する 平成25年10月15日から完済まで年5％の金員		○
9	株式会社G ■貸付金 ■立替金 □	〒113-×××× 東京都文京区○-○-○ △△ビル　階 金　1,783,113円及びうち金957,484円に対する 平成25年10月15日から完済まで年14.6％の金員		○
10	甲野　花子 □貸付金 □立替金 ■未払婚姻費用	〒115-×××× 東京都豊島区○-○-○ Aマンション201 金　370,000円	未払婚姻費用。 債権者は、別居中の再生債務者の妻	

4　確定申告書または源泉徴収票その他、再生債務者の収入の額を明らかにする書面

　給与所得者等再生手続の申立ての際に提出する源泉徴収票または課税証明書が直近の1年分とされているのは、開始決定時の収入要件に関する審査は緩やかなもので足り、また、認可決定は申立ての約6カ月後にされるので、

再生計画案提出前2年間ないし認可決定前の収入の証明（民再231条2項1号、241条2項4号・7号）に申立て時点からみて2年前の源泉徴収票や課税証明書が不要なことも少なくないからである。

たとえば、ある年の10月以降に個人債務者再生手続の申立てをする場合、申立て時にその前々年度の源泉徴収票の提出を求めても、再生計画案の提出時または認可決定時には、その書面は、2年以上前の収入に係る書面となっており、わざわざ申立て時に提出を求める実益はない。

直近の1年分の収入証明書以外にどのような書面の提出を求めるかについては、個人再生委員の裁量で柔軟に対処すれば足りる。

Ⅶ 個人再生委員との面談

上記Ⅵ1の書類を準備したうえで提出し再生手続の申立てを行うと、個人再生委員が選任され、個人再生委員から、申立代理人に対し、履行可能性のテストのための振込先口座の通知がされた。

甲野氏は、再生委員から、申立て後から6カ月間、毎月、分割予納金として計画弁済予定額を再生委員の通知してきた口座に送金するよう指示を受けた。

再生委員との面談の機会が設けられ、申立代理人は、甲野氏とともに再生委員の事務所に出向いて、負債の原因と現在の収入および今後の収入の見通しを以下のとおり再生委員に伝えた。

① 負債の原因
・不動産会社を経営していた際に多額の債務が発生し、同事業の保証人として負債を負ったこと
・現在は不動産会社を休眠させ、会社事業による負債は生じていないこと

② 現在の収入の状況
・個人事業主として不動産仲介業に従事し、従来勤務していた不動産会

社から仕事を回してもらって、事業を行い、仲介手数料の形での収入があること
- 月額平均にすると約31万5000円程度の収入があること
- 同様の状態がほぼ2年にわたり継続していること

③ 今後の収入の変動
- 今後も収入の見込みが期待できること

申立代理人は、甲野氏の収入の状況を明らかにするため、確定申告書のほか、申告書作成時期以降の取引について、契約書の写し等の資料を提出し、今後も収入が継続する見込みを説明した。

再生委員からは、業務委託者である会社との契約の有無を確認されたが、これについては存在しなかったことから、取引先との間で事実関係を確認し、申立代理人において、今後の見通しについて記載した書面を再生委員に提出した。

VIII 再生手続開始決定（申立てから1カ月）

再生の見込みがあると認められ、再生手続開始決定の申立てから1カ月後、再生手続の開始決定が出された。

IX 債権認否一覧表、報告書、財産目録の提出（申立てから10週間後）

申立代理人は債権者からの債権届を確認して、債権認否一覧表を作成し、報告書、財産目録とともに提出した。

X 再生計画案の提出（申立てから4カ月半後）

再生計画案作成の基礎となる基準債権額は〈表2-8-2〉のとおり確定する。

〈表2-8-2〉 再生計画案作成の基礎となる基準債権額

債権届出なし	異議申述なし		債権者一覧表の債権額
	異議申述あり	評価申立てなし	債権認否一覧表で認めた債権額
		評価申立てあり	評価決定による
債権届出期間内に債権届出あり	異議申述なし		債権届出書記載の債権額
	異議申述あり	評価申立てなし	債権認否一覧表で認めた債権額
		評価申立てあり	評価決定による
債権届出期間経過後、一般異議申述期間開始前に債権届出あり	・債権認否一覧表への記載により自認債権として扱うことができる（自認債権は基準債権にはならず、議決権はないが、計画弁済期間中に他の債権と同率で支払いをすることができる）。 ・上記取扱いをしない場合には劣後債権となり、計画弁済期間経過後に他の債権と同率で支払いをすることになる。		

〈Case ⑧〉の場合、基準債権額について裁判所からの問合せに対して債権者が回答した債権届出書を確認すると、合計3345万円であった。

そこで、最低弁済額基準は、それに対する10％の金員である金334万5000円であった。

甲野氏には、事業所得以外の収入はなく、清算価値保証原則上も問題はなかったことから、弁済額は、再生債権額の10％相当額として、再生計画を策

定した。

　個人再生における弁済期間は、再生計画認可の確定から原則として3年、3カ月に1回以上の割合で分割弁済することを定めなければならないものとしているが、「特別の事情」があれば、5年を超えない範囲で定めることができる（民再229条2号）。

　申立て前に甲野氏と打ち合わせたとおり、甲野氏は、3年での返済はできないとのことであったから、「特別の事情がある」ことを主張し、5年で返済をする計画で返済計画表を作成した。

　これまでの収入の額を基礎に、家計の収支表を作成し、収入から生活費や事業に必要な金員を差し引いて、残余額を算出し、家計における収支のバランスから毎月金10万円近い金額は支払えないが、金5万7000円程度であれば支払える旨を報告した。

【書式 2-8-3】　再生手続開始申立書（<Case ⑧>）

再生手続開始申立書（小規模個人再生）

平成○○年○○月○○日

東京地方裁判所民事第20部　御中

申　立　人
　ふりがな
　氏　　名　　甲野　太郎

　生年月日　　昭和40年○月○日（48歳）

　現住所　　〒144-××××
　　　　　　東京都大田区○-○-○　○○ハイツ201

　職　　業
申立人代理人
　氏　　名　　弁護士　　　　X

（裁判所使用欄）

```
事務所住所   〒104-××××
（送達場所）  東京都中央区○-○-○  △ビル1階
         □□法律事務所

電話番号   03-○○○○-○○○○   FAX番号  03-○○○○-○○○○
```

申立ての趣旨
　申立人について、小規模個人再生による再生手続を開始する。
申立ての理由等
1　（申立要件及び手続開始要件）
　　申立人は、本申立書添付の債権者一覧表のとおりの債務を負担しているが、収入及び主要財産は別紙収入一覧及び主要財産一覧に記載のとおりであり、破産の原因たる事実の生じるおそれがある。
　　申立人は、将来においても継続的又は反復して収入を得る見込みがあり、また、民事再生法25条各号に該当する事由はない。
2　（再生計画案作成についての意見）
　　申立人は、各再生債権者に対する債務について、相当部分の免除を受けた上、法律の要件を充たす額の金銭を分割して支払う方針である。
　　なお、現時点での計画弁済予定額は、月額59,000円であり、この弁済の準備及び手続費用支払の準備のため、申立後1週間以内の日を第1回とし、以後毎月末日までに個人再生委員の銀行口座に同額の金銭を入金する。
3　（他の再生手続に関する申述）
　　申立人は、法律が定める他の再生手続開始を求めない。

XI
再生計画について書面による決議に付する等の決定（申立てから5カ月）

　甲野氏の再生計画について、裁判所は、再生債権者に対し、書面による決議に付する旨または意見を聴く旨の決定を行った（民再230条4項）。
　議決権を有する再生債権者は、計画に同意しない場合にその旨の回答をす

ることを要し、計画に同意する場合には、返答を要しない（民事再生規則131条2項）。

〈*Case* ⑧〉では、△△保証が再生計画案に反対したが、他の議決権者4社は、再生計画案に同意したので、再生計画案が可決された（民再230条6項）。

XII　再生計画の認可・不認可決定（申立てから6カ月）

裁判所は、上記の再生計画案可決に従い、再生計画の認可を決定し（民再231条）、決定は確定した。

甲野氏：先生、ありがとうございました。

弁護士：はい、この後も5年もありますから、長いですが、返済を頑張って継続してくださいね。

甲野氏：支払いができなくなったときにはどうしたらいいですか。

弁護士：場合によっては免責される場合もありますから、こちらに連絡をください。

甲野氏：わかりました。そうならないように頑張ります。

弁護士：頑張ってください。

〈参考文献〉

- 東京弁護士会・第一東京弁護士会・第二東京弁護士会編著『クレジット・サラ金処理の手引き』
- 全国倒産処理弁護士ネットワーク編『個人再生の実務Q&A100問』
- 東京地方裁判所「個再通信」vol. 1～14

本稿は、複数の事例を組み合わせるなどをして構成したものであり、実際の事例とは異なる。

第9章 個人再生——住宅資金特別条項付き、ペアローンの事例

I 事案の概要

―〈*Case* ⑨〉―

　Xは36歳の男性で、職業は会社員である。妻、3人の子供、妻の両親と同居している。7年前に妻の両親と同居することになり、Z銀行で住宅ローンを組んで土地を購入し2世帯住宅を建てたが、その後、消費者金融からの借金が膨らんで返済を続けることが困難になった。

　自宅の土地はX名義であるが、建物は義父との共有となっており、持分は4分の3が義父で、4分の1がXである。

　Xの住宅ローンの残元金は約3000万円とのことであるが、Xの手取りは月33万円程度、消費者金融に対する支払いが月に大体16万円程度、自動車ローンが月に約2万5000円、住宅ローンが月に約12万円である。

　なお、消費者金融からの借入れは、5年前に、Xの父が事業に失敗し、その借金の肩代わりとして数社から合計400万円ほど借り入れ、今では700万円くらいになっている。

II 初回打合せ

　甲弁護士の下に、以前事件の依頼を受けたことのある元依頼者から「私の友人で、消費者金融からの借入れと住宅ローンで首が回らなくなってしまっている人がいます。一度相談に乗ってあげてくれませんか」との話があった。

　甲弁護士は、本人と会って事情を聞くことにした。依頼者のXは36歳の男性で、職業は会社員である。妻、3人の子供、妻の両親と同居しているとのことであった。

X　氏：もともと、私の家族と妻の両親とは別々に暮らしていたのですが、7年前に同居することになり、Z銀行で住宅ローンを組んで土地を購入し2世帯住宅を建てました。ところが、その後、消費者金融からの借金が膨らんでしまい、これ以上、毎月の返済を続けることができなくなってしまいました。ただ、家を手放すなんてことになったら、義父母まで住む家がなくなってしまいます。また、そんなことになれば、最近借金問題のせいで妻ともぎくしゃくしていますから、下手をすると離婚を言い渡されかねません。先生、どうにかして、家を手放さないで済む方法はないでしょうか。

甲弁護士：落ち着いてください。自宅を手放す必要があるかどうかを判断するために、基本的な事実関係を確認する必要があります。自宅は2世帯住宅とのことですが、どういう造りになっているのですか。

X　氏：2階建てで、1階に義父母が、2階に私の家族が住んでいます。玄関は共用ですが、入ってすぐの階段を上がって2階に行けるので、お互いの居住スペースは完全に分かれています。

甲弁護士：自宅土地建物の名義はどうなっていますか。

X　　氏：土地は私の名義ですが、建物は義父と共有になっています。自宅を建てた時に、義父が建築費用のほとんどを出してくれたので、建物の持分は4分の3が義父で、4分の1が私になっています。

甲弁護士：お義父さんは住宅ローンを組んでいますか。

X　　氏：はい。建物の建築費用を出す際に、大半は貯金から出してくれましたが、足りない分について700万円の住宅ローンを組んでいます。

甲弁護士：お互いの住宅ローンについて、保証人になっていますか。

X　　氏：いいえ。それぞれ別個に住宅ローンを組んでいて、保証人にはなっていません。

甲弁護士：Xさんの住宅ローンの残元金はいくらくらいですか。

X　　氏：3500万円借り入れたのですが、残元金は3000万円ちょっとです。

甲弁護士：現在の手取りと、月々の返済額はどのくらいですか。

X　　氏：手取りは月33万円程度で、消費者金融に対する支払いが1カ月に大体16万円程度、自動車ローンが1カ月に約2万5000円、住宅ローンが1カ月に約12万円です。ほかにも末っ子の幼稚園の月謝が1カ月に3万円かかるので、家計は毎月赤字で、新しく借入れをしたりして何とかやりくりしている状況です。

甲弁護士：住宅ローンの返済が滞ったことはありますか。

X　　氏：いいえ、毎月きちんと払っています。

甲弁護士：生活費の支払いを考えると、住宅ローン以外の負債の返済に回せるお金は1カ月にどのくらいですか。

X　　氏：せいぜい6万円くらいだと思います。

甲弁護士：ところで、消費者金融からは、いつ、いくらくらい借りたのですか。

X　　氏：5年前に、私の父が事業に失敗し、どうしてもその借金を肩代わりしなければならなくなって、支払いのために数社から合計

> 400万円ほど借り入れたのが最初で、その後、借りたり返したりを繰り返して、今では700万円くらいになってしまっています。
>
> 甲弁護士：自動車ローンはどのくらい残っていますか。
>
> Ｘ　氏：100万円くらい残っています。

　自宅を維持したまま負債を整理できるかを含め、処理方針の決定には、義父からも事情を聞く必要がありそうである。甲弁護士は、Ｘに対し、早急に義父との打合せの機会を設けてもらうよう依頼するとともに、あわせて、検討に必要な資料を集めて送るよう指示した。

　打合せ後、甲弁護士がＸの自宅土地建物の不動産全部事項証明書を取得して確認したところ、Ｘ名義の土地および建物持分（4分の1）と義父のＹの建物持分（4分の3）上に、両者の住宅ローンの保証会社（Ｄローン保証株式会社）の求償権を担保するための同順位の抵当権（共同抵当）が設定されていた。

　また、Ｘから送られてきた車検証を確認したところ、自動車には所有権留保がつけられていた。甲弁護士が確認したところ、Ｘは、自動車がなければ生活ができないような状況でもないので、今後、所有権留保が実行されて自動車が引き上げられてしまってもやむを得ないとの意向であった。

Ⅲ　初回打合せ後の検討

1　方針の検討

　〈*Case* ⑨〉では自宅を残したまま負債を整理する必要があるため、任意整理か住宅資金特別条項付個人再生のいずれかが選択肢となる。

　Ｘの住宅ローンを除く負債総額は800万円（引直し前の元金ベース。自動車ローンを含む）である。借入れ開始時期が5年前であるから、引直し計算による過払金の発生は見込めず負債の圧縮はほぼ期待できない（第11章Ⅱ2参

照）。自動車ローンについては、所有権留保が実行された場合、自動車の査定価格が残債に充当されるため、ある程度債務は減ることになるが、Xによると、大した査定価格にはならないだろうとのことだったので、方針決定にあたっては考慮に入れず、さしあたり負債総額を800万円と仮定して考えることとする。

　そうすると、月々の弁済原資が6万円であるから、任意整理で分割弁済を行う場合、支払い回数は134回になってしまう。通常、貸金業者が分割弁済に応じる回数はせいぜい60回（5年）が限度であるため、任意整理という選択肢はとり得ない。

　したがって、住宅資金特別条項付個人再生しか方法はないことになるが、以下の点が問題となる。

2　問題点①：「住宅」（民再196条1項1号）該当性

　民事再生法上、住宅資金特別条項を定めることができる「住宅」とは、「個人である再生債務者が所有し、自己の居住の用に供する建物であって、その床面積の2分の1以上に相当する部分が専ら自己の居住の用に供されるもの」をいう。Xの自宅建物は2世帯住宅であり、義父母の居住部分とX（および妻子）の居住部分が物理的に独立しているため、Xが居住する部分が建物全体の床面積の合計の2分の1以上でないと、住宅資金特別条項を定めることができない。

　建物全部事項証明書を確認すると、自宅建物の1階部分の床面積は60平方メートル、2階部分の床面積は65.5平方メートルとなっていた。Xが居住しているのは2階部分とのことなので、建物全体の床面積の合計の2分の1より広い部分を専有していると思われるが、建物の使用状況について、確認してみる必要がある。

3　問題点②：Yの住宅ローン債権を担保するための抵当権の存在

　住宅資金特別条項を定めるためには、「住宅」に、住宅ローン債権を担保

するための担保権以外に、民事再生法53条1項に規定する担保権が存在しないことが要件となる（民再198条1項ただし書）。〈Case ⑨〉は、いわゆるペアローンの事案であり、自宅土地建物に、Yの住宅ローン債権を担保するための抵当権が設定されている。Yの住宅ローン債権は、申立人であるXの住宅ローン債権ではないという意味で、非住宅ローン債権ということになるため、形式的には民事再生法198条1項ただし書に抵触し、住宅資金特別条項を利用できないのではないかが問題となる。

この点、民事再生法198条1項ただし書が設けられた趣旨は、仮に、住宅資金特別条項を定めたとしても、非住宅ローン債権を担保するための担保権が実行されてしまえば、結局住宅を失うことになり、住宅資金特別条項の意味がなくなるからといわれている。逆に、当該担保権が実行されるおそれがない場合については、住宅資金特別条項を定めても同条項の趣旨には反しないと考えられている。

このような観点から、東京地方裁判所（以下、「東京地裁」という）破産再生部では、夫婦ペアローンで一方配偶者のみが住宅資金特別条項付個人再生を申し立てる場合においても、個人再生委員の意見を踏まえ、夫婦の住宅ローン債務の負担の仕方、弁済状況、夫婦の収入状況、住宅ローン債権者の意向などの具体的事情を考慮して住宅資金特別条項の利用を認める運用をしている。（鹿子木康外編『個人再生の手引　第2版』（以下、「手引」という）385頁、390頁）。もっとも、住宅資金特別条項の利用が可能かどうかは、個別の事案における具体的事情をもとに判断されるので、担保権が実行されるおそれがないといえるか否かを慎重に検討する必要があろう。

なお、東京地裁破産再生部では、夫婦などの（居住部分を同じくする）同居のペアローン債務者については、債務者の双方が同時に個人再生の申立てをした場合には、いずれの手続においても住宅資金特別条項の利用を認める方向で運用がされている（手引・385頁）。しかし、〈Case ⑨〉では、X一家と義父母の居住部分が完全に分かれているため、前記2（問題点①）の「Xの居住部分が建物全体の床面積の合計の2分の1以上である」という要件を

満たす場合、Yのもっぱら居住する部分は建物全体の床面積の2分の1より小さいということになり、Yの住宅資金特別条項付個人再生の申立ては困難であると思われる。

4　問題点③：再生計画の履行可能性

住宅資金特別条項の定めをした再生計画は、「再生計画が遂行可能であると認めることができないとき」には不認可になるので（民再202条2項2号）、再生計画の履行可能性を検討する必要がある。〈*Case* ⑨〉では、基準債権総額が約800万円であるので、最低弁済基準額はその5分の1の約160万円となる（第7章Ⅲ4参照）。これを、計画弁済期間の3年間にわたって毎月弁済するとなると（支払回数36回）、月額約4万4500円である。Xの返済原資は月額6万円であるので、一応、何とか返済は可能であろう。

Ⅳ　Xへの確認

甲弁護士がXに電話で確認したところ、自宅建物は、2階の一部が外に張り出している構造のため、2階の床面積のほうが1階の床面積よりも広くなっているとのことであった。また、2階部分はXおよび妻子のみが使用しており、義父母が専有する部分はないとのことであった。以上からすれば、Xがもっぱら居住する部分は建物全体の床面積の2分の1よりも広いので、問題点①はクリアできそうである。

また、Xによれば、半年後の来年4月からは末っ子が公立小学校にあがり、幼稚園の月謝（3万円）の支払いが不要になるため、以後は6万円＋3万円＝9万円程度までは返済原資が確保できそうであるとのことであった。再生計画の認可決定がなされるのは、申立て時からおおむね6カ月後であるので、履行可能性は問題なさそうである（問題点③）。

問題は、Yの住宅ローン債権を担保するための抵当権の存在である（問題点②）。この点については、Yから具体的な状況を聴き取って、当該抵当権

が実行されるおそれがないといえるかを検討するしかなさそうである。
　Xによれば、Yに事務所まで来てもらえるとのことであったので、甲弁護士は、Yと事務所で面談を行うことにした。

V　Yとの面談

> 甲弁護士：お忙しいところわざわざご足労いただき申し訳ありません。
> Y　氏：いえいえ、Xがご迷惑をおかけしています。こんなことになってしまって、本当にお恥ずかしい限りです。先生、私たちは家を手放さなくてはいけないのでしょうか。貯金は家を建てる時にほとんど使ってしまいましたし、この年齢で家がなくなったら、私と妻は生きていけません。
> 甲弁護士：そうならないように努力します。まず、基本的な事項をいくつか確認させてください。

　Yとの面談の結果、以下の事情が明らかとなった。
① 　Yも、X同様、Z銀行で住宅ローンを組んでいる。返済期間は17年で残ローン期間は10年である。当初借入額は700万円であったが、現在残高は約450万円、支払月額は約4万3000円である。
② 　住宅ローン以外の債務はなく、これまでに住宅ローンを滞納したことはない。
③ 　Yは現在61歳であるが、定年延長により会社員として勤務しており、月に約25万円の手取り収入がある。
④ 　65歳までは現在の会社で働き、同額の収入を得られる見込みであるが、退職金はない。
⑤ 　定年退職後は、年金生活となるが、年金の受給額は月額23万円程度となる見込みである。

これらの事情からすれば、一応、Yの住宅ローンの弁済が滞り、抵当権が実行されるおそれはないといえそうである。甲弁護士は、申立ての際の添付資料とするために、Yから、以下の書類の写しを受領した。
- ・Yの住宅ローンについての金銭消費貸借契約書
- ・住宅ローンの償還表
- ・給与明細
- ・源泉徴収票の写し
- ・Yの元に届いた「ねんきん特別便」

VI 方針の決定

　甲弁護士は、各問題点をクリアできそうであると判断し、住宅資金特別条項付小規模個人再生の申立てを行う方針を固めた。Xはこれまで住宅ローンの支払いは延滞しておらず、今後も約定どおり弁済をする意向なので、いわゆる「そのまま型」（民再199条1項）で住宅資金特別条項を定める予定とする。
　もっとも、〈Case ⑨〉のような、形式的には、住宅上に非住宅ローン債権を担保するための担保権が設定されていることになる事案において、住宅資金特別条項の利用を認めるか否かについては、個別具体的な事情をもとに個人再生委員の意見を踏まえて判断されるから、住宅資金特別条項の利用を認めないとの判断がなされるリスクも否定できない。
　甲弁護士は、Xに対し、上記のリスクを説明したうえで、仮に、住宅資金特別条項の利用ができない場合には、個人再生の手続を進める意味がないので、破産せざるを得ないこと、その場合には基本的に自宅を失うことになることを説明した。Xは「わかりました。それでも、少しでも自宅を手放さないで済む可能性があるのであれば、申立てを行ってください」とのことであったので、申立てに向けて準備を進めることとなった。
　なお、Xは東京都に居住しているため、管轄は東京地裁となる。東京地裁

においては、個人再生の申立ての全件について、個人再生委員を選任する運用となっているため、通常の申立費用のほかに、個人再生委員の報酬相当の金額を予納しなければならない。もっとも、予納の方法としては、申立て後、毎月、所定の期日までに、分割予納金として手続開始申立書記載の計画弁済予定額を個人再生委員の口座に振込送金し、再生計画認可（不認可）決定後、個人再生委員の報酬を差し引いた金額を精算するという方法がとられているので、申立て時に一括で支払う必要はない。初回の分割予納金は、申立て後1週間以内に振り込むこととされ、以後、1カ月ごとに、同金額を振り込む必要がある。東京地裁の場合、個人再生委員の報酬金額は、原則として15万円である。

VII 受任通知の発送

　甲弁護士は、各債権者に対し、受任通知および取引履歴開示請求書を送付した。住宅資金債権者であるＺ銀行に対しては、住宅資金特別条項付個人再生の申立て予定である旨を添えた受任通知（【書式2-9-1】）を送るとともに、事情説明と今後の協力依頼を兼ね、別途、電話連絡をすることとした。

【書式2-9-1】　受任通知（〈Case ⑨〉）

　株式会社Ｚ銀行　　〇〇支店　　御中

　　　　　　　　　　　　　　　　　　　　　　　平成24年10月12日
　　　　　　　　　　　　　　〒〇〇〇-〇〇〇〇
　　　　　　　　　　　　　　　東京都中央区〇〇　〇-〇-〇〇
　　　　　　　　　　　　　　　　甲法律事務所
　　　　　　　　　　　　　　　　債務者代理人
　　　　　　　　　　　　　　　　　弁護士　　　　甲

　　　　　　　　　　　　受任通知

　　　　　　　　　債務者の表示

　　　　　住　所　〒〇〇〇-〇〇〇〇
　　　　　　　　　東京都北区〇〇　〇-〇〇-〇〇
　　　　　氏　名　　　　X

冠省　貴行におかれましては益々ご清栄の段大慶に存じます。
　さて、当職は、債務者Xの代理人として貴行に対し、次のとおりご連絡いたします。
　債務者は、貴行から住宅ローンを借り入れておりますが、その他に生活費の捻出等の理由により、貴行以外に10社に対し約800万円の債務を負っております（正確な債権額は現在調査中です。）。そして、今日まで返済に努めて参りましたが、今般、その10社との約定どおりに債務を返済することが困難な状況となりました。そこで、鋭意検討の結果、やむを得ず個人債務者再生手続の申立を検討することになりました。
　つきましては、貴行から借り入れております住宅ローンについては、今までどおりお支払いいたしますので、よろしくお取りはからい下さい。
　貴行にご迷惑をおかけすることになりますが、債務者の窮状をご賢察ください、ご協力のほどお願いする次第です。
　　　　　　　　　　　　　　　　　　　　　　　　　　　　草々

甲弁護士：お世話になっております。受任通知をお送りいたしましたが、Xさんについては、住宅資金特別条項付個人再生の申立てを検討しておりまして、これまでどおり住宅ローンの支払いは続ける予定ですので、よろしくお願いいたします。
Z担当者：承知しました。当行としては、通常、そうした手続には協力させていただいておりますので、引き続きよろしくお願いいたします。
甲弁護士：ところで、本件では、Yさんも貴行から住宅ローンを借り入れていて、同じ自宅土地建物に住宅ローンを担保するための抵当権が設定されていますが、Yさんについては、特に法的

> 　　　　手続を行わず、Xさんのみが、個人再生を申し立てる予定
> 　　　　です。貴行としては、Xさん単独の申立てになることにつ
> 　　　　いて、異存はありますか。
> Z担当者：いえ、X様もY様もこれまでどおり住宅ローンの弁済を続
> 　　　　けていただけるのであれば、特に異存ありません。
> 甲弁護士：ありがとうございます。今後、何かとご協力をお願いするこ
> 　　　　とがあるかもしれませんが、よろしくお願いいたします。

VIII 負債および清算価値の確定

1 負債

　各消費者金融から開示された取引履歴を基に、引直し計算を行ったところ、過払いはなく、負債は元金ベースで約680万円となった。

　また、自動車ローンについては、業者から連絡があり、所有権留保を実行するとのことであったので、引渡し日程を調整のうえ、Xの立会いの下、自動車を業者に引き渡した。業者から送られてきた査定書および債権届出書によれば、自動車の査定額は約30万円であり、当該金額が自動車ローンの残債に充当され、ローン残額は約70万円となるとのことであった。

　以上より、Xの住宅ローンを除く負債総額は約750万円となったので、最低弁済基準額はその5分の1の約150万円となる。これを3年間、36回払いで弁済すると考え、申立て時の計画弁済額は4万2000円とすることとした。

2 清算価値

　Xの預貯金額は数千円しかなく、現金も数万円程度あるのみである。火災保険、生命保険には加入しているが、いずれも解約返戻金はない。

　自宅土地建物については、時価総額から残ローン額を控除した金額が清算価値となるが、時価総額の評価にあたっては、東京地裁においては、信頼の

おける複数の不動産業者から取得した査定書の提出を求める運用となっている。甲弁護士が知り合いの大手不動産仲介業者2社に簡易査定を依頼して査定書をとったところ、業者Aの査定では土地は2000万円、建物は600万円との査定であり、業者Bの査定では土地は2050万円、建物は680万円との査定であった（ただし、建物については建物全体の査定額であり、Xの持分割合を考慮していない）。いずれにせよ、明らかにオーバーローン状態であるので、清算価値としてはゼロと考えてよい。

また、Xの勤務先では、退職金が出るとのことであったので、Xに依頼して退職金計算書を取得してもらったところ、発行日現在の退職金支給額は、200万円とのことであった。退職金の清算価値の算定にあたっては、再生計画認可時までに退職することが確定していない場合、認可時において退職した場合の退職金請求権の8分の1が清算価値の算定の対象となる（手引・246頁）。したがって、清算価値としては約25万円として考えることとする。

なお、Xは、5年前に実の父の借金を肩代わりしているが、確認したところ、3年前にXの父は他界し、相続人全員が相続放棄したとのことであったので、求償権その他の請求権は存在しない。

上記のほかに、Xにめぼしい資産はないため、結局、清算価値の総額は、退職金についての約25万円のみとなり、清算価値の総額が最低弁済基準額を超えることはない。特に計画弁済額を変更する必要はなさそうである。

IX 申立て準備

東京地裁破産再生部においては、申立て当日に全件個人再生委員を選任する運用となっており、再生手続の開始要件等の立証を個人再生委員による口頭での事情聴取にある程度委ね、必要に応じて書類の提出を求めるとの運用方針に基づき、申立て時に必要な書類は大幅に簡素化されている。

具体的には、申立て時には、①申立書、②収入一覧および主要財産一覧、③債権者一覧表、④委任状、⑤住民票写し2通を提出すれば足りるとされて

いる。

　なお、申立てに必要な書式は、日本弁護士連合会のホームページ（〈http://www.nichibenren.or.jp/contact/information/kojinsaisei.html〉）からダウンロード可能である。

　甲弁護士は、これまでに収集した情報を基に、申立書（【書式2-9-2】）、収入一覧および主要財産一覧（【書式2-9-3】）、債権者一覧表（【書式2-9-4】）を作成し提出することとした。また、住宅ローンの弁済をこれまでどおり続けるために、弁済許可申立書を合わせて提出することにした。

　甲弁護士は、申立て時の必要書類ではないが、申立て後速やかに追完することが必要とされている書類についても、現時点で提出可能なものは提出することとした。具体的には、以下の書類である。

- 財産目録（【書式2-9-5】）およびその添付書類（預金通帳、退職金計算書、解約返戻金計算書、不動産査定書2通）
- 源泉徴収票の写し（直近1年分）
- 給与明細書（直近2カ月分）
- 家計全体の状況
- 自宅土地建物の登記事項証明書（共同担保目録付きのもの）
- 金銭消費貸借契約書（住宅ローン）
- 償還表
- 報告書（民再124条2項、125条1項）（【書式2-9-6】）

　住宅資金特別条項を定めた再生計画案を提出する際、「その住宅において自己の居住の用に供されない部分」があるときは、「当該住宅のうち専ら再生債務者の居住の用に供される部分及び当該部分の床面積を明らかにする書面」を提出する必要がある（民事再生規則102条1項5号）。甲弁護士は、Xに、建物の簡単な間取り図を作成するよう指示し、Xからの聴取報告書（【書式2-9-7】）に添付して提出することにした。

　さらに、〈Case ⑨〉では、Yの住宅ローンの抵当権が実行される可能性がないことを説明する必要があるので、Yから聴き取った内容の聴取報告書

(【書式2-9-8】)に、Yから取得した金銭消費貸借契約書、ローン償還表、給与明細、源泉徴収票の写し、「ねんきん特別便」を添付して提出することにした。

　申立て時に提出する書類はおおむね以上である。あとは、申立て後に、適宜、個人再生委員の指示に従って書類の追加等を行うことになる。

　申立て後は、速やかに個人再生委員と申立代理人および申立人本人が面談を行うこととされているので、甲弁護士は、Xにスケジュールを聞き、面談可能な日程を把握しておくこととした。また、申立て後1週間以内に初回の分割予納金の支払いがあるので、Xに対し、資金の準備を行っておくよう指示した。

【書式2-9-2】　再生手続開始申立書（〈Case ⑨〉）

再生手続開始申立書（小規模個人再生）

平成25年1月21日

東京地方裁判所民事第20部　御中

申　立　人
　ふりがな
　氏　　名　　　X
　生年月日　昭和○○年○月○日（36歳）

　現住所　　〒○○○-○○○○
　東京都北区○○　○-○○-○○

　職　　業　　会社員

（裁判所使用欄）

申立人代理人

　氏　　名　　甲　　　　　　　印

　事務所住所　〒○○○-○○○○

(送達場所)　東京都中央区○○　○-○-○○　甲法律事務所
電話番号03（○○○○）○○○○　FAX番号03（○○○○）○○○○

申立ての趣旨
　申立人について、小規模個人再生による再生手続を開始する。
申立ての理由等
1（申立要件及び手続開始要件）
　　申立人は、本申立書添付の債権者一覧表のとおりの債務を負担しているが、収入及び主要財産は別紙収入一覧及び主要財産一覧に記載のとおりであり、破産の原因たる事実の生じるおそれがある。
　　申立人は、将来においても継続的又は反復して収入を得る見込みがあり、また、民事再生法25条各号に該当する事由はない。
2（再生計画案作成についての意見）
　　申立人は、各再生債権者に対する債務について、相当部分の免除を受けた上、法律の要件を充たす額の金銭を分割して支払う方針である。
　　なお、現時点での計画弁済予定額は、月額　　42,000　　円であり、この弁済の準備及び手続費用支払の準備のため、申立後1週間以内の日を第1回とし、以後毎月10日までに個人再生委員の銀行口座に同額の金銭を入金する。
3（他の再生手続に関する申述）
　　申立人は、法律が定める他の再生手続開始を求めない。

【書式2-9-3】　収入一覧及び主要財産一覧（《Case ⑨》）

収入一覧及び主要財産一覧

申立日現在

収入一覧

収入の別	金　　額	備　　考
給与（月額）	約330,000円	
賞与（年額）	約1,000,000円	

	年収　約	496万円

主要財産一覧

財産の別	金　額	備　考
土地	約20,250,000円	抵当権設定済（住宅ローン）
建物	約6,400,000円	抵当権設定済（住宅ローン）
預金	7,200円	
現金	約120,000円	
退職金	2,000,000円	
	円	
	円	
主要財産の総額（担保差入分を含む）　約28,777,200円			

【書式 2-9-4】　債権者一覧表（<*Case* ⑨>）

債 権 者 一 覧 表

再生債務者　　　　X

債務合計額　38,108,706　円（申立後の利息・損害金を除いた額）

異議を留保する再生債権は、異議留保欄に○を付した。

債権者番号	債権者名	債権者住所	備　考	異議留保
	債権の種類	債権の金額		
	××××株式会社	〒×××-×××× 東京都品川区××○丁目○番○号		

1	☑貸付金 □立替金	金　453,482　円　及び　　　　　に対する 平成　年　月　日から完済まで年　　％の金員		○
2	○○信用保証㈱	〒○○○-○○○○ 東京都文京区××○丁目○番○号	申立外㈱○○銀行と再生債務者間の平成22年5月1日付包括的金銭消費貸借契約における、再生債務者の申立外㈱○○銀行に対する債務につき、債権者が同日付で連帯保証し、同保証債務を平成25年8月20日に履行したことに基づく求償債権	○
	☑貸付金 □立替金	金　　　857,300　円及び　　　　に対する 平成　年　月　日から完済まで年　　％の金員		
11	㈱Ｚ銀行　○○支店	〒○○○-○○○○ 東京都北区××○丁目○番○号	・住宅資金貸付債権 ・住宅資金特別条項を再生計画案に定める予定	○
	☑貸付金 □立替金	金　　30,594,496　円及び　　　　に対する 平成　年　月　日から完済まで年　　％の金員		

【書式2-9-5】　財産目録（《Case ⑨》）

財産目録（一覧）

＊1から16の項目について、あってもなくてもその旨を確実に記載します。

1	申立時に21万円以上の現金があるかどうか。	【有	ⓜ】
2	預金・貯金 □過去2年以内に口座を開設したことがない。	【㊲	無】
3	公的扶助（生活保護、各種扶助、年金など）の受給	【有	ⓜ】
4	報酬・賃金（給料・賞与など）	【㊲	無】
5	退職金請求権・退職慰労金	【㊲	無】
6	貸付金・売掛金等	【有	ⓜ】
7	積立金等（社内積立、財形貯蓄、事業保証金など）	【有	ⓜ】
8	保険（生命保険、傷害保険、火災保険、自動車保険など）	【㊲	無】

9	有価証券（手形・小切手、株券、転換社債、ゴルフ会員権など）	【有	無】
10	自動車・バイク等	【有	無】
11	過去5年間において、購入価格が20万円以上の物 　　　　　（貴金属、美術品、パソコン、着物など）	【有	無】
12	過去2年間に処分した20万円以上の財産	【有	無】
13	不動産（土地・建物・マンション）	【有	無】
14	相続財産（遺産分割未了の場合も含みます）	【有	無】
15	事業設備、在庫品、什器備品等	【有	無】
16	その他、回収が可能となる財産 　　□過払いによる不当利得返還請求権　□その他	【有	無】

財産目録（細目）

* 該当する項目部分のみを記載します。

1　現　金　　　　　　　　　　　　　　　　　　　　　　　　12万　円

　＊申立時に21万円以上の現金があれば全額を記載します。

2　預金・貯金

　＊解約の有無及び残額の多寡にかかわらず各通帳の表紙を含め、過去2年以内の取引の明細がわかるように全ページの写しを提出します。

　＊表紙を含めた通帳の写しを提出しますので、口座番号は記載しません。

金融機関・支店名（郵便局を含む）	口座数	申立時の残額
Ｚ銀行	2口	5,200円
××銀行	1口	2,000円

〜略〜

4　報酬・賃金（給料・賞与など）
　　申立書添付の収入一覧記載のとおり

5 退職金請求権・退職慰労金
　＊退職金の見込額を明らかにするため、使用者又は代理人作成の退職金計算書を添付します。
　　平成25年1月1日現在　　　　2,000,000円

　　　　　　　　　　　　〜略〜

8 保険（生命保険、傷害保険、火災保険、自動車保険など）
　＊申立人が契約者で、未解約のもの及び過去2年以内に失効したものを必ず記載します（出捐者が債務者か否かを問いません。）。
　＊保険証券及び解約返戻金計算書の各写し、失効した場合にはその証明書（いずれも保険会社が作成します。）を提出します。

保険会社名	証券番号	解約返戻金額
××損害保険株式会社	1234567890	0円
○○生命保険株式会社	9876543210	0円

　　　　　　　　　　　　〜略〜

11 過去5年間において、購入価格が20万円以上の物
　　（貴金属、美術品、パソコン、着物など）
　＊品名、購入価格、取得時期及び評価額（時価）を記載します。

品　名	購入金額	取　得　時　期	評　価　額
自動車	約150万円	平成22年10月7日	0円（所有権留保実行済）

12 過去2年間に処分した20万円以上の財産
　＊過去2年間に処分した財産で、20万円以上の財産をすべて記載します。
　＊不動産の売却、自動車の売却、保険の解約、定期預金の解約、ボーナスの受領、退職金の受領、敷金の受領、離婚に伴う給付などを記載します。
　＊処分に関する契約書・領収書の写しなど処分を証明する資料を提出します。

IX 申立て準備　　*321*

＊不動産を処分した場合には、処分したことがわかる登記簿謄本を提出します。

財産の種類	処分時期	入手額	使途	処分の相手方
自動車	平成24年11月1日	0円 （評価額30万円）	所有権留保の実行	○○自動車ローン株式会社

13　不動産（土地・建物・マンション）

　＊不動産の所在地、種類（土地・借地権付建物・マンションなど）を記載します。

　＊共有などの事情は、備考欄に記入します。

　＊登記簿謄本を提出します。

　＊遺産分割未了の不動産も含みます。

不動産の所在地	種　類	備　考
東京都北区○○ ○-○○-○○	宅地	
東京都北区○○ ○○　○-○○-○○	居宅、木造スレート葺2階建	共有。申立人の持分4分の1。

以下略

【書式 2-9-6】　報告書（〈*Case* ⑨〉）

担当　個人再生係

東京地方裁判所平成25年（再イ）第　　　号

　　　　報告書（民事再生法124条2項、125条1項）

平成25年1月21日

                            再生債務者　　　　　　　　X
                            再生債務者代理人　弁護士　　甲

民事再生法124条2項及び125条1項に基づき、以下のとおり報告します。

1　過去10年前から現在に至る経歴　　　　　　　　　□補充あり

就業期間	□自営 □勤め □パート・バイト □無 □他（　　）
就業先（会社名等）	地位・業務の内容
平成12年4月〜	□自営 ■勤め □パート・バイト □無 □他（　　）
○○株式会社	会社員

2　家族関係等　　　　　　　　　　　　　　　　　　□補充あり

氏　名	続柄	年齢	職　業	同居
○○○○	妻	35	無職	○
○○○○	子	10	小学生	○
○○○○	子	8	小学生	○
○○○○	子	6	幼稚園児	○

3　現在の住居の状況
　■補充あり（添付の聴取報告書（Y氏）参照）
　　ア　申立人が賃借　　イ　親族・同居人が賃借　　㋺　申立人が所有・共有
　　エ　親族が所有　　オ　その他（　　　　　　　　　　　　　　）
　　　＊ア、イの場合は、次のうち該当するものに○印をつけます。
　　　　a　民間賃借　　b　公営賃借　　c　社宅・寮・官舎
　　　　d　その他（　　　　　　　　　　　　　　　　　　　　　）

4　個人債務者再生手続を申し立てるに至った事情

■ 補充あり（添付の聴取報告書（Y氏）参照）
　申立人は、平成17年に現在の住所地の土地を購入し自宅建物を新築し、住宅ローンの返済を行うようになった。
　申立人は、平成19年ころから、生活費の補塡、及び、申立人の父の事業上の借金を返済するために、消費者金融からの借り入れを開始した。その後、平成22年ころからは、複数の借入先から新たに借り入れをして返済を行うことを繰り返すようになった。
　平成24年ころには月々の返済額が16万円を超え、これに加えて住宅ローン、自動車ローンの返済も行っていたことから、支払の目途が立たなくなり、同年10月に弁護士へ委任して、債務整理を開始し、本件申立てに至ったものである。
　なお、申立人の自宅建物は二世帯住宅であり、新築時より申立人の妻の両親と同居している。建物建築費用の大半を申立人の妻の父であるY氏が捻出したため、申立人はY氏と建物を共有し、申立人が持分4分の1、Y氏が持分4分の3を取得することとなった。
　自宅建築にあたり、Y氏は、自らの貯金に加え、Z銀行で700万円の住宅ローンを組んで建築費用の大半を捻出した。また、申立人はZ銀行で3500万円の住宅ローンを組んで土地代金及び建築費用の一部を捻出した。このため、現在、申立人の自宅土地建物には、申立人の住宅ローン債務及びY氏の住宅ローン債務のそれぞれを担保するための抵当権が設定されている。

5　財産
　添付の財産目録（略）記載のとおり

6　債務
　別途提出する債権認否一覧表（略）記載のとおり

7　申立前10年内の破産又は再生手続による免責の有無
　　□　有（→免責決定書又は再生計画認可決定写し添付）　　■　無

【書式2-9-7】 聴取報告書①：X氏（〈Case ⑨〉）

聴取報告書

平成25年1月21日

東京地方裁判所民事第20部　御中

　　　　　　　　　　　　　　申立人代理人弁護士　　　　甲

　当職が、申立人より聴取した内容について、下記のとおり報告する。

記

　私の自宅は2世帯住宅になっており、1階に妻の両親が居住し、2階に私と妻子が居住しています。1階の玄関スペースは共用ですが、2階部分は私と妻子のみが使用しており、妻の両親が専有する部分はありません。
　自宅建物は、2階の一部が外に張り出している構造のため、2階の床面積（65.5平方メートル）の方が1階の床面積（60平方メートル）よりも5.5平方メートルほど広くなっております。
　自宅建物の間取り図を描きましたので、提出します。

以上

添付資料　間取り図（略）

【書式2-9-8】 聴取報告書②：Y氏（〈Case ⑨〉）

聴取報告書

平成25年1月21日

東京地方裁判所民事第20部　御中

　　　　　　　　　　　　　　申立人代理人弁護士　　　　甲

当職が、Y氏より聴取した内容について、下記のとおり報告する。

記

1　私は申立人の妻である○○の父で、申立人の義理の父にあたります。
2　私と妻は、もともと申立人一家とは別々に暮らしていましたが、7年前に同居することになり、共同で、東京都北区○○　○-○○-○○に土地を購入し2世帯住宅を建てました。
3　その際、建物建築費用の大半は私が出し、申立人が土地代金と建物建築費用の一部を出しました。このため、土地を申立人の単独所有、建物を私と申立人の共有とし、建物持分4分の3を私が取得することになりました。
4　私が負担する建物建築費用は、貯金に加え、Z銀行で住宅ローンを組んで捻出しました。私の上記の住宅ローンの借入額は700万円で、現在、毎月4万3000円を返済しています。17年ローンで、残ローン期間は10年、現在のローン残高は約450万円です。
5　現在、私は××株式会社に勤務しており、月に約25万円の手取り収入があります。私は昭和○○年○月○日生まれで現在61歳ですが、65歳までは現在の職場で勤務することができる予定です。また、65歳からの私の年金の受給予定額は月額23万円程度の見込みです。
6　私が住宅ローンの返済を滞納したことは一度もありませんし、今後も、十分返済が可能です。また、私は、住宅ローン以外の借入は一切ありません。
7　ご参考までに、住宅ローンについての金銭消費貸借契約書、ローン償還表、給与明細、源泉徴収票の写し、「ねんきん特別便」を提出します。

以上

添付資料

資料1　　　　金銭消費貸借契約書
資料2　　　　ローン償還表
資料3　　　　給与明細
資料4　　　　源泉徴収票の写し
資料5　　　　「ねんきん特別便」

X 申立て

　申立て後、東京地裁破産再生部から連絡があり、乙弁護士が個人再生委員に選任されたとのことであった。甲弁護士は、速やかに乙弁護士に連絡をとり、面談の日程を調整した。面談は、1週間後に行うことになった。

　また、乙弁護士から、分割予納金の送金先口座の通知があったため、Xに知らせ、忘れずに分割予納金の支払いを行うよう指示した。

XI 個人再生委員との面談

　甲弁護士は、Xとともに、乙弁護士の事務所で面談を行った。乙弁護士からは、Xの預金通帳上に表れているいくつかの振込みについて、債権者一覧表に記載されていない借入れの弁済ではないかを確認する質問があったが、Xが使途を説明したところ、借入れの弁済ではないことを理解してもらえた。また、乙弁護士は、甲弁護士に対し、①住宅ローンの保証会社（Pローン保証）に対する保証委託契約書、②住宅ローンの金銭消費貸借契約書の付属書類（約款）を追加で提出するよう指示した。

> 乙弁護士：ペアローンですか…。本件では、住宅資金特別条項の利用が認められるためには、解決しなければならない問題が何点かあると思います。まず、第1の問題は、Yさんの住宅ローンが将来にわたって確実に弁済できるかという点です。申立人代理人の聴取報告書によると、Yさんは、現在の職場で65歳まで働き続けられるとのことですが、就業規則等、そのことを確認できる書類を提出して下さい。
>
> 甲弁護士：わかりました。

乙弁護士：また、65歳まで働くことができるとすると、一応、現在の給与と将来の年金収入で、住宅ローンを払い続けることが可能なようですが、ローン完済予定時にYさんは71歳になりますので、返済前に万が一の事態が生じないとはいいきれません。Yさんは団体生命保険には加入しているのですか。

X　氏：確か、加入していたと思います。

乙弁護士：それでは、生命保険契約書等、加入の事実がわかる書類を提出してください。

甲弁護士：わかりました。

乙弁護士：第2の問題は、Z銀行が、Yさんの住宅ローンの期限の利益を喪失させる可能性がないかどうかです。Yさんが約定どおり住宅ローン債務の弁済を続けたとしても、高齢や他の借入れの発生等による経済状況の悪化を理由として、期限の利益を喪失させることがあり得るのであれば、代位弁済が行われ、担保権が実行される可能性がないとはいえません。少なくとも、再生計画案提出時までには、Z銀行やPローン保証との間で、Yさんが弁済を続ける限りは期限の利益を喪失させず、抵当権を実行しない旨の合意を締結する必要があると考えます。個人再生委員としては、手続開始に関する意見書提出時に、その旨の留保を付したいと思います。

甲弁護士：Z銀行やPローン保証と協議してみます。もっとも、その旨の書面の締結まで可能かどうかは、話をしてみないことにはわかりません。

XII　手続開始決定

甲弁護士は、面談で指示された書類をXおよびYから取得して、乙弁護士

に提出した。その1週間後、乙弁護士から、手続開始に関する意見書がFAXで送られてきた。意見書には、①棄却事由が認められないので、再生手続を開始するのが相当である、②住宅資金貸付債権の一部弁済許可申立てを許可するのが相当であるとの意見が付されていた。

また、意見書には、特記事項として、住宅資金特別条項を定めるためには、

ⓐ　再生計画案提出時において、Yの住宅ローン債務の延滞がないことが確認できること

ⓑ　YとZ銀行および保証会社であるPローン保証との関係で、Yが約定どおり弁済をする限り、代位弁済をしないことおよび抵当権の実行をしないことの明確な合意を成立させること

が必要であると記載されていた。

上記意見書の提出から2週間後、手続開始決定および弁済許可決定がなされた。

XIII　銀行および保証会社との協議

甲弁護士は、弁済許可決定書をZ銀行にFAXで送った後、担当者と電話で協議を行った。

甲弁護士：Yさんが約定どおり弁済をする限りは代位弁済を依頼しないという内容の合意書を締結することは可能ですか。

Z担当者：合意書ですか……。ちょっと、過去に、そのような文書を締結したという例を聞いたことがありませんので、難しいと思います。

甲弁護士：そうですか……。住宅資金特別条項の利用ができないと、貴行に対する弁済ができなくなってしまうのですが、検討していただくことも難しいでしょうか。

Z担当者：そういう文書の締結ということになると、相当上のほうで稟

議を経なければならなくなって、下手すると数カ月かかりますし、まず、稟議は通らないと思いますよ。
甲弁護士：わかりました。では、貴行の実際の運用としてはどうしているのでしょうか。ローン契約書において、貴行の請求により期限の利益を喪失させることのできる各場合が規定されていますが、運用として、住宅ローン債務者が約定どおり弁済を続けている場合に、同条項を適用して期限の利益を喪失させるということはあるのですか。
Ｚ担当者：お客様の生活にかかわってきますから、形式的に契約書の当該条項に該当する事由が発生しても、現実に住宅ローンの支払いが行われている限りは期限の利益を喪失させることはしていないです。
甲弁護士：期限の利益を喪失させるのは、どういう場合なのですか。
Ｚ担当者：仮に、住宅ローンの弁済が滞るようなことがあっても、まずはお客様に連絡し、督促やリスケジュールの協議を行いますので、すぐに期限の利益を喪失させることはあり得ないです。運用としては、リスケジュールが不可能で、かつ、相当の回数にわたって繰り返し延滞があった場合に、期限の利益を喪失させて保証会社に代位弁済を依頼するようにしています。
甲弁護士：ローン契約書に規定されている当然失期の場合は、どうなるのでしょうか。
Ｚ担当者：その場合は、代位弁済を依頼する運用になっています。その後については、保証会社のＰローン保証の判断になりますが、おそらく、直ちに抵当権を実行するようなことはしていないのではないでしょうか。

　Ｚ担当者の話では、文書での合意は難しそうだが、実際の運用上、Ｙが弁済を続ける限りは期限の利益を失う可能性はなさそうである。個人再生委員

に上記の運用を説明すれば、文書による合意がなくとも、Ｙが約定どおり弁済をする限り、代位弁済や抵当権の実行のおそれがないことが明確であると判断してもらえるかもしれない。

次に、甲弁護士は、Ｐローン保証に電話をかけ、担当者と協議を行った。

> 甲弁護士：Ｙさんが約定の金額の弁済を続ける限りは、抵当権の実行をしないという内容の合意書を締結することは可能でしょうか。
> Ｐ担当者：文書にするというのは難しいと思いますよ。ただ、当社の運用としては、銀行の依頼を受けて当社が代位弁済を実行した後も、ローン契約者の方と対応を協議することにしており、任意に弁済を受けられている限り、抵当権の実行は行っておりません。
> 甲弁護士：保証委託契約上、代位弁済前に事前求償権の行使ができる場合の定めがありますが、実際には、どういう場合に事前求償権の行使を行っているのですか。
> Ｐ担当者：実際に弁済が滞らない限り、事前求償権の行使を行うということはないですね。

Ｐローン保証とも、文書での合意は難しそうだが、やはり、実際にＹの弁済が滞らない限り、抵当権の実行のおそれはなさそうである。

XIV 個人再生委員との協議

甲弁護士は、乙弁護士に電話をかけ、Ｚ銀行およびＰローン保証とのやりとりの内容を報告した。

> 乙弁護士：状況はわかりました。やはり、事案の性質上、合意書の締結は難しそうですね。ただ、担当者からの聴取り内容を総合す

> ると、実際の運用上、Yさんが弁済を続ける限りは抵当権が実行されるおそれはないといえそうです。住宅資金特別条項の利用が可能か検討しますので、聴き取った内容を報告書にして提出していただけますか。
> 甲弁護士：わかりました。

　乙弁護士の口ぶりからは、住宅資金特別条項の利用ができる可能性がありそうである。甲弁護士は、早速、聴取り内容を報告書にして乙弁護士に提出した。

XV　その後の流れ

　その後、各社から債権届出書が提出され、甲弁護士の下に送付されてきた。内容をみる限り、特に問題はなかったので、いずれの届出債権も認める旨の債権認否一覧表を提出し、また、異議書の提出は行わないこととした。

XVI　再生計画案の提出

　乙弁護士から連絡があり、住宅資金特別条項付きの再生計画の認可が相当であると考えているとのことであった。まずはひと安心である。
　甲弁護士は、住宅資金特別条項付きの再生計画案を作成し、提出した（【書式2-9-9】）。
　また、Yに対し、再生計画案の提出時点でも、住宅ローンの延滞がないことを確認し、その旨の簡単な報告書を提出した。

【書式2-9-9】　再生計画案（《*Case* ⑨》）

東京地方裁判所　平成25年（再イ）第○○○号

再 生 計 画 案

平成25年6月11日

　　　　　　　　　　再 生 債 務 者 　　氏 名 ＿＿＿＿＿Ｘ＿＿＿＿＿
　　　　　　　　　　再生債務者代理人　　氏 名 ＿＿＿＿＿＿甲＿＿＿＿　印

第１　再生債権に対する権利の変更
　１　一般条項
　　(1)　対象となる再生債権
　　　　　後記２の住宅資金特別条項の対象となる再生債権を除く、全ての再生債権。
　　(2)　権利の変更
　　　　　再生債権の元本及び再生手続開始決定の日の前日までの利息・損害金の合計額のうち＿20＿％（ただし、１円未満の端数は切り上げる。）を後記(3)の弁済方法のとおり弁済し、残元本、再生手続開始決定の日の前日までの利息・損害金の残額及び再生手続開始決定の日以降の利息・損害金の全額について免除を受ける。
　　(3)　弁済方法
　　　　　再生債務者は、各再生債権者に対し、(2)の権利の変更後の再生債権について、次のとおり分割弁済をする。
　（分割弁済の方法）
　再生計画認可決定の確定した日の属する月の翌月から
　■　３年間、毎月＿10＿日限り、各36分の１の割合による金員（ただし、各弁済期に生ずる10円未満の端数は切り捨て、これによる不足額については最終弁済期日の末日に上乗せする。）（合計＿36＿回）
　　　□　毎年＿＿＿＿＿＿＿＿＿＿＿＿＿＿＿の＿＿＿＿回限り、＿＿＿＿％の割合による金員（１円未満の端数は切り捨てる。）（合計＿＿＿回）
　　　□　その他

　２　住宅資金特別条項
　　　　住宅資金貸付債権者との間で、別紙のとおり住宅資金特別条項を定める。

第2　別除権付債権に関する定め
　　　なし

第3　共益債権及び一般優先債権の弁済方法
　　　共益債権及び一般優先債権は、随時支払う。

(別紙)

住宅資金特別条項

　債権者の表示　株式会社Z銀行

　①住宅資金貸付債権の表示
　　平成○○年○月○日付金銭消費貸借契約書(以下、「原契約」という。)に基づき、株式会社Z銀行が申立人に対して有する債権

　②住宅及び住宅の敷地の表示
　　　別紙物件目録記載のとおり

　③抵当権の表示
　　　別紙抵当権目録記載のとおり

　④条項の内容
　　　住宅資金貸付債権の返済は、原契約の各条項に従うものとする。

(別紙)

物　件　目　録

1　土地
　　所在　　　東京都北区○○

地番　　○○番○
　　　地目　　宅地
　　　地積　　80.15平方メートル

2　建物
　　所在　　東京都北区○○　○○番地○
　　家屋番号　○○番○
　　種類　　居宅
　　構造　　木造スレート葺2階建
　　床面積　1階　　60.00平方メートル
　　　　　　2階　　65.50平方メートル
　　（再生債務者持分4分の1）

　　　　　　　　　　　　　　　　　　　　　　以上

（別紙）

抵　当　権　目　録

Ｐローン保証株式会社が有する下記抵当権

1　平成○○年○月○日保証委託契約に基づく求償債権を担保するために平成○○年○月○日設定した抵当権（別紙物件目録1記載の土地）

　　債権額　3500万円
　　損害金　年14％（年365日日割計算）
　　債務者　Ｘ
　　債権者　Ｐローン保証株式会社
　　登　記　○○地方法務局平成○○年○月○日
　　　　　　受付第○○○○○号

2　平成○○年○月○日保証委託契約に基づく求償債権を担保するために平成○○年○月○日設定した抵当権（別紙物件目録2記載の建物の再生債務者持

分）

　　債権額　3500万円
　　損害金　年14％（年365日日割計算）
　　債務者　X
　　債権者　Pローン保証株式会社
　　登　記　○○地方法務局平成○○年○月○日
　　　　　　受付第○○○○○号

以上

XVII 再生計画の認可まで

　再生計画案提出の2週間後、乙弁護士から、書面決議に関する意見書がFAXで送られてきた。意見書には、再生計画案を書面決議に付するのが相当であるとの意見が付されていた。
　また、意見書には、特記事項として、〈*Case* ⑨〉では、Pローン保証がYに対して有する保証委託契約に基づく求償債権を被担保債権とする抵当権が実行されるおそれがなく、住宅資金特別条項を定めることができると記載され、その理由として、
　①　再生計画案提出時において、Yの住宅ローン債務の延滞がないことが確認できた
　②　Z銀行および保証会社であるPローン保証との間に書面による合意は締結されていないが、各担当者からの事情聴取結果によれば、Z銀行の住宅ローンの取扱いの運用、Pローン保証の抵当権実行の運用が明確であり、Yが約定どおり弁済をする限り、Z銀行が代位弁済を依頼しないことおよびPローン保証が抵当権の実行をしないことの合意があったと同視できる
と記載されていた。

翌日、再生計画案を書面決議に付する旨の決定がなされた。

その後、再生計画案に対する書面決議の回答書提出期限が過ぎたため、裁判所に確認したところ、不同意の回答を行った債権者はいないとのことであった。

3週間後、甲弁護士の下に、再生計画認可決定が送付された。

XVIII 手続終了

認可決定が確定したため、甲弁護士は、Xに対し、再生計画による返済計画表を渡し、手続終了の報告と以後の弁済方法の説明をした。Xによれば、末っ子の幼稚園の月謝の負担もなくなったため、余裕をもって返済ができそうだとのことである。

自宅を手放さなくて済むことになり、Xは大喜びであった。あとは、滞りなく弁済が行われることを祈るのみである。

　本稿は、複数の事例を組み合わせるなどをして構成したものであり、実際の事例とは異なる。

第10章 破産管財事件──管財人の立場から

I 事案の概要

〈Case ⑩〉

　甲弁護士は、東京地方裁判所からの依頼により、約1年半前に廃業した建設業であるX社および代表者Yの管財人を担うことになった。

　X社は、債権者数5名、負債総額4150万円であり、会社の資産としては、かつての取引先を債務者とする民事再生債権とリゾート会員権、ゴルフ会員権等である。

　代表者Yについては、負債総額4180万円、債権者数は4名、資産としては自宅不動産があるがすでに債権者であるT保証協会が競売申立てをしているとのことである。

II 東京地方裁判所民事第20部からの連絡 （配点連絡～選任まで）

　平成×年8月末日の午前中、東京地方裁判所（以下、「東京地裁」という）民事第20部事務官から甲弁護士の事務所に破産管財事件の配点の連絡があった。

甲弁護士は、これまで3件ほど破産管財事件を扱ったが、いずれも財団に組み入れるようなめぼしい資産はなく、いわゆる調査型というものであった。

> 事務官：こちら東京地裁民事20部です。甲先生に新件をお願いしたいのですが。
> 弁護士：ご連絡ありがとうございます。お受けできます。
> 事務官：それでは、法人と代表者の2件をお願いします。まず、初めに、債権者集会の期日を調整させていただきます。平成×年11月某日はいかがでしょうか。
> 弁護士：はい、大丈夫です。
> 事務官：では、債権者集会期日は平成×年11月某日午後1時に指定します。それでは事件の概要を説明します。まず法人はX社、代表者はY氏になります。申立代理人弁護士は○△法律事務所の弁護士の乙先生になります。法人は建設業で、すでに廃業しています。まず、法人のほうは債権者数5名、負債総額4150万円……、一方代表者のほうですが、債権4180万円、債権者数4名、自宅について競売申立てがなされており……。

事務官は、破産者の情報、負債状況、資産状況、法的問題点等を速やかに説明していく。

事務官の説明によると、破産者であるX社は1年半ほど前に廃業しており、すでに廃業届もされており、会社にみるべき財産もないということである。会社の資産としては、かつての取引先を債務者とする民事再生債権とリゾート会員権、ゴルフ会員権等があるということであった。

一方、代表者であるYについては、負債総額4180万円、債権者数は4名、資産としては自宅不動産があるがすでに債権者であるT保証協会が競売申立てをしているという。

新件の配点を受けると、できるだけ、破産手続開始決定が出る前に、破産

管財人候補者として破産者と打合せをすることを裁判所から指示される。事前打合せをすることにより、手続の注意点等を確認し、管財人は速やかに管財業務を進めることができるからである。

なお、これはあくまで東京地裁の進め方であり、裁判所によって異なる。

東京地裁の代理人申立ての場合、基本的に申立て後に即日面接を予定しており、そこで申立代理人とどのような問題があるか確認し、破産申立てが受理されたうえで、翌週水曜日の17時に破産開始決定が下りるという流れが一般的である。

もっとも、裁判所によっては、破産申立てから開始決定が下りるまでに1カ月程度かかることもあり、個別の案件によっても各裁判所によって異なるようである。

Ⅲ 破産者との打合せ

裁判所からの配点があった日の午後、早速、乙弁護士から連絡が入る。

偶然にも乙弁護士は甲弁護士の司法研修所の同期であった。

そのため、〈*Case ⑩*〉の事情についてもある程度踏み込んで話をすることができた。

裁判所からは、破産開始決定が下される翌週水曜日までに申立人と一度打合せをしておくように指示されるため、甲弁護士は早速、翌週火曜日に乙弁護士とYに事務所に来てもらうことにし、申立書類を事前に事務所宛てに送付してもらうことになった。

翌日、申立書類が届くと、甲弁護士は、早速、全体に目を通し、Yと乙弁護士に確認する事項をまとめた。

翌週火曜日に、Yと乙弁護士が甲弁護士の事務所を訪れた。

申立代理人がついている場合は、破産手続の基本的な流れは、破産者へ申立代理人から説明がされているはずである。甲弁護士は、念のため、Yに対し、破産管財人は、裁判所から任命されて、X社およびYの資産の調査や債

権者への配当といった破産手続を適正に行う立場にあること等を説明した。

> 甲弁護士：X社は建設業をされていたのですよね。1年半ほど前に廃業されたということですか……。具体的にはどのようなことをしていたのですか。
> Y　氏：個人住宅の建設です。7～8年前から不況の影響で徐々に仕事が減ってきて、私も歳なので、もうこのへんでいいかなと……。2年ほど前から会社を清算することを考えてきました。それで従業員に辞めてもらって、少しずつ整理をしてきたのです。法的な手続をしないまままきてしまったのですが、きちんと区切りをつけるためにきちんと弁護士さんに頼んでやってもらおうと思いまして……。

　甲弁護士は、X社が破産に至った経緯を確認した。もちろん、申立書にも記載されているが、破産者本人から直接事情を聞くことで、より具体的な経緯を把握することができるからである。

> 甲弁護士：これまで債権者のほうから請求等はされていますか。
> Y　氏：まあ、大口のT保証協会さんとは、何度か話合いをして、いくらか払える時に払ったりしてきました。自宅が抵当に入っているものですから。
> 甲弁護士：そうですね。すでに自宅は競売にかけられていますしね。もう乙先生から聞いていると思いますが、自宅は手放すことになりますけど、それは大丈夫ですね。

　Yの自宅不動産には3社の抵当権がついていた。もっとも、第1順位のT保証協会の被担保債権4000万円が大きく、あとの2社はいずれも少額であった。

いずれも、X社の資金の借入れをした際、Yが担保に差し入れたものであった。

> Y　氏：実は、千葉県に住んでいる長女の所に行こうと思っています。ただ、自宅を売却したお金で引越費用は出るのでしょうか。引越費用が出せそうにないのですが……。
> 甲弁護士：そのあたりは債権者との交渉になります。いくらかは回してもらえるように交渉しましょう。Yさん個人の資産としては自宅不動産くらいですね。X社のほうは民事再生債権、リゾート会員権、ゴルフ会員権がありますね。
> 乙弁護士：リゾート会員権とゴルフ会員権はバブルの頃にすすめられて買った物で今は紙切れ同然です。民事再生債権は、取引先の塗装会社でこれまで6回分の返済を受けています。
> 甲弁護士：そうですか。これは返済が終了するのが平成×年12月で9年ほど先ですからね。この時まで待つわけにいかないので、何らかの形で金銭に換える必要がありますね。

それから甲弁護士は、申立書や添付書類について不明な点を聴取し、今後の手続について簡単に説明した。

> 甲弁護士：私が破産管財人に就任すると、X社とYさん宛ての郵便物はすべて私の事務所に届くことになります。債権調査のため、郵便物は私のほうで開封します。とりあえずはいくらかまとめてYさんに転送するようにしますが、もし請求書等事前に急いで送ってほしいものがわかればお知らせください。それと、もし引越しをする際は、私宛てに連絡をください。私は、Yさんを免責することが相当か判断することになりますので、私からの連絡にはきちんと対応していただき、破産手続に協

> 力していただくようお願いします。
> Y氏・乙弁護士：承知しました。よろしくお願いします。

IV 破産管財人就任

　翌水曜日に、裁判所から破産開始手続決定がなされ、甲弁護士は正式にX社とYの破産管財人に選任された。

　まず、就任後、甲弁護士は、早速、東京地裁民事第20部に書類一式を取りに行った。破産管財人宛ての書類は、基本的に東京地裁民事第20部入口にあるキャビネットに事務所名順に整理されて入れられている。書類は、開始決定通知、証明書等である。

　破産管財人は、就任後、破産財団用の口座を開設し、そこに引継ぎ予納金を振り込んでもらう。

　甲弁護士は早速、必要書類を持参して、銀行に行き、破産管財人の口座を開設した。

　また、管財人に就任すると、破産者宛ての郵便物がすべて破産管財人に転送されてくる。郵便物はすべて開封し、破産者の資産等に関係するものがないか調査する必要がある。郵便物に銀行の取引履歴や取引先からの請求書が混ざっていて、申立書記載のない預金口座や借金が発覚することがあるからである。

V 債権調査・換価手続

1　総　論

　破産管財人の主な業務として、破産者の債権調査がある。基本的には、申立書に記載のある資産を調査し、換価できるものがあれば換価し、財団に組み入れる。破産管財人は、できるだけ多く破産財団に組み入れられるように

努力しなければならない。

〈*Case* ⑩〉では、Yの自宅不動産と、X社の再生債権等の換価をする必要がある。

2 不動産
(1) 方針の検討──競売か任意売却か

今回、Yは自宅を有しているのでこれを換価する必要がありそうだ。

不動産については、すでに別除権者であるT保証協会が競売手続の申立てをしていたが、通常、任意売却のほうが高額で不動産を処分できるため、債権者も任意売却に協力的なことが多い。

Yの自宅は、東京の中心地から電車で40分ほどの場所にある住宅地で、自然の多い環境が子育て世代に人気の住宅地であった。乙弁護士の話では、Yの自宅周辺は最近建売り住宅も増えており、Yの自宅ポストにも不動産会社から売却を勧誘するチラシが入ってくるということであった。そこで、甲弁護士はYの自宅不動産を任意売却することにした。甲弁護士はとりあえず、別除権者であるT保証協会に任意売却の意向を連絡し、また、いくつかの不動産会社に見積りをとってもらうことにした。

破産管財人に就任すると、不動産会社や買取業者から電話やFAXが次々と舞い込んでくる。不動産会社に見積りを出してもらう場合は、最低でも2〜3社に依頼したほうがいいと聞いていたので、甲弁護士は、Yの自宅の最寄り駅にある全国チェーン店であるM社と地元で数店舗展開するH社に見積りを依頼した。この場合、山のようにくる電話やダイレクトメールの中からどの業者に依頼するか悩むところであるが、やはり売買の情報を広くもっているという点で全国チェーンの会社は情報収集に強いこと、地元業者のほうはその土地特有の情報を把握しているだろうと考え、M社とH社に依頼することにした。

見積りは、1週間ほどで出た。その結果、2社とも2000万円前後で見積りを出しており、金額面ではあまり変わらなかったが、甲弁護士は、初めての

管財物件売却ということもあり、管財物件をよく扱うというM社に連絡してみた。

> 甲弁護士：今回は見積りを出していただきありがとうございます。早速、売却の仲介をお願いしたいのですが。
> M社担当者：ありがとうございます。Yさんの自宅周辺は、私もよく営業で回りますので、だいたいわかります。あのあたりは最近戸建ての建売りも増えてきているので、すぐ買い手がつくと思いますよ。
> 甲弁護士：そうですか。抵当権者との交渉もありますし、できるだけ高い価格で売却して、Yさんにもいくらか引越費用を出してあげられればと思います。
> M社担当者：そうですね。当社は管財人の先生からもよく売却の依頼を受けますので、管財物件の売却については経験豊富です。Yさんの自宅の場合、建物はかなり老朽化しているので取壊しになるかと思いますが、建売り業者も含め、できるだけ高い金額で購入してくれる先を探してみます。不動産は売却時期によって、価格も変わってくるのでできるだけ早くみつかるように頑張ります。
> 甲弁護士：わかりました。心強いです。よろしくお願いします。

(2) 任意売却にあたって

通常、破産財団に帰属する不動産は別除権が設定されているため、不動産を任意売却する場合には、別除権をはずしてもらう必要がある。

そのため、任意売却の価格を決める際には、別除権者が競売手続で回収するよりも高額の金額を回収できるように交渉しなければならない。

〈*Case* ⑩〉では、T保証協会の意向は、すでに競売手続を申し立てていることから、競売手続の売却基準額が出るのを待ってから交渉したいというこ

とであった。

　不動産の任意売却がある場合、別除権者との交渉や不動産明渡時期との関係で、スケジュールを立てる必要がある。〈*Case* ⑩〉のように、別除権者との交渉に時間がかかる場合や、破産者や家族が現在居住しており明渡しの時間を確保する必要がある場合等は、第1回目の債権者集会で手続が終了できない可能性がある。その場合、期日を続行するとしても、どのくらいの期間で第2回債権者集会を予定し、終結できるかを考える必要があるからである。

　結局、T保証協会からの要請により、交渉は競売手続の売却基準額が出るまで保留となった。その後1カ月ほどして、T保証協会から、甲弁護士に連絡があった。競売売却基準額は、1100万円程度であり、任意売却の方向での交渉を進めたいということである。

　もっとも仮に、不動産が2000万円で売却できても、それがすべて別除権者に支払われるわけではなく、そこから、売却にかかる諸費用等を控除し、破産者の引越費用を捻出し、破産財団へもできるだけ多く組み入れる必要がある。そうした費用を見越して、最終的に別除権者に支払われる金額を考えなければならない。

　甲弁護士は、早速M社の担当者に連絡し、Yの自宅を2000万円で売却できないか確認した。

M社担当者：Yさんの自宅ですが、ちょうど建売りの不動産業者Cが購入を希望しています。ただ、Cとしては現在の建物は取り壊して、新しい建売住宅を建てたいとのことです。そこで、建物の取壊し費用もかかるので2000万円はちょっと高い、1500万円くらいにしてほしいということなのですが……。

甲弁護士：1500万円ですか。それはちょっと低いですね。T保証協会との交渉になりますが、厳しいかもしれません。

M社担当者：そうですね。私のほうでCともう少し金額をあげられない

> か交渉してみましょう。
> 甲弁護士：そうですね。より2000万円に近い金額で売却したいですね。ほかにもっと高額で購入してくれる買い手がいないか引き続き探していただけますか。よろしくお願いします。

　M社担当者の話では、Cは建設業者であるため、今回のような管財物件の売却先としては好ましいということであった。なぜなら、管財物件は、物件が売却され換価されてしまうと、売却代金は財団に組み込まれ、債権者に配当されてしまうため、後にトラブルが生じた場合に賠償する資金がなくなってしまっている。そして、買主が個人の場合は、そうしたリスクを予見しにくく、後にトラブルとなる可能性があるが、不動産関係の業者であれば、破産管財物件であるというリスクを考慮して交渉ができるからである。

　M社担当者の粘り強い交渉の末、結局、Cに1700万円で売却することになり、ほかにこれ以上の価格で売却先をみつけるのは困難ということであった。

　あとは、売却代金の内訳を検討し、別除権者と交渉することになる。

(3) 破産財団組入額の決定

　M社担当者は、登記費用、仲介手数料、税金等の必要経費を計算したものを送ってくれた。その中にはYの引越費用30万円も入っていた。こうした費用と破産財団に組み入れる金額を控除した金額が、T保証協会に支払われる金額になる。

　破産管財人としては、別除権者への支払いをできるだけ少なくし、債権者への配当に多く回す必要があるが、別除権者はできるだけ多く回収したいと目論むことから、破産財団の組入額をどのように決めたらよいか悩むことになる。

　〈*Case* ⑩〉においても甲弁護士は悩み、先輩弁護士である丙に連絡した。

> 甲弁護士：ところで、管財不動産物件の売却にあたって、財団への組入金額はどうやって決めればいいのですか。

> 丙弁護士：一般的には、売却価格の5～10％といわれているから、とりあえず10％で提案してみればいいのではないかな。別除権者が納得しなければそこから下げればいいし、最初から低い金額を提示すると、そこから減額されるからね。あとは、競売手続の場合との関係で別除権者が納得するかどうかだよ。別除権者が納得するかどうかは、別除権の被担保債権の金額との関係等個別のケースによって変わってくるからね。
> 甲弁護士：なるほど。結局は別除権者との交渉なんですね。

　甲弁護士としては、破産財団の組入金額というのは何か基準があるのかと思ったが、基本的には売却価格の5～10％の範囲で決定し、あとは個別の事情によって調整するということであった。

　甲弁護士は、早速、売却価格の10％である170万円を財団組入金額とした概算配分表を作成し、T保証協会に送った。すると、T保証協会からは、財団組入額が高いと言ってきた。理由としては、それほど高額の物件でもないことや売却が困難な物件でもないと思われるということであり、〈*Case* ⑩〉の場合であれば、破産財団への組入金額は、売却価格の5％である85万円にしてほしいということであった。甲弁護士としては、いきなり半分に減額してしまうのは抵抗があったが、ここでT保証協会との交渉がまとまらないと売却できなくなる可能性があったことから、やむなく売却価格の5％で合意した。

　不動産売却がはっきりしたのは、第1回債権者集会期日の1週間ほど前であったため、債権者集会は続行となった。まだ不動産にはYが住んでいたこともあり、Yの引越し等も考慮して、売買契約の決済期日は2カ月後の平成〇年1月に決め、第2回債権者集会の日程は、決済日から半月ほど後に指定してもらった。

　甲弁護士は、早速、売買契約書等の必要書類については、M社担当者に協力してもらい、売買契約手続の準備をした。

(4) 「瑕疵担保責任」条項

　すると、M社担当者から連絡がきた。Cに売買契約書案をみせたところ、契約条項に「瑕疵担保責任」についての条項を入れてほしいというのである。

　通常、破産管財物件の売却においては、破産管財人は瑕疵担保責任を一切負わない旨の特約を入れる。破産管財物件では、売却代金は破産財団に組み入れられ、債権者への配当金に回されてしまうため、事実上、破産管財人としては損害賠償できないからである。これは、管財物件売却の際に重要とされている事項である。

　一般的には、瑕疵担保責任が問題になるのは建物に関する場合であり、〈*Case* ⑩〉ではCは購入後建物を取り壊す予定である。土地については、Cが現地を測量し、確認しており、土地の場合、瑕疵担保が問題になる場合としては、爆弾のような危険物が埋蔵されていた等が考えられるが、今回の土地に関してはYが自宅を建てる前は畑だったことから、そうした危険はほとんどない。甲弁護士としては譲ることができなかったが、M社担当者からは、Cは「瑕疵担保責任」条項を入れないと契約しないと言っているという。

　甲弁護士としては、悩んだ末、Cとの取引が壊れることを危惧し、裁判所に説明することにした。

(5) 売買契約の締結

　平成〇年12月某日、甲弁護士とCは、M社の事務所で、Yの自宅不動産について裁判所の売却許可が下りることを停止条件として、売買契約を締結した。

　甲弁護士にとっては、初めての管財物件の売却手続であり、また、上記で説明したとおり、破産管財人は後日、事実上、売買契約について損害賠償責任を負うことができないことから、慎重に手続を行う必要があった。

　甲弁護士は、CとM社担当者とともに今後の手続について確認した。

　まず、甲弁護士は裁判所から不動産売却の許可が下りたらCとM社担当者に連絡することとし、Yの引越しの予定等を確認して不動産明渡日を決めることにした。

その後、Yに連絡したところ、現在、千葉のほうで良い物件をみつけて不動産会社と交渉中であり、引越費用については、とりあえず長女に立て替えてもらうということであった。

甲弁護士は、Yに引越しの予定がはっきりしたら連絡するように伝え、明渡しの際には残置物がないようにすることを確認した。

甲弁護士は早速、裁判所に不動産売却許可の申立てをした。

すると翌日、裁判所から連絡があった。やはり、売買契約書に瑕疵担保責任の条項がある点について指摘された。

そこで、甲弁護士は、M社担当者から説明を受けたとおり、本件に関しては買い手が瑕疵担保責任条項を入れることを強く希望しているものの、実際、問題になる可能性は低いことを説明した。

裁判所は、基本的には瑕疵担保責任の条項は入れないが、今回はそのような事情があればやむを得ないということであった。もっとも、次回からはそのような事情がある場合は、事前に裁判所に連絡をしてほしいと釘を刺された。

(6) 物件の明渡し

裁判所の許可決定も下り、Yからは、1月の中旬に引越しをする予定であるとの連絡を受け、決済日の1週間前に甲弁護士、C、M社担当者で現地確認をし、物件を明け渡すことになった。

明渡日に、Yの自宅へ行くと、内部には何も残っておらず、甲弁護士はCに家の鍵を渡して明渡しを完了した。Cは、早速、解体業者を同行して、建物取壊しの見積りをとらせていた。

(7) 銀行にて

翌週、決済日には、甲弁護士、C、M社担当者、T保証協会担当者、司法書士がCの本社に集まり、手続をした。必要書類への記入を終えると、Cは売買代金の振込手続をし、その後、甲弁護士、M社担当者、T保証協会担当者、司法書士でYの自宅の最寄り駅にある銀行に手続に行った。

銀行では、まず、破産財団の口座にCからの入金があることを確認し、そ

こから、T保証協会へは別除権抹消のための代金を支払い、M社には仲介手数料を支払い、司法書士には登記手続費用を支払い、Yには引越費用30万円を送金した。2時間ほどかかって無事決済手続を終了した。

3 民事再生債権

　X社は、取引先であったR社に対する民事再生債権を有していた。債権総額は185万円ほどであり、すでに55万円が滞りなく、弁済されていた。もっとも、返済は年2回で、1回あたりの返済額は7万5000円であり、最終弁済日は9年ほど先であった。

　このように弁済期間が長期にわたると、破産財団としては、最終弁済まで清算手続を待つことはできないから、債権を換価し、財団に組み入れる必要がある。

　もっとも、民事再生手続をした会社が9年後まできちんと返済し続けられるかどうかわからないから、債権を売却する場合、大幅にディスカウントされるおそれがあった。

　再生債権の換価・回収は、甲弁護士にとって初めてのことであったので、とりあえず、甲弁護士は、再び、丙弁護士のアドバイスを仰ぐことにした。

甲弁護士：X社は、再生債権をもっているけれど、再生債権を換価するにはどうしたらいいのでしょうか。
丙弁護士：債務者にディスカウントした金額で買ってもらうというのも1つだけれど、通常、民事再生をやっている会社は、そんな資金ないから、サービサーに買ってもらうのがいいと思うよ。
甲弁護士：サービサーに買ってもらうといっても、どの業者に依頼すればいいのでしょうか。ダイレクトメールとかがいろいろきますが、怪しい業者には売りたくないし……。
丙弁護士：そうだね。国がきちんと債権管理回収業の営業を許可している業者は法務省のホームページでも確認できるから、みてみ

　　　　　るといいよ。もっとも、サービサーでも、管財案件は扱わないという業者もあるから、基本的にはダイレクトメールがきた業者に頼んでみたらどうだろう。
甲弁護士：なるほど。では、ダイレクトメールのきた中から選んで連絡してみます。基本的には、できるだけ高い金額で買ってくれるように交渉して、金額が決まったら、裁判所の許可をとればいいのですよね。
丙弁護士：今回の場合は、金額がそれほど高額にならない可能性があるから、入札方式にしたほうがいいと思うよ。
甲弁護士：え？　入札方式ですか。
丙弁護士：そう。債権金額としては、130万円ほどになるけれど、この先9年もかかって回収することを考えると、実際の買取りは半分にもならないと思う。そうすると、1つのサービサーと相対で売買交渉をすると、たとえば、買取価格が残債務額の半額程度になったとき、なぜそんなに金額が低いのか裁判所に説明する必要があるけれど、2社以上のサービサーに買取金額を競わせる入札方式なら、その結果、高い金額で入札したほうが買い取る場合、当該金額で買い取る理由についていちいち裁判所に説明する必要がないんだ。サービサーとしても、それほど高額ではない債権の買取りについて、いちいち金額の説明を書面にしなければいけないのは手間がかかるから嫌がるし。
甲弁護士：そうなんですね。では、サービサー2社に買取希望価格を出してもらうことにします。

　甲弁護士は、ダイレクトメールの中から2つの業者を選び、担当者に連絡した。
　サービサーの担当者は、R社の民事再生手続に関する資料がほしいという

ことであった。そこで、甲弁護士は、裁判所の記録閲覧係に行き、R社の民事再生手続に関する資料を謄写することにした。これは、サービサーが、再生債権を評価する際に、債務者がどのような資産状況で、どのように弁済計画を立てているのか、また、今後、売上げがあがる見込みのある業種なのか等、さまざまな角度から判断する必要があるからである。

　甲弁護士は、裁判所で謄写したR社の民事再生手続に関する裁判記録と、今回の再生債権の入札期限等の条件を記した案内書面をサービサー2社に送付した。

　案内書面には、まず、①時間も指定した入札期日、②債権譲渡の基準日、③債権譲渡予定日、④次回の弁済は破産手続の関係もあり破産財団に帰属することの確認、等を記載した。

　甲弁護士は、1カ月ほど先に入札期日を指定した。入札により買主が決まっても、その後、サービサーの社内稟議等の時間も考慮して、最終的に破産財団に売買金額が入金されるのは1カ月半程度先になる可能性もあるため、債権者集会の開催日程との調整が必要である。

　入札期日当日、2社から買取希望価格を示した文書がFAXで届いた。1社は30万円、もう1社は35万円であった。

　甲弁護士は、入札したサービサー2社に結果を連絡し、買取希望価格を35万円としたサービサーとは今後の債権譲渡手続について相談した。

　そして、甲弁護士は、裁判所に資産売却許可を申し立てた。翌日、裁判所の許可が下りたため、1週間後にサービサーの担当者が甲弁護士の事務所に来ることになり、そこで契約書を交わすこととなった。

　すでに、入札までに再生債権の弁済日が1回きていたため、その弁済分7万5000円は破産財団に組み入れることを確認し、また、甲弁護士からR社に債権譲渡通知を送付することを確認した。

　1週間後、甲弁護士はサービサーの担当者と契約書を交わし、その1週間後に債権譲渡代金35万円が破産財団の口座に無事振り込まれた。

4　ゴルフ会員権・リゾート会員権

ゴルフ会員権については、インターネットで調べたところ、現在はほとんど価値はなく、売却すると却って名義書換料がかかってしまうということで資産価値はほとんどなかった。

また、リゾート会員権も同様に現在は紙切れ同然であった。

そこで、甲弁護士は、ゴルフ会員権とリゾート会員権は、資産放棄許可を裁判所に申し立て、裁判所は、即日、資産放棄を許可した。

ゴルフ会員権やリゾート会員権はバブル時代に購入したものが大幅に値下がりしていることが多いため、資産放棄許可を申し立てるにあたり、インターネットで算定した見積り等を添付すれば、基本的に裁判所は資産放棄を許可しているようである。

Ⅵ　債権者集会

1　第1回債権者集会〜第2回債権者集会

第1回債権者集会は、平成〇年11月に行われたが、この時点ではまだ不動産の売却が済んでいなかったため、財団の回収状況等を説明し続行となった。

第2回債権者集会は、翌平成〇年2月に行われる。

同年の1月末には、すでにYの自宅売却の決済が済んでおり、売却代金のうち財団への組入額は85万円であったことから、予納金20万円と合わせると、破産財団の合計金額は105万円となっていた。また、X社についても、再生債権の1回分の弁済金7万5000円と再生債権の譲渡代金35万円を合わせて42万5000円が破産財団に組み入れられた。

破産財団が1件あたり40万円を超える場合は、債権者集会期日の1週間前までに裁判所に債権者集会打合せメモ（【書式2-10-1】）を送らなくてはならない。

甲弁護士は、第2回債権者集会期日の1週間前に、裁判所に連絡し、無事Y自宅の決済手続が終了し、次回の債権者集会で手続を終結し、簡易配当予

定であることを伝えた。その翌日、裁判所から甲弁護士宛てに連絡があり、今回の手続で苦労した点等を確認され、管財人報酬額の打診があった。

　Y個人の手続においては、簡易配当を行うことになり、簡易配当の見込み額を債権者集会で報告する必要があった。

　各債権者への配当金額は、財団の現在額から、事務手続費用や破産管財人の報酬を控除して、配当率を算出する必要がある。

【書式 2-10-1】　債権者集会打合せメモ（《Case ⑩》）

債権者集会打合せメモ

　本件破産事件について、下記事項をご記入のうえ、本書面を集会期日の１週間前までに当庁あて FAX で送信してくださるようお願いいたします。本書面に基づいて、進行予定や本件の報酬予定額等の連絡をすることがあります。

　なお、財団が１件あたり40万円以下の場合は、特記事項がない限り、送信していただく必要はありません。

東京地方裁判所民事第20部　通常管財係　　　FAX　××××-××××

破産管財人＿＿＿＿＿甲＿＿＿＿＿　　　TEL　××××-××××
　　　　　　　　　　　　　　　　　　　FAX　××××-××××

事件番号　　平成○年(フ)第××××号
破産者　　　Y
第１回集会期日　平成○年11月×日　午後１時30分
これまでの財団収集額　　金　200,000円（予納金のみ）
　※　財団が100万円を超える場合その概要を特記事項に記載してください。
進行予定
　　□　異時廃止予定
　　☑　続行予定
　　□　配当予定　　□　簡易配当

☐　最後配当

進行、財団及び主要な管財業務の内容に関する特記事項

　現在、不動産（土地・建物）について任意売却を進めておりますが、本日現在、まだ売買契約がまとまっていません。既に買い受け希望者も出ていますが、別除権者との間で金額の最終合意ができておらず、更に交渉を継続する必要があるため、来週×日の期日を続行でお願いいたします。

2　債権の一部を回収した者が最初の債権届出額を維持することの可否

　甲弁護士は、T保証協会に対する配当金額を検討する際、T保証協会は不動産の売却代金から債権の一部を回収しているのであるから、この回収金額を控除した残額の割合に基づいて配当すればよいと考えていた。ところが、T保証協会は、債権額は当初の債権届出額を維持するという。しかしT保証協会は、Yに対する連帯保証債権を被担保債権として、Yの不動産に別除権を設定していたのだから、Yの不動産の売却代金から債権の一部を回収すれば、Yに対する債権はその分減額しているはずである。

　甲弁護士は、T保証協会が債権届出額全額を維持すると言っていることの意味がよくわからず、丙弁護士に相談した。

甲弁護士：普通、不動産売却して、そこから債権の一部を回収したら、その分被担保債権は減少していると思うのですが……。
丙弁護士：今回のような連帯保証債務の場合、破産法104条2項で、連帯保証人から債権の一部を回収できたとしても、それで債権全額が消滅しなければ、債権者は破産手続開始時に有していた債権全額について権利行使できると規定されているんだよ。
甲弁護士：え、でもそれだとT保証協会は二重に弁済を受けられるということですか。
丙弁護士：いいや、当初の債権額を超えて回収すればその分は不当利得

> になるので、二重に弁済を受けることはできないよ。

　甲弁護士は、丙弁護士に指摘された破産法104条を調べてみた。
　破産法104条１項では、「数人が各自全部の履行をする義務を負う場合において、その全員又はそのうちの数人若しくは１人について破産手続開始決定があったときは、債権者は、破産手続開始の時において有する債権の全額についてそれぞれの破産手続きに参加することができる」と規定されている。
　さらに、破産法104条２項では、「前項の場合において、他の全部の履行をする義務を負う者が破産手続開始後に債権者に対して弁済その他の債務を消滅させる行為をしたときであっても、その債権の全額が消滅した場合を除き、その債権者は、破産手続開始の時において有する債権の全額についてその権利を行使することができる」と規定されている。
　これらの条文から、〈*Case* ⑩〉のように連帯保証関係がある場合で、主債務者も連帯保証人についても破産手続開始決定があり、その後、連帯保証人の資産を売却した代金から債権者が一部の弁済を受けたとしても、破産手続開始時に有していた（つまり届出債権額）全額について配当に参加できるのである。
　破産法104条２項の趣旨は、連帯保証関係等がある場合、債権の一部を弁済したにすぎない全部義務者が、残債権について履行義務を負っているにもかかわらず、弁済の割合に応じて債権者の権利を取得し破産債権者としての権利を行使することで債権者を害することを防止することにある。
　そのため、債権者が破産手続開始時に有していた債権額を超えて弁済を受けることは許されない。
　甲弁護士は、条文の内容を理解し、Ｔ保証協会の債権額を債権届出金額として、配当率を計算することとした。

3　第２回債権者集会
　平成〇年２月某日、甲弁護士は、第２回債権者集会に臨んだ。

第1回債権者集会では、各財団について財産目録および収支計算書のみを提出したが、第2回債権者集会の時には、①財産目録および収支計算書（法人は、【書式2-10-2】。個人は、【書式2-10-3】）、②各財団の預金通帳の写しのほか、Y個人分について③債権認否および配当表（【書式2-10-4】）を提出し、また、④Yの免責に関する意見書（【書式2-10-5】）を提出した。

　債権者集会が無事終了した後、債権者集会会場でY個人分について簡易配当許可申立書（【書式2-10-6】）を提出し、その場で書記官が内容を確認し、許可証明を交付してくれた。

VII 配当手続

　債権者集会が終結すると、次はY個人分についての簡易配当手続である。

　甲弁護士は、初めての配当手続ということもあり、まずは配当手続のスケジュールを確認した。すでに報告集会の期日は確定しているから、それより前までに配当が完了するようにスケジュールを立てた。

　まずは、債権者に簡易配当の通知を送付し、予定配当金額を知らせる。また、それと同時に裁判所に除斥期間等の起算日届出書を送付した。この届出により、除斥期間が決まり、債権者の異議期間も決まることになる。

　Yの債権者は4社あったが、そのうちの1社は別除権者であり、少額ではあるが返済も受けたことから、残債権については取下げをしていた。

　甲弁護士は、残り3社について、配当金額を算定したところ、そのうちの信販会社1社については配当見込み額が200円程度であり、配当事務費用を考慮して配当しないこととした。

　甲弁護士は、配当についての異議申立期間が満了すると、債権者から指定された振込先口座に配当金を振り込んで、配当を実施した。

[書式 2-10-2] 第2回財産目録及び収支計算書：法人《*Case* ⑩》

平成○年(ﾌ)第 ×××× 号
破産者 X株式会社
破産管財人 弁護士 甲

財 産 目 録 及 び 収 支 計 算 書

資産部分　手続開始日（平成○年9月×日午後5時　分）現在
収支計算部分　手続開始日 ～ 平成○年2月×日

資 産 及 び 収 入 の 部

番号	科 目	月 日 引 継	簿 価	収 入	備 考
1	現金（平成○年）			0	※平成○年(ﾌ)第×××号にて予納金20万円
2	再生債権（R）		1,300,000	425,000	平成○年1月×日入金分
	資産及び収入合計			425,000	

支 出 の 部

番号	科 目			金 額	備 考
1	事務費			5,000	通信費等
2	管財人報酬			420,000	
			支出合計	420,000	

公租公課　なし

破産法157条の報告事項
1 破産手続開始の決定に至った事情
　■ 破産手続開始申立書記載のとおり　　□ 破産手続開始申立書に付加する点は次のとおり
　（　　）
2 破産者及び破産財団に関する過去および現在の状況
　■ 破産手続開始申立書及び財産目録記載のとおり　□ その他
　（　　）
3 損害賠償請求権の査定の裁判、その保全処分を必要とする事情の有無（破産者が法人の場合に限る。）
　■ 無　□ 有（内容　　　　　　　　　　　　　　　　　　）　□ その他（　　　　　　　　　　）

※破産者が所有するゴルフ会員権（×××カントリークラブ）、リゾート会員権（×××クラブ）については、換価不能のため破産財団から放棄する。

Ⅶ 配当手続　359

【書式2-10-3】 第2回財産目録及び収支計算書：個人（《Case ⑩》）

平成○年(フ)第 ××××× 号
破産者　Y
破産管財人　弁護士　甲

財 産 目 録 及 び 収 支 計 算 書

資産部分　手続開始日（平成○年9月×日午後5時　分）現在
収支計算部分　手続開始日　～　平成○年2月×日

資産及び収入の部

番号	科　目	簿　価	収　入	備　考
1	現金（平成○年9月×日引継）		200,000	
2	不動産売却代金		17,100,000	平成○年1月×日売却許可
	資産及び収入合計		17,300,000	

支出の部

番号	科　目	金　額	備　考
1	事務費	11,205	通信費等
2	不動産売却諸費用	917,250	仲介手数料、測量費用、抵当権抹消費用
3	別除権者への支払い	15,027,750	競売申立費用含む
4	一般破産債権に対する配当	443,795	
5	本人返還	300,000	自由財産の範囲の拡張により返還
6	破産管財人報酬	600,000	
	支出合計	17,300,000	

公租公課　なし

破産法157条の報告事項

1　破産手続開始の決定に至った事情
　■ 破産手続開始申立書記載のとおり　□ 破産手続開始申立書に付加する点は次のとおり
　（　　　　　　　　　　　　　　　　　　）
2　破産者及び破産財団に関する過去および現在の状況
　□ 破産手続開始申立書記載のとおり　■ 破産手続開始申立書及び財産目録記載のとおり　□ その他
　（　　　　　　　　　　　　　　　　　　）
3　損害賠償請求権の査定の裁判、その保全処分を必要とする事情の有無（破産者が法人の場合に限る。）
　■ 無　□ 有（内容　　　　　　　　　）　□ その他（　　　　　　　　　）

【書式 2-10-4】 債権認否及び配当表（《Case ⑩》）

債 権 認 否 及 び 配 当 表

平成○年2月×日

事 件 番 号　平成○年(フ)第××××号
破　産　者　Y
破産管財人弁護士　甲

債権番号	債権者名	債権の種類	届出債権額	認めない債権額	認める債権額	備　考	配当額
1	T保証協会	求償金・立替金	42,645,449	0	42,645,449	平成○年1月×日不動産売却代金から14,122,XXX円弁済。破産法104条2項により債権全額維持。	439,248
2	××銀行	貸付金・損害金	423,138	0	423,138		4,358
3	○○銀行	損害金	554,356	0	554,356	平成○年1月×日不動産売却代金から225,XXX円弁済。残額取下げ。	0
4	×××クレジット㈱	立替金	18,444	0	18,444		189
合計			43,641,387	0	43,641,387		443,795

配当率　優先債権　　　％
　　　　一般債権　1.03%

Ⅶ 配当手続　*361*

【書式 2-10-5】　免責に関する意見書（〈*Case* ⑩〉）

平成○年2月×日

担当係名　通常管財　係
平成○年(フ)第××××号

　　　　　　　　　破　産　者　　　　Y
　　　　　　　　　破産管財人弁護士　　甲

　　　　　免　責　に　関　す　る　意　見　書

■　免責不許可事由はない。

□　免責不許可事由はあるが、免責相当である。

□　免責は不相当である。

【書式 2-10-6】　簡易配当許可申立書：Ａ・財団少額型（〈*Case* ⑩〉）

東京地方裁判所民事第20部管財　　通常管財　係　御中

平成○年(フ)第××××号
破　産　者　Y

本件につき 許可する。 　東京地方裁判所民事第20部 　　　裁判所書記官	本件につき 許可があったことを証明する。 　前同日　東京地方裁判所民事第20部 　　　裁判所書記官

　　　　　　　簡易配当許可申立書

頭書事件につき、破産財団に属する財産は全部換価を終了し、下記のとおり

> 1000万円未満の配当可能な現金がありますので、簡易配当の許可を願います。
>
> 記
>
> 　　財団現在額及び収支の明細　　収支計算書のとおり
> 　　配当に加える債権及び配当額　　配当表のとおり
> 平成〇年2月×日
> 　　　　　　破産管財人弁護士　　　　甲　　　㊞
> 　　　　　　　　　　　　　　　　　　　　以　上

VIII 終了報告

　平成〇年3月某日、報告集会の1週間前に、甲弁護士は無事配当手続を終了したことを裁判所に報告し、すべての手続を無事終了した。

> 　本稿は、複数の事例を組み合わせるなどをして構成したものであり、実際の事例とは異なる。

第11章 交渉・訴訟による過払金の戦略的回収

I 事案の概要

<Case ⑪>

　平成25年9月4日、弁護士会の法律相談に訪れたXは、消費者金融等5社から夫には伝えていない借金がある。

　Xは、①引直し計算の結果、過払金が発生しているのであれば、回収できた過払金で残った借入金を返済し、任意整理等（減額の交渉）はやらない、②過払金が発生していた場合は、基本的には満額回収してほしい、訴訟になることもかまわない、③夫が自宅勤務になる来年4月までには借金を整理したいので、多少回収金額が下がったとしても何とかその前までには過払金を回収してほしい、という意向がある。

II 相談から受任まで

弁護士：はじめまして、今日はどのようなご相談でしょうか。
X　女：はじめまして、Xです。今日は先生に秘密の相談があって参りました。

> 弁護士：ここで私にお話いただいたことは、誰にも漏らさないので安心してくださいね。
>
> Ｘ　女：はい、実は私、20年近く前から夫に内緒で借金をしていて、遅れがちではありますが、今も業者に月々借金を返済し続けています。今まで何とか夫にばれていなかったのですが、来年の4月から夫が自宅勤務になって、給料も減ることになってしまいました。そうすると、夫がサラ金からの督促状をみつけてしまうかもしれないですし、夫に秘密で返済に回せるお金も減ってしまいます。友人に相談したら、もしかしたら過払金が生じているかもしれない、と言われました。過払金って何ですか。どうやったらもらえるのですか。私に借金は残っているのでしょうか。もう私どうしたらいいのか……。
>
> 弁護士：まずは落ち着いてください。過払金というのは、……

1　過払金請求の概要

　過払金とは、簡単にいえば、借主が貸金業者等の貸主に返しすぎた（支払いすぎた）お金であり、借主は、貸主に対して、不当利得（民703条）に基づき、その返還を請求できる。
　すなわち、利息制限法1条は、元本10万円未満の場合は年20％、元本10万円以上100万円未満の場合は年18％、100万円以上の場合は年15％を上限利率とし、この制限を超えた利息の支払いは「無効」であると規定している（利息制限法1条柱書）。しかし、貸金業者は、罰則規定の定めがある出資法が、平成18年の改正（平成22年6月18日完全施行）まで、最高上限利率を年29.2％と規定していたのをいいことに、平然と、借主との間で、出資法違反にならない程度に上記利息制限法を超える利率（これがいわゆるグレーゾーン金利である）を定めていた。したがって、借主は、気がつかないまま、利息制限法の定めを超える「無効」な利息の支払いを続けてしまっていたのである。そして、この支払いは、順次借入金の元本に充当され、最終的には元本も完済

されることになるにもかかわらず、まだ元本が残っていると誤信している借主は、それでも貸金業者に弁済を続けていくことになる。過払金請求は、そのような、貸金業者に支払いすぎたお金の返還を請求することをいうのである。

2 過払金が発生するケース

では、この過払金は、どのような借主であれば発生するのだろうか。これは、あくまでケースバイケースであって、貸金業者から、借主との間の取引履歴の開示を受け、引直し計算を行うことで、確定的に判明するものである。

ただ、利息制限法に定める年15～20％を超える金利の下で、ある程度長期間にわたり（ケースによるが、目安としては5年以上）、借主が継続的に返済を行っている場合には、過払金が発生していることが多い。

なお、平成18年の出資法改正を受けて、大手のクレジット会社のほとんどが、平成19年4月頃までにキャッシングの金利を年18％まで引き下げている。また、大手のサラ金業者も、同様に年18～20％以下まで金利を引き下げている。したがって、（大手の業者から、）この頃に初めて借入れを開始している場合は、過払金が発生していないことが多いので、注意が必要である。

> 弁護士：……過払金とは、このようなものなのです。過払金が発生しているかどうか確認したいので、借入れをしている業者と、借入れの時期を教えていただけますか。あと、完済した業者はありませんか。完済して、現在は督促が止まっているという業者でも、実は過払金が発生している、ということがありますので、よく思い出してくださいね。
>
> X　女：プラチナ金融なんかは、平成13年頃から借入れをして、そこからずっと借入れと返済を繰り返しています。ダイヤモンド信販は、平成10年頃に借入れをして、平成15年か平成16年までに完済しています。ゴールドクレジットとストーン金融からは、つ

　　　　　　い3年ほど前から借入れをしており、借入金額は200万円くら
　　　　　　いだと思います。ほかからも借りていて、多分、全部で5社く
　　　　　　らいから借金をしています。
　弁護士：そうですか、わかりました。業者から取引履歴の開示を受けな
　　　　　　ければ確定的なことはわかりませんが、過払金が発生している
　　　　　　業者もありそうですね。借入時期からして、ゴールドクレジッ
　　　　　　トとストーン金融は難しそうですが……。いずれにせよ、全業
　　　　　　者から、取引履歴の開示を受け、利息制限法に沿った計算をし
　　　　　　直せば、借入金が減っている可能性はあります。もし過払金が
　　　　　　発生していれば、それで、残った借入金を返済することで、自
　　　　　　己破産や任意整理をしなくて済むかもしれません。
　X　女：わかりました。先生、依頼させていただいてよろしいでしょう
　　　　　　か。
　弁護士：承知しました。では、依頼を受ける前提として、もう少し事情
　　　　　　をお聞かせください。

　甲弁護士は、取引履歴の開示・引直し計算・過払金の回収の大まかな流れ
等について説明したうえで、Xから、さらに詳しく借入時期・借入金額・借
入先等を聴き取り、今後の進め方について、Xの意向を確認した。

3　方針の決定等

　過払金請求の方針は、基本的には迅速かつ満額の回収であるが、依頼者の
事情（○月までに解決してほしい、時間がかかってもいいので満額回収してほし
い等）・事件の事情（管財事件であれば、迅速な処理も強く要請される等）・貸金
業者の対応方法（差押えまでしなければ満額回収できない業者、訴訟提起前の交
渉では請求金額の8割しか提示しない業者等）等によって、その方針は適宜修
正されることになる。したがって、たとえ1回目の相談といえども、依頼者
から、借入先・借入時期、依頼者自身の意向等を丁寧に聴き取ることが必要

である。
　Xからは、以下の事情・意向等を聴き取ることができた。

> 【借入先の金融機関について】
> ・プラチナ金融は、平成13年頃に最初に借入れをして、それから現在まで、少額の借入れと返済を繰り返している。最後の支払日は今年の5月で、現在は、毎月督促がきている状況。
> ・ダイヤモンド信販は、平成10年頃に最初に借入れをして、平成15年か16年頃には完済していたような気がする。
> ・パープルローンは、平成2年頃に最初に借入れをしていたが、一度完済している。完済した時期がいつかは覚えていない。ただ、平成13年頃に、再度借入れをしており、現在まで少額の借入れと返済を繰り返している。
> ・ゴールドクレジットとストーン金融は、つい3年ほど前に借入れをした。おそらく200万円近くの借入金があると思う。
>
> 【今後の進め方について】
> ・引直し計算の結果過払金が発生しており、回収できた過払金で、残った借入金を返済できるのであれば、自分のプライドとして、任意整理等（減額の交渉）はやりたくない。
> ・過払金が発生していた場合は、基本的には満額回収してほしい。訴訟になることもかまわない。
> ・ただ、夫が自宅勤務になる来年4月までには借金を整理したいので（少なくとも、何らかの目途はつけたい）、何とかその前までには過払金を回収してほしい。多少回収金額が下がってしまうこともやむを得ない。

　甲弁護士は、Xの話を聞きながら、大まかな各貸金業者の特徴や問題点を考えていた。
　プラチナ金融は、比較的優良な会社であるが、全額回収するためには交渉では足りず訴訟が必要な会社だったような記憶がある。他方、ダイヤモンド信販は、相当減額のうえで和解しない限り、仮に訴訟で勝訴をしても過払金を支払わない会社であった。しかも、平成15年か平成16年頃に完済ということだと、時効が心配である。パープルローンについては、取引の長期の空白

期間がありそうであるし、基本契約が1つなのか2つなのかもわからないので、一連計算（後記Ⅴ参照）できるかどうか不明で、訴訟になった場合、争いが長期化する可能性があり、そうなったら来年4月までには間に合わないかもしれない、等々と思いをめぐらせていた。

　甲弁護士は、Xに対し、過払金回収について、基本的には満額回収をめざすが、長期化が予想される場合はある程度金額を下げてでも、来年4月までの回収をめざすこと、もちろん、開示された取引履歴によって方針は柔軟に変更し、事前に必ず相談させていただくこと等を説明した。

　最後に、貸金業者との契約書・貸金業者からの督促状等、本件に関連する資料が自宅にあるのであれば、よく探したうえで、事務所に持参するようお願いしておいた。多重債務者の場合は、自分自身でも借入先を失念していることが多いし、いずれにせよ、資料を弁護士の視点でチェックすることで新たな発見があるからである（たとえば、後述する一連計算の可否の問題において、基本契約書の内容・数等は重要になる）。

Ⅲ 受任通知と取引履歴開示請求
——受任後の迅速な着手の必要性——

1 過払金発生が見込まれる場合の受任通知

　甲弁護士は、その日の午後、Xから資料を受け取った。少なくともXから聞いた5社以外に借入先はなさそうである。早速、各貸金業者に対する受任通知兼取引履歴開示請求書を作成した。

　Xの話だと、ダイヤモンド信販については、平成15年か平成16年頃に完済しているということなので、ぼやぼやしていると時効が完成してしまうかもしれない。念のため、受任通知および取引履歴の開示請求書には、「債務者が債務をすでに完済し、過払金が発生している場合、本書面をもって過払金の返還請求を催告します」という文言を入れておいた。これで、受任通知送付後、6カ月以内に、訴訟提起等の裁判上の請求等をすれば、時効中断効が

生ずることになる（民153条）。

なお、取引履歴の開示を請求したにもかかわらず、貸金業者が誠実に対応しなかった場合、借主に慰謝料請求権が発生することもありうる。いずれにせよ、上記の時効中断を明確にしておくために、念のため、甲弁護士は、この受任通知兼取引履歴開示請求書を各貸金業者にFAXで送信し、送信書面と送信履歴を保存しておくとともに、書留で郵送もすることにした。

2 受任後の迅速な着手の必要性

受任通知後は迅速な着手が必要である。

その理由の1つ目は、上記のとおり、時効完成のおそれがあるからである。すなわち、最判平成21・1・22民集63巻1号247頁によれば、過払金返還請求権の消滅時効は、「取引が終了した時点」から進行するとされているところ（時効期間は10年（民167条1項））、「取引が終了した」の意義について、①同最判が「基本契約に基づく継続的な金銭消費貸借取引が終了した時点」と表現していることから、たとえ完済していても基本契約が締結されている限り「取引が終了した」とはいえないのか、②それとも端的に、一度完済していれば「取引が終了した」ものとして、時効が進行するのかは明らかでないが、いずれにせよ、実務的には安全サイドに考え、完済しているものがあるのであれば、その時点で「取引が終了した」ものとして、速やかに時効中断または催告の措置をとるべきである。

理由の2つ目は、貸金業者に破産のおそれがあるからである。いわゆる過払バブルによって過払金請求が同時期に頻発した結果、いくつかの貸金業者は破産に追い込まれることになった。最近は落ち着いてきたようであるが、それでも貸金業者に破産のおそれがあることには変わりはなく、できる限り早期に過払金を回収すべきである。

理由の3つ目は、いうまでもないことであるが、早期に、依頼者の経済的立ち直りを実現するためである。〈*Case* ⑪〉についても、Xの他の借入金を返済するため、またXの夫に心配をかけることなく解決するために、速や

かに過払金を回収する必要がある。

Ⅳ 過払金返還請求通知書の送付

９月も下旬を迎え、まずはプラチナ金融から、取引履歴の開示があった。早速、引直し計算を行ったところ、過払金元本・過払金利息を合わせて約170万円の過払金が発生していることが判明したので、過払金返還請求通知書（【書式2-11-1】）をFAXで送信し、送信書面と送信履歴を保存しておくとともに、書留で郵送した。

なお、過払金返還請求権の法的性質は、不当利得返還請求権であるところ、貸主は、悪意の受益者（民704条前段）であると原則として推定される（最判平成19・7・13民集61巻5号1980頁等）。したがって、過払金利息も、民法703条ではなく、704条前段に基づき請求することになるので、過払金発生時から利息を請求することができる（最判平成21・9・4裁判集民231号477頁）。

【書式2-11-1】 過払金返還請求通知書（〈Case ⑪〉）

過払金返還請求通知書

平成25年9月24日

プラチナ金融株式会社　御中

〒○○○－○○○○　東京都○○区○○町○-○
　　　　　　　　　　○○法律事務所
　　　　　　　　　　電　話　○○-○○○○-○○○○
　　　　　　　　　　ＦＡＸ　○○-○○○○-○○○○
　　　　　　　　　　Ｘ代理人弁護士　　　　甲

　当職らは、貴社に対し、貴社とＸ（会員番号○○○－○○○○）の間で締結された継続的金銭消費貸借契約について、以下のとおり通知、請求いたします。
　当職らが、上記契約に係る取引履歴について利息制限法の定める法定利率に

従い引き直し計算をした結果、最終取引日時点で既に金168万3170円の過払金が発生していることが判明いたしました（過払利息5％含む。詳細は別紙法定金利計算書参照。）。

　よって、本書をもって上記過払金の返還を請求いたします。

　本年10月8日までに、上記金員を後記口座までお支払い下さい。

　上記期限までにお支払いがない場合は、民事訴訟にて請求いたしますが、その場合は、上記過払金額に加えて、遅延損害金、訴訟費用等も含めて請求いたしますことを、念のため申し添えます。

記

○○銀行　○○支店　普通預金
口座番号　○○○○○○○
口座名義　預り口 弁護士 甲（アズカリグチ　ベンゴシ　コウ）

　その後、ダイヤモンド信販についても取引履歴が開示され（開示された取引履歴によれば、完済時期は平成16年10月であり、とりあえず、時効の問題は大丈夫そうである）、引直し計算をしたところ、4万円の過払金が発生していることが判明したので、同じように過払金返還請求通知書を作成・送付した。

　ゴールドクレジットとストーン金融についても取引履歴が開示されたが、予想どおり、そもそも利息制限法の範囲内の利息の下での借入れしかなかったので、過払金は発生しておらず、その借入金額は合計約180万円であった。

V 取引履歴の開示から発見される問題点
―― 一連計算の可否 ――

1　取引の分断の問題

　10月1日になって、パープルローンからも取引履歴が開示され、過払金が発生していることが判明した。

　ただ、Xが言っていたように、一度完済した後、再度借入れをしているよ

うである。具体的には、平成2年頃に借入れを始めて、平成5年頃に完済した後、平成13年に再度借入れを始め、現在まで借入れと返済を継続しており、引直し計算をすると、平成5年の完済時点で、15万円ほどの過払金が発生している。

　このように取引に空白期間がある場合、空白期間前の取引で発生した過払金を、空白期間後の借入れに充当できるのか、それとも、空白期間の前後の取引を別個に考え、それぞれについて過払金請求することになるのか、という問題があり、前者の考え方のほうが、過払金額は大きくなる。〈*Case* ⑪〉においても、前者の考え方だと約80万円の過払金が発生していることになるが、後者の考え方だと、空白期間後の取引のみで約40万円の過払金しか発生していないことになる（空白期間前の取引で発生している15万円の過払金は、貸金業者から時効を主張される可能性が高い）。

　この一連して計算できるかどうかの問題は、貸金業者が抵抗可能な最後の論点といっても過言ではなく、取引の空白期間がある場合は、貸金業者は、ほぼ必ず、一連計算を否定してくる。〈*Case* ⑪〉においては、約8年間という長期の空白期間があるので、パープルローンが一連計算を拒否する可能性は非常に高い。

2　一連計算の可否をめぐる最高裁判決

　一連計算の可否をめぐる最高裁判決とケース別の結論を、整理してみた（〈表2-11-1〉）。

〈表2-11-1〉　一連計算の可否をめぐる最高裁判決

No.	年月日	事案の概要	判示の概要
①	平成15・7・18民集57巻7号895頁	借主が、貸主との間で、基本契約を締結し、その基本契約に基づき、平成5年6月から平成	この平成15年7月判決は、「同一の貸主と借主との間で基本契約に基づき継続的に貸付けが繰り返される金銭消費貸借取引に

		10年3月にかけ、反復継続して金銭の借入れと返済を行っていた。	おいて、借主が一つの借入金債務につき利息制限法所定の制限を超える利息を任意に支払い、この制限超過部分を元本に充当してもなお過払金が存する場合、この過払金は、当事者間に充当に関する特約が存在するなど特段の事情のない限り、民法489条及び491条の規定に従って、弁済当時存在する他の借入金債務に充当され」と判示しており、<u>基本契約が1つで、過払金発生当時他の借入金債務が存在する場合は、原則として、他の借入金債務に対する充当を認めた</u>。
②	平成19・2・13民集61巻1号182頁	借主は、平成5年3月に、貸主から300万円を借り入れ、同年4月から平成15年12月まで弁済をした（平成8年10月以後、過払金が発生）。さらに、借主は、平成10年8月に100万円を借り入れ、同年10月から平成15年12月まで、その弁済をした。	この平成19年2月判決では、「貸主と借主との間で継続的に貸付けが繰り返されることを予定した基本契約が締結されていない場合において、第1の貸付けに係る債務の各弁済金のうち利息制限法1条1項所定の利息の制限額を超えて利息として支払われた部分を元本に充当すると過払金が発生し、その後、第2の貸付けに係る債務が発生したときには、特段の事情のない限り、第1の貸付けに係る過払金は、第1の貸付けに係る債務の各弁済が第2の貸付けの前にされたものであるか否かにかかわらず、第2の貸付けに係る債務には充当されない」と判示しており、上記①判決と異なり、<u>基本契約が締結されておらず、</u>

			かつ、過払金発生当時他の借入金債務が存在していない場合、過払金を新たな借入金債務に充当するには、充当に関する合意が必要であると判示した。
③	平成19・6・7民集61巻4号1537頁	借主は、貸主との間で、毎月の返済額は前月の借入残高を基準とする一定額とする（いわゆる残高スライドリボルビング方式）旨定める２つの基本契約を締結し、当該基本契約に基づき、それぞれ、平成３年８月から平成16年１月まで、平成３年12月から平成16年１月まで借入れと返済を繰り返していた。	この平成19年６月判決では、「同一の貸主と借主との間でカードを利用して継続的に金銭の貸付けとその返済が繰り返されることを予定した基本契約……は、同契約に基づく借入金債務につき利息制限法１条１項所定の制限を超える利息の弁済により過払金が発生した場合には、弁済当時他の借入金債務が存在しなければ上記過払金をその後に発生する新たな借入金債務に充当する旨の合意を含んでいるものと解するのが相当である」と判示しており、基本契約の中に、過払金充当合意が存在することを認め、過払金発生当時、他の借入金債務が存在していなくても、基本契約が継続し、その基本契約に基づく金銭消費貸借取引である限り、充当が認められることが確認された（なお、本件では２つの基本契約が存在するが、その基本契約の枠を超えて充当されるかどうかは問題となっていない）。
④	平成19・7・19民集61巻5号2175頁	借主は、貸主との間で、昭和61年から平成16年４月まで、借入れと返済を繰り返していたが、うち１回を除き、従前	この平成19年７月判決では、「同一の貸主と借主の間で基本契約を締結せずにされた多数回の金銭の貸付けが、１度の貸付けを除き、従前の貸付けの切替

V 取引履歴の開示から発見される問題点——連計算の可否—— 375

| | | | の返済途中で、新たな貸付額から従前貸付残額を控除した金額を交付し、従前貸付金は返済されたものと扱われていた。 | えおよび貸増しとして長年にわたり反復継続して行われており、その1度の貸付けも、前回の返済から期間的に接着し、前後の貸付けと同様の方法と貸付条件で行われたものであり、上記各貸付けは1個の連続した貸付取引と解すべきものであるという判示の事情の下においては、各貸付けにかかる金銭消費貸借契約は、各貸付けに基づく借入金債務につき利息制限法1条1項所定の制限を超える利息の弁済により過払金が発生した場合には、当該過払金をその後に発生する新たな借入金債務に充当する旨の合意を含んでいるものと解するのが相当である」として、<u>基本契約が締結されていない貸付けであっても、長年にわたって借入れと貸付けが反復継続して行われている場合に</u>、過払金充当合意が存在することを認めている。 |
| ⑤ | 平成20・1・18民集62巻1号28頁 | 借主は、貸主との間で、第1基本契約に基づき、平成2年9月から平成7年7月まで借入れと返済を繰り返しており、第2基本契約に基づき、平成10年6月から平成17年7月まで借入れと返済を繰り返していた。 | この平成20年1月判決では、「同一の貸主と借主との間で……基本契約が締結され、この基本契約に基づく取引に係る債務について……過払金が発生するに至ったが、その後に改めて……基本契約が締結され、この基本契約に基づく取引に係る債務が発生した場合には、第1の基本契約に基づく取引により発生した過払金を新たな借入金債務に充当する旨の合意が存在す |

るなど特段の事情がない限り、……（当該過払金は）充当されない」、「（そして、）①第1の基本契約に基づく貸付け及び弁済が反復継続して行われた期間の長さやこれに基づく最終の弁済から第2の基本契約に基づく最初の貸付けまでの期間、②第1の基本契約についての契約書の返還の有無、③借入れ等に際し使用されるカードが発行されている場合にはその失効手続の有無、④第1の基本契約に基づく最終の弁済から第2の基本契約が締結されるまでの間における貸主と借主との接触の状況、⑤第2の基本契約が締結されるに至る経緯、⑥第1と第2の各基本契約における利率等の契約条件の異同等の事情を考慮して、……第1の基本契約に基づく取引と第2の基本契約に基づく取引とが事実上1個の連続した貸付取引であると評価することができる場合には、上記合意が存在するものと解するのが相当である」と判示しており、<u>基本契約が複数あっても事実上1個の連続した貸付取引である場合</u>、過払金を新たな借入金債務に充当することを認めた。

3 ケース別の結論

(1) 基本契約が1つある場合で、継続的に貸付けと返済が繰り返されているケース

このケースでは、過払金発生当時、別口の借入金債務が存在する場合であれば、①判決（最判平成15・7・18）が妥当し、当該過払金は、当該借入金債務に当然に充当される。また、過払金発生当時、別口の借入金債務が存在しない場合であっても、③判決（最判平成19・6・7）が妥当し、過払金の発生時点と、新たな借入れとの間に、いかに空白期間があろうとも、当該過払金は新たな借入金に充当されることになる（ただし、近時は、⑤判決（最判平成20・1・18）を根拠に、1つの基本契約の中での借入れであっても、空白期間があれば取引が分断しており充当は否定される、というような誤った理解・判断をしている裁判官もいるようであり、注意が必要である）。

このケースは、貸金業者と「ローン取引」（毎月の返済額が借入額に応じて変動するリボ払い等）を締結している場合に多くみられる類型である。引直し利息計算書では、以下のような形で、発生した過払金を、過払金発生当時の別口の借入金債務または空白期間後の新たな借入金債務に充当できることになる。

〈表 2-11-2〉 過払金発生当時、別口の借入金債務が存在する場合（例として一部抜粋）

年月日	借入金額	弁済額	利率	日数	利息	未払利息	残元金	過払利息
H4.12.11		150,000	0.18	15	1,279	0	24,717	0
H4.12.26		30,000	0.18	15	182	0	−5,101	0
H4.12.26	6,000		0.18	0	0	0	899	0

〈表 2-11-3〉　過払金発生当時、別口の借入金債務は存在しないが、空白期間を経て、新たな借入金債務が発生した場合（例として一部抜粋）

年月日	借入金額	弁済額	利率	日数	利息	未払利息	残元金	過払利息
H4.12.11		150,000	0.18	15	1,279	0	24,717	0
H4.12.26		30,000	0.18	15	182	0	−5,101	0
H12.8.15	6,000		0.18	2789	0	0	−1,048	−1,947

(2) **基本契約がない場合で、複数の借入れをしているケース**

　基本契約を締結せずに、一度借入れをした後その後返済のみが続く契約（証書貸付けということもある。契約書には「借用書」とか「金銭消費貸借契約書」等と書かれていることが多い）を複数締結している場合であるが、このケースでは、②判決（最判平成19・2・13）が妥当し、原則として、特段の事情のない限り、一方の借入れに基づき発生した過払金を、その他の借入れに基づく債務に充当することはできない。

　しかし、例外的に、たとえ複数の借入れであっても、従前の貸付けの切替えおよび貸増しとして、長年にわたり同様の方法で反復継続して行われている場合には、1個の連続した貸付取引であると認定され、他の債務に充当することができる（上記④判決（最判平成19・7・19）参照）。

(3) **基本契約が複数ある場合で、（第1基本契約に基づく）過払金が発生しているケース**

　この場合は、⑤判決（最判平成20・1・18）が妥当し、原則として、第1基本契約に基づき発生した過払金は、第2基本契約に基づく新たな借入金債務には充当されない。

　しかし、ⓐ第1基本契約に基づく取引の長さや第2基本契約までの空白期間の長さ、ⓑ第1基本契約についての契約書返還の有無、ⓒATMカード等の失効手続の有無、ⓓ空白期間における貸主と借主との接触の状況、ⓔ第2基本契約が締結されるに至る経緯、ⓕ各基本契約における利率等の契約条

件の異同等の事情からして、例外的に、過払金を新たな借入金債務に充当する旨の合意があると認められる場合がある。

4 基本契約の存否と数の判断

ところで、基本契約があるかどうか、1つなのか複数なのかはどのように判断すればいいのだろうか。

そもそも、基本契約とは、借入れの限度額の範囲で、借入れと返済を繰り返すことができる契約のことをいう。貸金業者によって呼び方は異なるが、会員契約、極度借入契約、リボルビング限度額契約などと表現される。

そして、仮にそのような名称の基本契約が複数存在するからといって、必ずしも基本契約が複数と判断されるわけではない。契約番号ないしは顧客番号が同一のまま、単に、利率や貸付限度額を変更するだけの場合もあり、そのような場合は、従前の基本契約が継続していることを前提とする契約の切替え、更新、一部変更にすぎないと考えるべきであろう。

5 パープルローンに対する対応方法の検討

Xのパープルローンからの借入れはどの類型にあたるだろうか。

まず、パープルローンから開示された「お取引明細書」をみると、2種類のお客様番号が記載されている。その理由について、Xによれば、基本契約書のようなものは残っておらず、記憶も定かではないが、最初に借入れをしてから、2回目の借入れの時までに引越しをしており、利用した支店は異なっていて、その関係で2種類の顧客番号があるかもしれない、とのことであった。また、その間、パープルローンは、他の貸付業者と合併している。このような事情から、再度基本契約を締結し直したのだろうか。また、Xによれば、利用限度額は従前の高い金額のまま維持されていたとのことであり、実質的には1つの基本契約が継続しているともいえそうである。

しかし、空白期間は10年弱にも及ぶので、パープルローンは間違いなく基本契約は2つであると主張するだろう。特にパープルローンは、訴訟になれ

ば、たとえ簡易裁判所であっても、必ず弁護士を立ててくる会社なので、徹底的に争ってくることが予想される。そうなると、回収の長期化は避けられず、来年4月までに回収するという目標は達成できない。このパープルローンについてのみ、時間をかけて回収するということも考えられるが、プラチナ金融、ダイヤモンド信販から回収できそうな金額だけでは、Xの借金をすべて返済することはできない。

また、近時、（基本契約の個数にかかわらず）空白期間が1年以上あると、他の事情をほとんど考慮することなく、空白期間前の取引と空白期間後の取引とを分断し、空白期間前に発生した過払金を、空白期間後の借入金債務に充当することを認めない裁判官が非常に多くなっているようである。せっかく訴訟をしても、一連計算が否定されてしまっては意味がない。

訴訟提起したにもかかわらず一連計算が否定されるリスク、訴訟・回収の長期化により来年4月を超えてしまうリスクを考えると、今回は訴訟外の交渉で解決したほうがいいだろう。Xにもその旨説明して了解を得た。

とりあえず一連計算をした80万5737円の金額でもって、パープルローンに対し過払金返還請求通知書を送付した。

これで過払金が発生している業者に対しては、すべて過払金返還請求通知書を送付した。あとは業者からの連絡待ちだ。

VI 訴訟前の示談交渉

1　プラチナ金融との交渉——訴訟外の合意か訴訟提起か——

10月10日、外出中に、プラチナ金融から電話がかかってきていたようだ。おそらく過払金の件だろう。事務職員から折り返しの電話番号を聞き、気を引き締めたうえで、プラチナ金融に電話をかけた。引直し計算の場面等では、事務職員に手伝ってもらっていたが、こればかりは自分でやらなければならない（事務職員による貸金業者との交渉は、弁護士法72条が禁止する非弁行為に該当する可能性がある）。

> プラチナ：こんにちは。先生から書面をいただいていたＸさんの件でお電話させていただきました。168万3170円を請求いただいているということで、こちらからお支払いさせていただく金額なのですが、たとえば、請求金額の約8割で135万円ではいかがでしょうか。
> 弁護士：いやいや、何の理由もなしに減額というのはおかしいでしょう。とうてい応じられません。
> プラチナ：そうですか。先生、そこを何とかお願いできないですか。
> 弁護士：しかし、請求書を送付した時点で、すでに168万円3170円の過払金が発生しており、現在も遅延損害金が発生し続けています。最低でも過払金元本プラス過払金利息を支払っていただかないと。こちらとしては時間がかかってもいいので訴訟も辞さない覚悟です。訴訟になれば、遅延損害金の支払いも免れないですし、交渉でまとめたほうがいいのではありませんか。
> プラチナ：訴訟になれば、期日を重ねることになる可能性もあり、支払時期は遅くなりますよ。今和解できれば来月中にはお支払いできます。何とか8割の金額で和解できないですかね。交渉だけでは、これ以上の増額は難しいです。
> 弁護士：8割ではとうてい無理です。訴訟提起せざるを得ないですね。
> プラチナ：わかりました。訴訟提起していただければ、訴訟外で和解することも可能だと思います。
> 弁護士：承知しました。では、失礼します。

　事前に先輩弁護士に聞いていたところだと、このプラチナ金融は、訴訟提起前の任意交渉では、絶対に請求額の8割までしか提示しないが、訴訟を提起してしまえば、第1回口頭弁論期日前に、訴訟外の話合いで、過払金元本・過払金利息の満額を支払う内容の合意も可能らしい。プラチナ金融の対

応は全く想定の範囲内である。

依頼者の意向では、来年4月になる前に借金返済の目途がつけば、訴訟提起も辞さないとのことであるので、早急にプラチナ金融に対して訴訟を提起することにした（後記Ⅶ参照）。

2 ダイヤモンド信販との交渉――悪質な業者――

翌11日、今度はダイヤモンド信販から電話がかかってきた。この会社とは、以前別件の過払金請求で交渉したことがあるが、訴訟提起前の交渉では、3分の1以下の金額しか提示してこないし、訴訟をしてもその対応は変わらない。訴訟提起して、こちらが勝訴判決を受けても、一向に支払う態度はなく、交渉を重ねてようやく、請求金額の6割の金額が、判決の9カ月後に支払われるというありさまであった。しかも、代理人を通さずに、いきなり依頼者に電話をかけてくるということもあった。

ダイヤモンド信販の経営状況がよくなっているとは思えないので、今回の対応も同様であろう。訴訟提起しても来年4月までに回収できる見込みは低いし、何より、いきなり自宅に電話され、Xの夫に露見してしまう可能性もあった。

そこで、Xと相談のうえ、今回は、請求金額も4万円ということで、任意の交渉でできる範囲で回収する、ということにした。

その後、同社と何度か電話で交渉した結果、支払金額2万円、支払時期1月末ということで合意することになった。

3 パープルローンとの交渉――取引の分断――

10月18日、パープルローンから電話があった。事前にXと相談したとおり、訴訟外の交渉で、できる限り高値で合意することを目標にする。

> パープル：先生から80万5737円の過払金を請求するという書面をいただきましたが、こちらの計算では、過払金は約40万円しか発生し

ません。
弁護士：それは、平成5年以前の過払金を計算していないのではないですか。平成5年当時、約15万円の過払金が発生しており、これは平成13年以降の借入金に充当されるはずです。
パープル：平成5年と平成13年との間に、8年もの空白期間が空いていますし、そもそも、先生もご存知のとおり、本件は、空白期間前の取引は第1基本契約に基づくもので、空白期間後の取引は第2基本契約に基づくものです。実際、基本契約書は2通ありますし、顧客番号も2つあります。このように複数の基本契約がある場合は、充当されませんよ。
弁護士：基本契約の数は、単純に基本契約書や顧客番号の個数では判断できません。私が以前行った事案で、継続して借入れ・返済を行っている途中に結婚した借主が、名字が変わったことで基本契約書を締結し直したケースがありますが、それは実質的には基本契約が1つといえるでしょう。今回も、利用する支店が変わったことで基本契約を締結し直したようですので、同じです。第1基本契約が解除された形跡もありませんしね。
パープル：仮に1つの基本契約だったとしても、空白期間が8年も空いていれば、取引は分断しているでしょう。充当は無理ですよ。
弁護士：それは、最高裁判決を誤って理解しています。基本契約が1つのケースである最判平成15年7月18日と最判平成19年6月7日は、空白期間の長短を問題にしていません。
パープル：しかし……。
弁護士：万が一、基本契約が2つと判断されたとしても、最判平成20年1月18日によれば、空白期間の長さだけで充当の可否が判断されるわけではありませんよね。第1基本契約の契約書は返還していますか。Xさんからは、2つの基本契約の利率や返済条件は全く同じだと聞いていますが。

> パープル：しかし、空白期間が8年の事案ですよ。……少し社内で検討
> 　　　　　させてください。
> 弁護士：承知しました。こちらとしては、約80万円を請求しています。
> 　　　　仮に訴訟になっても負けることはないと思っていますので、よ
> 　　　　ろしくお願いいたします。

　その後何度か交渉を繰り返し、結局、支払金額70万円、支払時期を平成26年1月末日とする内容で合意できることになった。空白期間が8年という長期間に及んでいる事案において、訴訟になった場合のリスクや、回収までの期間を考えると悪くない合意といえるだろう。早速、合意書を起案した（【書式2-11-2】）。

【書式2-11-2】　合意書（《Case ⑪》）

> 　　　　　　　　　　合　意　書
>
> 　X（以下「甲」という。）とパープルローン㈱（以下「乙」という。）とは、甲が乙に対し、過払金80万5737円（過払金利息5％を含む。）を請求し、乙が、取引の分断があったとしてその支払いを拒んでいた件について、本日、以下のとおり合意する。
>
> 1　乙は、甲に対し、本件の和解金として、金70万円の支払義務があることを認める。
>
> 2　乙は、甲に対し、金70万円を、平成26年1月31日限り、○○銀行○○支店の「預り口　弁護士　甲」（アズカリグチ　ベンゴシ　コウ）名義の普通預金口座（口座番号○○○○○○○）に振り込む方法により支払う。
>
> 3　乙が、前項の金員の支払いを怠ったときは、乙は、甲に対し、第1項の金額から既払額を控除した金員及び平成26年2月1日から支払済みまで年5％の割合による遅延損害金を付して直ちに支払う。

4　乙が、第2項の金員を支払ったときは、甲は、その余の請求を放棄する。

5　甲と乙は、本和解条項に定めるほか、何らの債権債務のないことを相互に確認する。

上記和解の成立を証するため本書2通を作成し、甲乙各1通を保有する。

平成25年〇〇月〇〇日
　　　（甲）　X……
　　　　　　上記代理人弁護士甲……
　　　（乙）　パープルローン株式会社……

4　交渉の際の注意点

貸主と交渉をする際の注意点を列挙する。なお、交渉の際のみならず、依頼者から相談を受ける際や方針を決定する際も、留意しておく必要がある。

(1)　依頼者の意向をよく確認する

まずは、依頼者の意向が第1である。絶対に満額回収してほしい、という依頼者もいれば、多少減額してもいいので早く回収したい（〇年〇月までに回収してほしい）、という依頼者もいる。なかには、業者がお金を貸してくれたということを恩義に思って、そんなにたくさん回収しなくてもいいですよ、という依頼者もいるので（その場合は、過払金請求権は正当な権利であることを説明すべきである）、いずれにせよ、依頼者の意向をよく確認すべきである。

(2)　安易な減額要求には応じない

訴訟になると返済時期が遅れることを述べたり、場合によっては特に理由も述べずに、減額を主張する業者が多い。訴訟提起したとしても、期日外で和解することは可能なのだから、依頼者の意向に反しない限り、訴訟提起を遠慮する必要はなく、訴訟提起前の安易な減額要求には応じるべきではない。

また、担当者によっては、「8割の金額を支払うということで、何とか上

司を説得して決済がとれました」、「今回だけは特別に、7割の金額をお支払いします」などと、その金額を支払うことが大変・特別なことであったかのように強調してくる者もいると聞く。全く理由のない減額の要求であり、安易に応じる必要はない。

(3) 取引・事案の性質を考慮

〈*Case* ⑪〉でのパープルローンとの取引のように、事案によっては、訴訟提起にリスクがある事案もある。また、管財業務中の過払金回収のように、迅速な解決が要求されるものもある。このような取引・事案の性質に応じて、訴訟提起で解決するか、訴訟外の交渉で解決するか、よく検討のうえ、依頼者と相談し、交渉に臨むべきである。

(4) 事前の情報収集

過払金請求をする場合、業者によって全く対応が異なる。訴訟提起前の任意交渉の段階で、満額を提示する業者もいるし、請求金額の○％という形で固定した金額を提示する業者もいるし、半分以下の金額しか提示しない業者もいる。また、空白期間が1日でもあると、必ず取引の分断を主張してくる業者もいる（たとえ簡易裁判所の訴訟であろうと弁護士を出廷させ、徹底的に争ってくる業者もいる）。

こういった種々の業者との間で、どのように対応するか、どのように交渉するかを検討するために、当該業者についての情報を事前に把握しておくことは大切である。自らの経験があればベストだが、経験がなくとも、知り合いの弁護士・司法書士等から教えてもらったり、インターネットで情報収集をすることも可能である。

VII 訴訟提起とその後の交渉

1 訴状の作成と訴訟提起

10月23日、訴訟提起前の任意交渉では請求金額の8割の金額しか提示しなかったプラチナ金融に対して、過払金の返還を請求する訴状（【書式2-11-

3）) を作成し、東京地方裁判所に訴訟提起をした。細かいことだが、引直し計算書は、主張を構成するものなので、証拠だけではなく、訴状の別紙としてもつけたほうが丁寧であろう。

　この点、貸金業者の中には、原告の訴訟遂行を困難にさせ、過払金返還請求を断念させるべく、契約書に記載された裁判管轄を盾に、本店所在地の裁判所への管轄違いの移送の申立て（民訴16条）をすることがある。これに対しては、①裁判管轄の合意は成立していない、②過払金返還請求訴訟は、合意管轄の射程外である、③専属的合意管轄の合意の趣旨ではない、④当事者の衡平の観点からして移送申立ては却下されるべきである等と主張すべきである。

【書式 2-11-3】　過払金返還請求訴訟・訴状（《Case ⑪》）

訴　　状

平成25年10月23日

東京地方裁判所　御中

　　　　　　　　　　　　原　　告　　　　X
　　　　　　　　　　　　X代理人弁護士　　甲
　　　　　　　　　　　　　　　（略）

不当利得返還請求事件
訴訟物の価額　　　150万6512円
貼用印紙額　　　　1万3000円

第1　請求の趣旨
　1　被告は、原告に対し、金168万3170円及び内金150万6512円に対する平成25年5月27日から支払済みまで年5分の割合による金員を支払え。
　2　訴訟費用は被告の負担とする。
　との判決並びに仮執行の宣言を求める。

第2　請求の原因
　1　当事者
　　被告は、消費者金融業等を業務とする株式会社であり、原告は、被告から高金利の借入れをしていた私人である。

　2　原告が被告に対し不当利得返還請求権及び利息請求権を有していること（民法第703条、同法第704条前段）
　(1)　不当利得返還請求権について
　　被告作成の取引履歴（甲1）のとおり、被告は、原告に対し、平成13年5月23日から平成25年4月30日までの間、継続的に金銭を貸し付け、原告は、被告に対し、平成13年5月28日から平成25年5月26日までの間、継続的に、上記貸付けに基づく貸金債務の弁済として金銭を給付した（以下一連の弁済を「本件弁済」という。）。
　　本件弁済の過程で、原告は、被告に対し、利息制限法第1条第1項所定の法定利率を超過する利息を支払い、さらに、当該超過部分の充当によって元本が完済になった後も、上記貸金債務の弁済として金銭を給付し、その結果、元本完済後に給付された金銭（以下「本件過払金」という。）の合計額は、別紙法定金利計算書（甲2）のとおり、金150万6512円となった。
　　以上のとおり、被告は、法律上の原因なく本件過払金を受領し利得を得る一方、これによって原告に本件過払金相当額の損失を及ぼした。
　　したがって、原告は、被告に対し、金150万6512円の不当利得返還請求権を有している。
　(2)　利息請求権について
　　最高裁判所平成19年7月13日第二小法廷判決（民集61巻5号1980頁）は、貸金業者が利息制限法第1条第1項所定の制限を超える利息を受領したが、その受領につき貸金業の規制等に関する法律第43条第1項の適用が認められない場合には、当該貸金業者は、同項の適用があるとの認識を有しており、かつ、そのような認識を有するに至ったことについてやむを得ないといえる特段の事情があるときでない限り、民法第704条前段の「悪意の受益者」であると推定される旨判示しており、この判例の趣旨に照らせば、

本件においても、被告は民法第704条前段の「悪意の受益者」ということができる。

そして、民法第704条前段の利息は、受領時より支払うべきものとされているため（大審院昭和2年12月26日判決、民事判決録19輯30巻1096頁参照）、本件の場合、上記利息は、被告が本件過払金を受領した時点から発生しているといえる。

したがって、原告は、被告に対し、甲2のとおり、本件過払金の金額確定時（平成25年5月26日）までに発生した金17万6658円の利息支払請求権を有している。

3 まとめ

よって、原告は、被告に対し、民法第703条及び同法第704条前段に基づき、①不当利得金150万6512円、②利息金17万6658円（なお、前記「請求の趣旨」第1項記載の金168万3170円は、上記①及び②の合計額である。）及び③①の金150万6512円に対する平成25年5月27日から支払い済みまでに発生する年5分の割合による金員の支払を求める。

第3 関連事実

原告は、被告に対し、平成25年9月24日付け過払金返還請求通知書（甲3）により、同年10月8日までに本件過払金等を返還するよう求めたが、返還はなく、その後の交渉でも、納得できる額での和解は成立しなかった。

証　拠　方　法

甲第1号証　　　被告作成の取引履歴
甲第2号証　　　原告作成の利息制限法に基づく法定金利計算書
甲第3号証　　　原告作成の平成25年9月24日付け過払金返還請求通知書

附　属　書　類

1　訴状副本　　　　　　1通
2　甲各号証写し　　　　各2通
3　証拠説明書　　　　　2通

4	代表者事項証明書	1通
5	訴訟委任状	1通

　Xには来年4月より前には回収したいという事情があるので、甲弁護士は、少しでも早く回収するため、念のため、期日を早期に入れていただきたい旨の上申書を裁判所に提出した。すると、平成25年11月11日に第1回口頭弁論期日が指定された。

2　その後の交渉

　その後11月1日、プラチナ金融から連絡があり、過払金元本プラス過払金利息5％（168万3170円）を平成26年1月末日までに支払うので、訴訟を取り下げてほしい旨の連絡があった。

　Xに確認したところ、その金額でかまわないとのことであったので、前記のパープルローンとの間の合意書と、ほぼ同じ内容の合意書を作成した。支払いを確実に担保するため、168万3170円が支払われることを訴訟取下げの前提とする条項（「乙が第2項の金員を支払ったときは、甲は、甲を原告、乙を被告とする東京地方裁判所平成25年(ワ)第○○○○○号不当利得返還請求事件を取り下げ、乙はこれに同意する。」）を入れておいた。

　この合意書でもって、プラチナ金融との間で合意を行い、裁判所には、訴訟外の和解を進めていることを理由に、平成26年1月末日以降へと指定期日の変更を求める、期日変更の上申書を提出しておいた。

VIII　事件の終了

　平成26年1月末、過払金を請求したプラチナ金融・ダイヤモンド信販・パープルローンからそれぞれ振込みがあり、計240万3170円を回収することができた（これを受けて、プラチナ金融に対する訴訟を取り下げた）。

　そして、弁護士報酬を差し引いたうえで、ゴールドクレジットとストーン

金融に対して借入金を弁済し、残額をXに引き渡した。

　Xは、4月までにすべての借金を整理することができ、手元にも過払金が残ることとなった。本件の結果には大変満足していただいたと思う。

> **本稿は、複数の事例を組み合わせるなどをして構成したものであり、実際の事例とは異なる。**

●事項索引●

【数字】
125条報告書　218

【あ行】
預り金　25
　　──の管理　25
異議の留保　292
異時廃止　188
一連計算　372
一般優先債権　216
印紙　186
「おまとめ」記帳　123
おまとめローン　70

【か行】
介入通知　34
瑕疵担保責任条項　348
家族構成　3
過払金　6,139,364
過払金請求の方針　366
過払金返還請求権の消滅時効　369
過払金返還請求権の法的性質　370
過払金返還請求通知書　370
簡易配当　354,357
基準債権額　297
基本契約　379
給与所得者等再生手続　238
共益債権　215
共益債権化の申請　214
経営責任　221
月次報告書　216
月報　216
個人再生委員　295,310
　　──の報酬金額　310
個人再生手続　11
個人再生における債務者要件　285
個人再生における弁済期間　298
ゴルフ会員権　353

婚姻費用　291

【さ行】
債権者・債権額の把握　77
債権者一覧表　267,291
債権者集会　166,188,222
債権者集会打合せメモ　353
債権者説明会　205,214
再建できるかどうかの基準　193
債権届出　267
債権認否　217
再建の可能性　193
財産評定　217
再生委員　240,287
　　──の報酬　240
再生計画案　219
　　──における弁済率　221
　　──の草案　219
　　──の履行可能性テスト　23
再生計画認可決定　274
再生計画の履行可能性　233,307
再生債権　215,291
　　──の換価・回収　350
　　──のみなし届出　267
最低弁済額基準　234
最低弁済額要件　287
裁判費用　21
債務整理の相談　2
資金繰表　204
時効援用の方法　19
時効中断効　368
自己破産手続　10
資産放棄許可　353
事情聴取　3
私的再建の可能性　194
支払不能の判断基準　13
司法書士　184
住宅　305
住宅資金特別条項　231

――の阻害要因　232
住宅資金特別条項付個人再生　305
受任通知　16, 86, 310
小規模個人再生の最低弁済額　287
将来の婚姻費用　292
職業　3
所有権留保　78, 235
申告漏れの債権者　6
信用情報機関　72
清算価値　288, 312
清算価値保障原則　218, 249, 288
相殺　11, 195
相談カード　3
相談者から取得する資料・書類　12
相談者の資産・収入　3
相談者の人的属性　3
相談者の負債状況　6
即日面接　125, 144, 186
租税債権　292

【た行】

退職金の清算価値の算定　313
代理援助制度　24
団体信用生命保険　91
手続選択の考え方　13
同時廃止　96
特定調停　14
取引履歴の開示　19

【な行】

内容証明　42
日本司法支援センター　24
任意整理　230
　　　――の一般的手法　69
任意整理手続　10
　　　――における報酬　24
任意売却　343
認可決定　224

【は行】

破産管財人　95, 161
　　　――の主な業務　342
　　　――への引継ぎ　187

破産財団組入額の決定　346
破産者の債権調査　342
破産法104条2項の趣旨　356
引継予納金　186
非減免債権　292
引直し計算　36, 139
風評被害　194
ブラックリスト　11, 71, 94
文書提出命令の申立て　20
ペアローン　306
別除権協定　235, 246
別除権付再生債権　216
弁護士報酬　21
弁済禁止処分　213
偏頗弁済　101, 173
法テラス　12, 24
保全処分　213

【ま行】

みなし届出　291
民事再生手続申立書の記載事項　196
民事再生手続申立てのタイミング　195
免責許可　101, 128
免責審尋期日　128, 129
免責不許可事由　128

【ら行】

リース債権者　212
リゾート会員権　353
利息制限法による引直し計算　20

● 執筆者一覧 ●

(50音順)

野村　創（のむら　はじめ）
野村総合法律事務所
〒105-0003　東京都港区西新橋1丁目20番3号　虎ノ門法曹ビル407
TEL　03-3539-3151

大澤美穂子（おおさわ　みほこ）
クラース銀座法律事務所
〒104-0061　東京都中央区銀座5丁目14番8号　銀座ワカホビル4階
TEL　03-3524-1005

清水　夏子（しみず　なつこ）
清水・新垣法律事務所
〒105-0004　東京都港区新橋4丁目9番1号　新橋プラザビル904
TEL　03-3435-1177

片野田志朗（かたのだ　しろう）
東京中央総合法律事務所
〒104-0061　東京都中央区銀座4丁目2番1号　銀座教会堂ビル7階
TEL　03-5159-7600

丸尾はるな（まるお　はるな）
丸尾総合法律事務所
〒160-0022　東京都新宿区新宿1丁目1番5号　サカエ御苑マンション3階
TEL　03-5369-2515

村手亜未子（むらて　あみこ）
東京中央総合法律事務所
〒104-0061　東京都中央区銀座4丁目2番1号　銀座教会堂ビル7階
TEL　03-5159-7600

白井　由里（しらい　ゆり）
小林明子法律事務所
〒160-0022　東京都新宿区新宿1丁目6番8号　鈴木旗店ビル3階
TEL　03-3354-5740

谷口　真理（たにぐち　まり）
桜花法律事務所
〒102-0073　東京都千代田区九段北1丁目2番6号　パトリア九段下1204
TEL　03-5212-1098　E-mail：info@oukalaw.jp　URL：http://www.oukalaw.jp

井桁　大介（いげた　だいすけ）
あさひ法律事務所
〒100-8385　東京都千代田区丸の内2丁目1番1号　丸の内マイプラザ13階
TEL　03-5219-0002

野田　学（のだ　まなぶ）
東京八丁堀法律事務所
〒106-0041　東京都港区麻布台1丁目11番9号　CR神谷町ビル6階
TEL　03-6441-3320

畑井　研吾（はたい　けんご）
あさひ法律事務所
〒100-8385　東京都千代田区丸の内2丁目1番1号　丸の内マイプラザ13階
TEL　03-5219-0002

石井　達也（いしい　たつや）
東京八丁堀法律事務所
〒106-0041　東京都港区麻布台1丁目11番9号　CR神谷町ビル6階
TEL　03-6441-3320

事例に学ぶ債務整理入門
――事件対応の思考と実務

平成26年5月6日　第1刷発行
令和3年6月4日　第5刷発行

定価　本体3,600円＋税

編　　者　債務整理実務研究会
発　　行　株式会社　民事法研究会
印　　刷　株式会社　太平印刷社

発 行 所　株式会社 民事法研究会
　　　　　〒150-0013　東京都渋谷区恵比寿 3-7-16
　　　　　〔営業〕TEL 03(5798)7257　FAX 03(5798)7258
　　　　　〔編集〕TEL 03(5798)7277　FAX 03(5798)7278
　　　　　http://www.minjiho.com/　　info@minjiho.com

落丁・乱丁はおとりかえします。　ISBN978-4-89628-940-4 C3032 ￥3600E
カバーデザイン　関野美香

事例に学ぶシリーズ

― 具体的な事例を通して考え方と手続を解説！ ―

2021年1月刊 行政訴訟の具体的イメージがつかめ、直ちに取り組める！

事例に学ぶ行政事件訴訟入門〔第2版〕
―紛争解決の思考と実務―

相談から解決までの思考プロセス、訴状起案、裁判経過までを対話方式を通して平易に解説！ 行政不服審査法の全面改正に合わせて、不服申立てに関する解説を充実させ10年ぶりに改訂！

弁護士 野村 創 著

（Ａ５判・284頁・定価 2970円（本体 2700円＋税10％））

2013年9月刊 「権利確保」から「権利実現」のプロセスをたどり思考方法と手続の留意点を解説！

事例に学ぶ保全・執行入門
―権利実現の思考と実務―

不動産の仮差押え・強制競売、債権の仮差押え・執行、不動産の明渡しに関する仮処分・執行、仮地位仮処分等事例を網羅！ 具体的事案の対応がドキュメンタリー形式で語られるため、臨場感ある保全・執行の現場を体感できる！

弁護士 野村 創 著

（Ａ５判・252頁・定価 2530円（本体 2300円＋税10％））

2017年5月刊 事件対応をドキュメンタリー形式により豊富な資料・書式を掲げ解説！

事例に学ぶ契約関係事件入門
―事件対応の思考と実務―

典型契約・非典型契約をめぐる成立の存否、解約の有効性、当事者の義務等の事件対応を解説！ 売買、消費貸借、賃貸借、請負、寄託等の典型契約から連帯保証、競業避止義務、下請、フランチャイズ等非典型契約関係事件も収録！

契約関係事件研究会 編

（Ａ５判・386頁・定価 3630円（本体 3300円＋税10％））

2018年3月刊 弁護士、司法書士等に向けてセルフＯＪＴの役割を担う１冊！

事例に学ぶ損害賠償事件入門
―事件対応の思考と実務―

相談から裁判外交渉、訴訟での手続対応と責任論、損害論等の論点の分析を書式を織り込み解説！ 名誉毀損、医療過誤、喧嘩闘争、ペットトラブル、介護施設事故、いじめ、漏水、スポーツ、リフォーム、著作権侵害、弁護過誤等を収録！

損害賠償事件研究会 編

（Ａ５判・394頁・定価 3960円（本体 3600円＋税10％））

発行 民事法研究会

〒150-0013 東京都渋谷区恵比寿3-7-16
（営業）TEL 03-5798-7257　FAX 03-5798-7258
http://www.minjiho.com/　　info@minjiho.com

■多重債務者の生活再建をも見据えた債務整理事件の実務指針を明示！■

(改題『クレサラ・ヤミ金事件処理の手引〔第3版〕』)

債務整理事件処理の手引
――生活再建支援に向けて――

日本司法書士会連合会　編

A5判・331頁・定価3,850円（本体 3,500円＋税10％）

本書の特色と狙い

▶相談受付けから手続選択までの流れ、各債務整理手続において事件処理の基本となる法律、依頼者に説明すべき事項、貸金業者への対応を書式を織り込みわかりやすく解説するとともに、生活再建を念頭においた社会保障制度の利用方法にも言及！

▶司法書士の代理権の範囲、執務にあたっての倫理の考え方を具体的に示し、債務整理事件処理の指針を明示！

本書の主要内容

第1章　債務整理事件と司法書士
　Ⅰ　多重債務問題と司法書士
　Ⅱ　債務整理事件と司法書士の代理権の範囲
　Ⅲ　債務整理事件における司法書士の倫理

第2章　相談受付けから手続選択までの執務のあり方
　Ⅰ　はじめに
　Ⅱ　相談の受付け
　Ⅲ　事件の受任
　Ⅳ　債権調査
　Ⅴ　利息制限法に基づく引直計算
　Ⅵ　事件処理の方針の決定前の弁済の禁止
　Ⅶ　事件処理の方針の決定

第3章　債務整理手続の流れと実務上の留意点
　Ⅰ　任意整理による債務整理
　Ⅱ　特定調停による債務整理
　Ⅲ　過払金返還請求訴訟
　Ⅳ　民事再生（個人民事再生）による債務整理
　Ⅴ　破産（個人破産）による債務整理
　Ⅵ　奨学金債務への対応
　Ⅶ　ヤミ金融業者等への対応

第4章　生活再建支援のための諸制度とその活用方法
　Ⅰ　債務整理における生活再建支援の視点
　Ⅱ　社会保障制度の概要
　Ⅲ　生活保護制度の活用方法
　Ⅳ　生活困窮者自立支援制度の活用方法
　Ⅴ　その他の制度の活用方法

発行　民事法研究会

〒150-0013　東京都渋谷区恵比寿3-7-16
（営業）TEL. 03-5798-7257　FAX. 03-5798-7258
http://www.minjiho.com/　info@minjiho.com